现代汉语（下）

普通高等教育“双一流”建设汉语国际教育专业“十四五”规划留学生培养系列教材

中国人民大学“2018年中央高校建设世界一流大学（学科）和特色发展引导专项资金”资助成果

主编◎李禄兴

张璐　张娟◎编著

華中科技大學出版社
http://www.hustp.com
中国·武汉

内容简介

《现代汉语》(下)为汉语言专业本科留学生必修课程“现代汉语Ⅱ”编写，在充分遵循第二语言教学规律的前提下，紧密围绕专业培养目标和外国留学生的实际特点，力求概念解释清楚、叙述简单明了、例子精当易懂、练习丰富实用，突出教材的规范性、科学性、针对性和易学性。主要内容为现代汉语语法，结合留学生学习汉语偏误，进行深入浅出的讲解，对于提高留学生汉语言知识和汉语交际技能都有重要帮助。设计课时为每周3课时，共用45课时完成。教师也可以根据学生的学习水平和教学特点的需要，进行灵活调整。

图书在版编目(CIP)数据

现代汉语.下/张璐，张娟编著.—武汉：华中科技大学出版社，2020.12
ISBN 978-7-5680-6680-8

Ⅰ.①现… Ⅱ.①张… ②张… Ⅲ.①现代汉语-对外汉语教学-教材 Ⅳ.①H195.4

中国版本图书馆CIP数据核字(2020)第238313号

现代汉语(下)
Xiandai Hanyu(Xia)

张 璐 张 娟 编著

策划编辑：宋 焱
责任编辑：刘 烨
封面设计：廖亚萍
版式设计：赵慧萍
责任校对：阮 敏
责任监印：周治超
出版发行：华中科技大学出版社(中国·武汉) 电话：(027)81321913
武汉市东湖新技术开发区华工科技园 邮编：430223
录 排：华中科技大学出版社美编室
印 刷：武汉科源印刷设计有限公司
开 本：787mm×1092mm 1/16
印 张：22.5 插页：1
字 数：389千字
版 次：2020年12月第1版第1次印刷
定 价：58.00元

序

目前国内针对本科留学生“汉语言”和“汉语言文学”两个专业的教材为数不多，但随着留学生数量的增加，对教材的需求越来越大。因此，编写出适用、具有针对性且符合时代发展需要的本科专业教材不仅有利于教学质量和效率的提高，也将成为推动汉语国际教学事业发展和学科建设的一项根本性任务。经过认真研究，中国人民大学文学院对外汉语教学中心决定编写这套“新动力汉语”留学生本科系列教材，包括《现代汉语》（上、下）、《唐诗赏析》共 3 册。今后还会陆续增加相应的教材，以涵盖整个培养方案中的全部课程。这套教材的编写获得了中国人民大学“2018 年中央高校建设世界一流大学（学科）和特色发展引导专项资金”的支持。

《现代汉语》（上、下）为该专业必修课程“现代汉语”而编写，在充分遵循第二语言教学规律的前提下，紧密围绕专业培养目标和外国留学生的实际特点，力求概念解释清楚、叙述简单明了、例子精当易懂、练习丰富实用，突出教材的规范性、科学性、针对性和易学性。上册主要内容为语音、汉字、词汇部分，通过对基本知识的讲解，辅之以丰富的练习形式，让学生掌握现代汉语的基本原理。每周两课时，按每个学期实际上课 15 周计，共计 30 课时左右。下册主要内容为现代汉语语法，结合留学生学习汉语偏误，进行深入浅出的讲解，对于提高留学生汉语言知识和汉语交际技能都有重要帮助。设计课时为每周 3 课时，共用 45 课时完成。当然，教师可以根据学生的学习水平和教学特点的需要，进行灵活调整。

《唐诗赏析》教材切合留学生汉语水平，多选取清雅、优美、富于神韵的近体诗和篇幅短小的绝句及五律，兼顾作者、主题、体裁的多种多样，风格情调的多姿多彩，分唐诗知识、原诗、拼音、注释、汉译、英译、赏析、练习等若干部分，既帮助学生学习和理解汉语文化，又能提高学生中国文学的修养和审美品位，力求在普及通俗中见出高雅，"通而不俗"。该教材既可以作为"汉语言"和"汉语言文学"专业必修课、选修课教材，也可作为其他专业的公选课教材。设计为每周 2 课时，总计 30 课时。

"新动力汉语"留学生本科系列教材注重定位的准确性，在教学大纲的指导下，教学内容兼顾学习者汉语水平和未来专业发展需要，教材的结构设计、内容的选择、注释和说明、习题的编制、课文的长短等等，从宏观到微观，力求时时处处站在学习者的角度，用学习者的眼光来加以衡量和取舍。同时教材设计和编写从理论到实践、从体例编创到各环节的组织和安排，都考虑与以往教材的联系与区别，充分吸收以往教材编写的成功经验，认真考虑所编教材整体或局部的创新之所在。

这套教材的出版得到了中国人民大学文学院的大力支持，同时得到了华中科技大学出版社的高度重视。编辑宋焱同志做了大量细致的工作，提出了很多宝贵建议。参与编写的教师们本着精益求精的学术态度，在承担繁重教学任务的同时高质量地完成了编写工作。在此一并致谢！由于编写水平的局限，书中难免出现一些错误和纰漏，希望使用者提出宝贵意见和建议。

李禄兴

于中国人民大学人文楼

2019 年 3 月 6 日

目 录

第一章 现代汉语语法概说

第二章 实词

第三章 虚词和特类词

第四章 词组

第五章 单句的结构

第六章 单句的表达与运用

第七章 复句

第一章

现代汉语语法概说

学习要点

- 掌握语法的定义
- 掌握汉语的语法单位（语素、词、词组、句子）的特点和之间的关系，重点学习词、词组和句子
- 初步了解汉语的词类划分以及语法成分的名称和关系
- 能够了解汉语语法规则的特点和作用

一、语法是什么

语法是什么？通俗来说，**语法就是语言中组词造句的规则**。

人们在说话时，都是按一定的说话规则在说，按一定的说话规则在听。如果有人不按本民族的说话规则说话，别人就听不懂。如：

① a. 我吃了一个面包。

b. 面包我吃了一个。

c. *一个面包吃了我。

d. *吃面包一个我了。

e. *我面包一个了吃。

① a 和 b 这两种说法，说汉语的人都会明白说的是什么意思，因为这两种说法都是符合汉语说话规则的。可是，如果有人说下面的句子，意思就肯定不会懂了：

因为 c、d、e 都不符合汉语的语法规则。大多数人没有学过语法知识，但也会说出符合语法规则的句子，还会指出别人的句子有错误，就是因为他们在学习使用本民族语言时，已经不知不觉掌握了组词造句的规则。

二、汉语的语法单位

语法单位是进行语法研究时划分出来的语言单位，是有意义、受语法规律支配的音义结合体。语法单位按从小到大、从低到高的顺序，可分为三级四等：造词单位（语素）、造句单位（词、词组）、交际单位（句子）。

（一）造词单位——语素

语素是最小、最基本的语法单位，也是构成词的基本单位。语素的特点在于不能再切分为更小的单位。

每个语素既有声音，又有意义。例如语素“妹”，如果单纯从语音上讲，它可以被分析为更小的语音单位，一个声母 m 和一个韵母 ei，以及一个去声声调 51；单纯从文字上讲，也可以被分析为更小的部件，形旁“女”和声旁“未”。但是从音义结合的角度讲，它不能再切分成更小的单位了。所以，“妹”是一个语素。

语素在语法中的作用是构成词，它可以单独成词，如“去、买、天、不”，也可以和别的语素构成词，如“语”和“言”、“期”和“末”。

汉语的语素包括两种情况：

第一，一个汉字是一个语素。如：

② 他是咱们班新来的同学。

这句话里有 10 个汉字，也有 10 个语素。

第二，一个语素不止一个汉字，这样的语素主要是由外语音译过来的。如：咖啡（coffee）、巧克力（chocolate）、奥林匹克（Olympic），分别是由 2 个汉字、3 个汉字和 4 个汉字组成的语素。“咖”和“啡”分开是表达不了任何意思的，“巧”“克”“力”分开后的意思和组合之后的“巧克力”没有任何关系，所以“咖啡”“巧克力”都是一个语素。

③ 你去超市买些咖啡和巧克力吧。

这句话里有 13 个汉字，但只有 10 个语素：你、去、超、市、买、些、咖啡、和、巧克力、吧。

（二）造句单位——词

词是由语素构成的，最小的能够独立运用的音义结合体。如上面的例③是由9个词组成：你、去、超市、买、些、咖啡、和、巧克力、吧。

词的特点就是最小的独立运用的语法单位。

“独立运用”包括两层意思：第一，能单说、能单独成句。如：

④ a：小王去不去？

b：去。

⑤ a：小王，你什么时候去上海开会？

b：明天。

这里的“去、明天”就是一个词。第二，是指能独立地跟比词大的单位进行组合。如例③中的语气词“吧”，不能单说，但是它可以跟很多句子组合。如：

⑥ a. 今天是星期三吧。

b. 这件事情他还不知道吧。

c. 你发烧了吧？

还有汉语的副词“也”，不能单说，也不能单独成句，但能自由地和别的词组组合。如：

⑦ a：我明天要去上海，你去不去？

b：*好，也。/*好，我也。

【只能说：好，我也去。】

⑧ a. 小王工作很忙，我工作也很忙。

【不可以说：*小王工作很忙，我也。】

b. 小王不会游泳，我也不会游泳。

【不可以说：*小王不会游泳，我也不。】

所以“吧”和“也”也是能够独立运用的词。

词是由语素构成的，根据构成的语素多少，词又可分为单纯词和合成词两类。由单个语素构成的词叫单纯词，如“我、吃、去、不、吧、也、咖啡、巧克力、奥林匹克”。由两个或两个以上的语素构成的词叫合成词，如“咱们、明天、超市、面包、游泳、星期三、洗衣机”等。

(三) 造句单位——词组[①]

词组是由词和词按照语法规则组合而成的、比词大一级的语法单位。例如，“咱们班、去超市、打篮球、很忙、也去、我的、一个面包”等。词组也是造句成分，可以单说或单用。如：

⑨ A：你吃了几个面包？

B：一个面包。

⑩ A：最近你学习忙吗？

B：很忙！非常忙！

但词组不是“最小的”能够独立运用的语法单位，**词组的特点就是一定能被切分为更小的能独立运用的语法单位，即能分析出词。**如：“去超市”可以切分出“去”和“超市”两个词，“咱们班”可以分析出“咱们”和“班”两个词。

由两个词构成的词组是简单词组，而由词组和词或者词组和词组构成的则是复杂词组。例如“一个面包”，可以切分出“一个”和“面包”两个部分，“一个”又可以切分出“一”和“个”两个词，所以它就是一个复杂词组。又如“买咖啡和巧克力”也是复杂词组，因为它可以根据“买什么”的问题先切分出“买”“咖啡和巧克力”两部分，然后所买的东西——“咖啡和巧克力”这部分，又可以分出“咖啡”“和”“巧克力”三个词。如果是“去超市买咖啡和巧克力”这个更长的词组，很明显是复杂词组，因为它首先就可以分出“去超市”“买咖啡和巧克力”这两个词组。

(四) 交际单位——句子

句子是人们用来交际的语言单位，是最大的语法单位。句子的特点是在语言中前后有较大停顿，伴有一定语调，并表示相对完整的意义。

根据说话人的语气，句子可以分为四个类型：

(1) 陈述句，用来说某件事情；

(2) 疑问句，用来问某个问题；

---

① 词组还有一种叫法“短语”，本书为便于外国学生理解，使用“词组”的名称。

（3）祈使句，用来请求、命令或建议别人做某件事情；

（4）感叹句，用来表达强烈感情的。

它们往往有不同的语调。如：

⑪ A：我吃了一个面包。↓

B：你吃了一个面包？↑

A：我吃了一个面包！↓

上例中，A开始只是向B说了“吃面包”这件事情，态度平静，整体语调比较平缓，句末略有下降，表现出汉语陈述句的特征。但是B对A说的内容有点疑问，或者对面包的数量表示疑问，或者对吃面包这件事情表示疑问，所以句末语调上扬，表现出汉语疑问句的特征。A再次强调自己说的内容，这时感情较为强烈，语调下降幅度比较大，表现出汉语感叹句的特征。

词和词组都是造句单位，如果赋予它们一定的语调，进入一定的交际场合，就可以成为句子。如：

⑫ A：暑假你去广州实习吧。↓

B：去广州？↑　太远了！↓

⑬ 走！快走！↓　320车来啦！↓

⑫A是建议B去广州实习，是语气较弱的祈使句，以句号“。”结尾，语调略微下降。但B对这个建议不接受，先以疑问句的方式表示质疑，语调上升，又以感叹句的方式表示拒绝，语调明显下降。B的回答“去广州”“太远”原本都是简单词组，但是加上不同的语调就变成了句子。⑬“走”“快走”原本也是词和简单词组的形式，但是在实际交流中，表达的都是催促的语气，是祈使句，并且态度急迫、感情强烈，所以和“320车来啦”这个感叹句的语调一样，都是句末语调下降幅度大。简单词组加上语调就成为句子，复杂词组加上语调同样成为句子，例⑪的句子就是由复杂词组加上不同语调构成的，例⑫A的句子也是由复杂词组构成的。

句子根据结构不同，可以分为单句和复句。单句就是由词或词组充当、有特定的语调、能独立表达一个相对完整的意思的语言单位。复句则是由两个或两个以上的意义上有关联的单句加上贯通全句的语调构成，复句内的单句叫分句，分句之间一般有句中停顿，书面上用逗号“，”、分号“；”或冒号“：”隔开，而复句结束则有大的句末停顿，书面用句号“。”、问号“?”或叹号“!”表示。如：

⑭ A：明天我去上海，你去不去？

B1：我去。

B2：你去，我就去。

对于 A 的提问，如果回答是 B1 的方式“我去。”是单句，但是如果是 B2 的方式“你去，我就去。”则是复句了，“你去，”和“我就去。”则是复句中的两个分句。当然 A 的句子也是一个复句形式。

综上所述，汉语的这四个语法单位可以如表 1-1 所示。

表 1-1　语法单位

<table>
<tr><td>交际单位</td><td>句子</td><td>最大的一级语法单位</td></tr>
<tr><td rowspan="2">造句单位</td><td>词组</td><td rowspan="2">中间一级语法单位</td></tr>
<tr><td>词</td></tr>
<tr><td>造词单位</td><td>语素</td><td>最小的一级语法单位</td></tr>
</table>

可结合下表 1-2 具体实例，来看各级语法单位内部以及汉字的关系。

表 1-2　语法单位及字的关系

<table>
<tr><td rowspan="2">句子</td><td>复句</td><td colspan="15">她去超市买巧克力，我去商场买裙子。</td></tr>
<tr><td>单句分句</td><td colspan="8">她去超市买巧克力，</td><td colspan="7">我去商场买裙子。</td></tr>
<tr><td rowspan="2">词组</td><td>复杂词组</td><td colspan="8">她去超市买巧克力
去超市买巧克力</td><td colspan="7">我去商场买裙子
去商场买裙子</td></tr>
<tr><td>简单词组</td><td colspan="8">去超市
买巧克力</td><td colspan="7">去商场
买裙子</td></tr>
<tr><td colspan="2">词</td><td>她</td><td>去</td><td colspan="2">超市</td><td>买</td><td colspan="3">巧克力</td><td>我</td><td>去</td><td colspan="2">商场</td><td>买</td><td colspan="2">裙子</td></tr>
<tr><td colspan="2">语素</td><td>她</td><td>去</td><td>超</td><td>市</td><td>买</td><td colspan="3">巧克力</td><td>我</td><td>去</td><td>商</td><td>场</td><td>买</td><td>裙</td><td>子</td></tr>
<tr><td colspan="2">字</td><td>她</td><td>去</td><td>超</td><td>市</td><td>买</td><td>巧</td><td>克</td><td>力</td><td>我</td><td>去</td><td>商</td><td>场</td><td>买</td><td>裙</td><td>子</td></tr>
</table>

句子则按照语气可以分成四类，见表 1-3。

表 1-3　汉语的句类

句类	句末标点	语调	例句
陈述句	。	平缓略有下降	她是我女朋友。
疑问句	？	上升	她是你女朋友吗？

续表

句类	句末标点	语调	例句
祈使句	。	平缓略有下降	快6点了，回家吧。
	！	下降	赶快！要迟到了！
感叹句	！	下降	你女朋友真是太漂亮了！

三、汉语的词类和语法成分

这里我们简单介绍一下汉语的词类和主要的语法成分，详细的内容在后面的章节继续讲解。

（一）词类

词类是词的语法分类。划分词类的目的是说明词组和句子的结构规则和各类词的用法，分清词类则是学好汉语语法的关键。

现代汉语的词主要包括13个类①，词类划分的结果及例词具体见表1-4。

表1-4　汉语词类表

序号	词类	例词
1	名词	同学、咖啡、青春、北京、春天、上面、小时
2	数词	一、两、十、百、千、万、几
3	量词	个、杯、颗、条、辆、种、次、下、遍、趟
4	动词	买、学习、喜欢、游泳、会、愿意、去、进行
5	形容词	红、干净、寒冷、火热、臭烘烘、慢性、大型
6	代词	我、你、它、谁、这、哪、什么、怎么、怎么样
7	副词	不、也、还、就、已经、非常、刚刚、居然
8	助词	的、得、地、了、着、过、似的、等等
9	介词	在、向、往、把、被、对于、关于、自从、由于
10	连词	和、或、不但、而且、因为、所以、如果、无论
11	语气词	吗、呢、吧、啊、嘛、呗、啦、了
12	拟声词	啪、滴答、轰隆、哗啦啦、噼里啪啦
13	叹词	喂、哦、唉、咦、呸、哼、哎呀、哎哟

① 为了研究或教学的方便，在不同的书中汉语的词类也有不同的划分。少的有12类（比如将“语气词”看成是“助词”的一个小类），多的有15类（比如在“形容词”中，又区分出“区别词”和“状态词”）。本书采取13类的分法。

（二）语法成分

语法成分是语法结构的直接组成成分。它是按照语法结构内部组成单位之间的语法结构关系确定的。下面对汉语的主要 8 种语法成分（主语、谓语、述语、宾语、定语、状语、补语、中心语）做简单的介绍，更详细的内容将在后面的章节继续讲解。

1. 主语和谓语

主语在谓语前面，是陈述的对象；谓语在主语后面，是说明主语干什么，或说明主语怎么样，或说明主语是谁、是什么。主语和谓语之间是主谓关系，也是被陈述和陈述的关系。使用划线法标记主语和谓语，可以用“ || ”隔开。如：

⑮ 孩子们 || 正在画画儿。

（相当于：谁干什么）

⑯ 雨 || 很大。

（相当于：什么怎么样）

⑰ 这里 || 是体育馆。

（相当于：什么是什么）

2. 述语和宾语

当谓语表示的动作行为影响到其他人或东西，这就有了述语和宾语的划分。述语在宾语前面，代表着动作行为，它支配或涉及后面的宾语。宾语在述语后面，是被述语支配、涉及的对象。述语和宾语之间是动宾关系，表示动作支配、影响或涉及什么人或什么东西。使用划线法标记述语和宾语，可以用“ | ”隔开。如：

⑱ 吃了 | 一个面包

（相当于：“面包”被“吃”这个动作支配、影响，面包被吃掉了一个。）

⑲ 划着 | 船

（相当于：“船”被“划”这个动作支配，正在前行）

⑳ 去 | 图书馆

（相当于：“去”这个动作的目的地涉及“图书馆”）

3. 定语、状语和中心语

定语在中心语前面，对后面的名词性中心语起修饰、限制的作用。定语和中心语之间是定中关系。使用划线法标记定语，是用圆括号“（ ）”的方式把定语包括进去。如：

㉑（最大的）房间　　（我的）房间　　（一间）房间

㉒（语法）作业　　（留的）作业　　（昨天的）作业

状语也在中心语前面，也起修饰、限制的作用，但是它后面的中心语是形容词性或动词性的中心语。状语和中心语之间是状中关系。使用划线法标记状语，是用方括号“［ ］”的方式把状语包括进去。如：

㉓［刚］走　　［慢慢地］走　　［小心地］走

㉔［很］漂亮　　［非常］漂亮　　［多么］漂亮

定语和状语因为都起着修饰、限制的作用，所以合起来也被称为修饰语。

4. 中心语和补语

补语在中心语的后面，对前面的动词性、形容词性的中心语起补充的作用。补语和中心语之间是中补关系。使用划线法标记补语，是用尖括号“〈 〉”的方式把补语包括进去。如：

㉕ 跑〈出去〉　　跑得〈很快〉　　跑得〈全身出汗〉

㉖ 热〈极了〉　　热得〈不得了〉　　热得〈要中暑了〉

下面通过对一个例句的层次分析，可以看出汉语的 8 种语法成分是成双配对、共存共现的，而且各自前后的位置固定。

㉗（我们）同 学 ||［已经］ 办 〈好〉了 |（新的）校园卡。

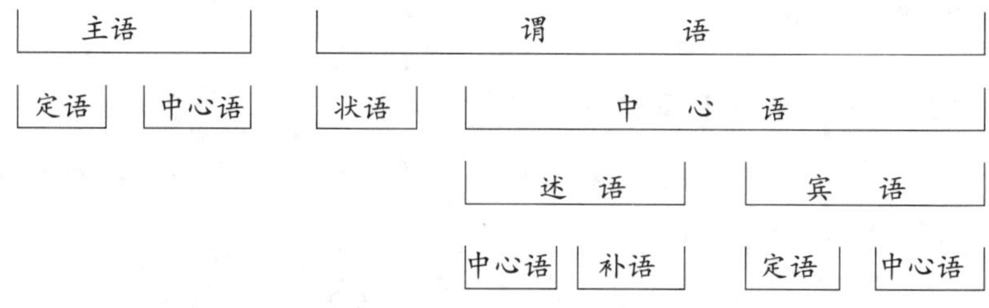

四、汉语的语法规则

汉语最主要的语法规则一是语序，二是虚词。也就是，汉语表示语法关系和语法意义时，不是像形态变化比较丰富的语言那样通过词形的变化，而是主要通过语序和虚词来表示。

（一）语序的作用

汉语语法成分的顺序和位置是比较固定的，相同的词语在不同语法位置上表示的语法意义不同。如：

㉘ a. 弟弟 || 吃了 | 一盘饺子。

b. 弟弟 || [把饺子] 吃了。

a 和 b 都陈述了一个基本事情："弟弟"对"饺子"做了"吃"这个行为。但是 a 的谓语是述语和宾语组成的，"饺子"作为宾语放在述语"吃了"的后面；b 的谓语是状语和中心语组成的，"把"和"饺子"一起组成状语，放在动词性中心语"吃了"的前面。所以两个句子的语法意义就有了差别：a 句中的"饺子"不知道是谁做的或者哪里的饺子，a 只是表达了"弟弟吃了一些食物，吃的食物是一盘饺子"这个信息，常常用在回答"弟弟吃了什么"的问话中。但说 b 句时，"饺子"是说话人和听话人都知道的，知道饺子是谁做的或者从哪里买的，b 的表达重心是"弟弟对饺子做了什么事"，所以它可以回答例如"我放在厨房的饺子去哪儿了?"这样的问话，这种情况下 a 句就不可以使用了。为什么一个基本事件会有不同的语序来表达，这和语言所传递的信息有关系。汉语句子所表达的信息一般按照先说旧信息（已知信息）、后说新信息（未知信息）排列，即旧信息在前新信息在后。对于 a 句来说，"一盘饺子"是听话人不知道的新信息，所以要放在述语后面做宾语；对于 b 句来说，"饺子"是说话人和听话人都知道的旧信息，所以要放在述语前面做状语。

这样的例子，还有：

㉙ a. 大家 || 走〈到山上〉了。

b. 大家 || [在山上] 走着。

同样的"大家走"，同样的"走"的位置"山上"，在 a 句中是作为补语放在述语的后面，在 b 句中则作为状语放在动词性中心语前面。这还是和新旧信息有关。a 句要表达的是“大家一直走，最后走到的终点是山上”，“走”这件事情是听话人已知的，不知道的是“走到哪儿了”，所以“到山上”是作为述语的补语，放在最后。b 句要表达的是“大家已经在山上了，现在是走着这个状态”，说话人重点表达的是“到了山上后是什么状态”的信息，所以“在山上”作为已发生的旧信息放在状语的位置，“走着”是新信息放在状语的后面作为动词性中心语。

（二）虚词的作用

汉语很少通过不同的语音形式来表示不同的语法意义，而是通过添加虚词或其他一些词来表达语法意义。虚词是指意义比较虚（没有实在的词汇意义），不能单独充当语法成分的词，主要指助词、介词、连词、语气词。

下面通过和英语、日语的例子做比较，可以看出汉语虚词的一些作用。如：

㉚ 我昨天去了图书馆。

I went to the library yesterday.

昨日、私は图書館に行きました。

㉛ 现在我正要去图书馆。

I am going to the library now.

ただ今、私は图書館に行きます。

无论表示过去已经发生的行为还是现在即将要做的行为，汉语的动词“去”在形式上都没有变化，只是通过添加表示完成意义的助词“了”或表示动作进行意义的副词“正”和表示意愿的助动词“要”来表示。但是，英语和日语在词形上都发生了变化，go-went-be going、行く-行きました-行きます。

有没有虚词，使用不同的虚词，不仅会改变意义，还会改变汉语的语法结构性质。如：

㉜

A	B
租房子（动宾关系）	租的房子（定中关系）
买的衣服（定中关系）	买了衣服（动宾关系）

“租房子”本来是述语和宾语的结构，回答“租什么”这样的问话，但是加了“的”就变成定语和中心语的结构，回答“（这是）什么房子”这样的问话。而“买的衣服”本来是定语和中心语的关系，回答“（这是）什么衣服”或“哪儿来的衣服”这样的问题，但是把“的”换成“了”就变成述语和宾语的关系，回答“买了什么”的问题。

【复习与练习（一）】

扩展阅读内容

语素的作用、词和词组的区分

一、语素的作用

学会语素，掌握语素的意义，能更好地理解和使用汉语中的词。

如“沙发”和“沙子”。“沙发”是一个单纯词，由一个语素构成，是“sofa”音译的结果。“沙发”中的“沙”和“发”单独来看，很难理解有什么意思，它们和人们经常坐着的柔软舒服的坐具有什么关系。我们可以用替换的方法知道“沙发”和“沙子”的不同。“沙发”中的“沙”不能被替换为“水、泥、石”，汉语里没有“*水发、*泥发、*石发”这样的词，同样“沙发”中的“发”也和“出发、奋发、突发”中的“发”意义不同。所以“沙发”不能分开，只能合起来理解，只是用“沙”和“发”的读音（shāfā）模拟“sofa”的读音，所以它是一个语素构成的单纯词。而“沙子”是合成词，由两个语素构成，“沙子”中的“沙”和“子”都有各自的意义。“沙子”中的“子”可以换成“石、泥、滩”，构成汉语里有的词“沙石、沙泥、沙滩”，同样“沙”也可以换成其他语素，与“子”构成“桌子、椅子、杯子”等词，并且其中的“沙”“子”的意思都没有发生改变，因此“沙子”是由两个语素构成的合成词。

汉语有的单音节语素可以独立成词，如“走、吃、买、头、手、很”等，但不少单音节语素虽然也有意义，却不能独立成词，只能和别的语素组合成词，如上面提到的“沙子”，“沙”和“子”虽然都有意义，但必须组成在一起或者与其他语素组合才能构成一个词。所以作为外国留学生要分清楚能成词的语素和不能成词的语素，这样就可以避免一些错误。比如“学习”是一个合成词，有两个语素，“学”和“习”，并且它们都有相同的意思，“习”也是“学”的意思。不过“学”还可以单独使用，可以是一个词，是成词语素，汉语既可以说“学语法”，也可以说“学习语法”；但是“习”是不成词语素，它不是一

个词，不能说“*习语法、*习汉语”，它只能和“学”或别的语素组合成词，如“复习、预习、练习、习题”。

在有的词中，词的意思就是语素义的相加：A＋B＝AB。比如“热心”的意思是“热情＋［的］＋心”。像这样由语素义相加合成的词是比较容易学习的，了解了每个语素的意思就能推出整个词的意思，比如“商业、商人、商场、操场、运动场”。但有的词义并不是语素义的相加，而是语素义的延伸和转移：A＋B＝C。比如“小心”的意思是“注意”，并不是“*小＋［的］＋心”。像这样的词就需要记忆词的整体意义，而不能只根据每个语素的意义去理解。

二、词和词组的区别

词和词组都是造句单位，但是词是最小的能够独立运用的语法单位，词组并不是，它可以再拆分。那么怎么判断是否是“最小的独立运用的语法单位”呢？我们可以使用“插入法”，也就是看词或词组之间能不能插入其他的成分。比如“车票”和“买票”，“车票”由“车”和“票”两个语素构成，虽然词义也是由“车”和“票”语素义相加而成，但是中间不能插入其他成分，实际生活中听不到“*车的票”这种说法，所以“车票”是一个词，不是词组。“买票”的中间却可以加入其他成分，如“买了票、买一张票、买火车票、买后天的票、买一张后天的火车票”，所以“买票”是一个词组，是由两个词（成词语素）“买”和“票”组成。

上面我们已经说过词义可以是语素义相加而成，也可以是语素义的延伸或转移。而大多数词组（除成语、惯用语等）的意义基本上是词义和词义加上一定的语法关系义形成的。如“黑板”和“黑墨水”。“黑板”是词，最早它的词义是“黑”和“板”两个语素义相加，即黑色＋［可书写的］板，但是现在作为挂在墙上的可书写的板，不一定是黑色的，很多教室的黑板是深绿色的，甚至还有白色的，所以它的词义已经不是简单的语素义相加了。“黑墨水”是词组，“黑”作为定语修饰中心语“墨水”，说明墨水的颜色是黑色的，意思是“黑色的墨水”。这是一个定中关系的词组，它的词组义就是“黑”和“墨水”的词义相加再加上它们之间的语法关系义。

第二章

实　词

第一节　汉语词类的划分

学习要点

- 掌握词类的概念
- 了解汉语词类划分的依据
- 掌握汉语实词和虚词的区别

一、汉语词类划分的依据

词类是词的语法分类。给词分类是为了讲解词的用法，为了方便说明词组或句子的特点。不同语言有不同的词类划分标准，**汉语划分词类的依据主要是根据词的语法功能，即词与词的组合能力和词在句子中起什么作用**。事实告诉我们，现代汉语里的许多词，它们在造句中的作用并不都是一样的。请看下面三组词：

a. 写、洗、懂

b. 信、衣服、汉语

c. 刚、马上、很

如果我们要用这三组词进行组合的话，我们将会发现，a 组词和 b 组词可以组合，并且有两种情况：

一种是 a 组词在前，b 组词在后，a 支配、影响或涉及 b，即构成述语和宾语的关系。如：

写信　洗衣服　懂汉语

另一种是b组词在前，a组词在后，a是要陈述的事物，b围绕a进行陈述，即构成主语和谓语的关系。如：

信写（了）　衣服洗（了）　汉语懂（了）

a组词和c组词也可以组合，但只有一种情况：只能c组词在前，a组词在后，c修饰、限制a，即构成修饰语和中心语的关系。反过来a组词在前c组词在后，则没有这样的汉语说法。如：

刚写　　马上洗　　很懂

*写刚　　*洗马上　　*懂很

b组词和c组词则不能组合，下面的说法在汉语里都不合法：

*信刚　　*衣服马上　　*汉语很

*刚信　　*马上衣服　　*很汉语

可见，这三组词在造句中所起的作用是不同的。根据上面讲的组合情况，我们就可以把它们分为不同性质的a、b、c三个词类。因此，**词类就是根据词的语法功能所划分出来的词的类别**。

根据词在造句中的作用给词分类，建立“词类”的概念，这是非常必要的。

一是有利于我们在语法研究和语法教学中分析、描写、说明各种语法规则。如上面我们所举的三组词，可以明确地把它们分为三类：a组词叫动词，b组词叫名词，c组词叫副词。在说明“写信、洗衣服、懂汉语”这一类词组时，就可以这样说：这些词组是表示支配关系的述宾词组，述语由动词充当，宾语由名词充当。在说明“刚写、马上洗、很懂”这类词组时，也可以方便地确定它们是状中词组，状语由副词充当，中心语是动词。如果不建立词类的概念，描写起来就会很啰嗦、很麻烦。

二是有助于我们更好地了解、掌握各类词的语法特点，以便更准确地使用它们。例如下面是两个外国留学生造的错句：

a. *刘老师经常组织我们参加很多课外活动，让我们班变得特别**集团**。

b. *我们永远**记忆**在中国生活的每一天。

这两个句子都是由于不了解不同词类的词的语法性质而造成的。a 句错误原因是“集团”是名词，不能接受副词“特别”的修饰，错把“集团”当成形容词用了，应该改成“团结”；b 句中“记忆”也是名词，汉语的名词后面不能带宾语，错把“记忆”当动词用了，应该改成“记得”。

二、实词、虚词和特类词

词类是一个有层次的系统。我们在第一章中已经提到汉语可分为 13 个词类（参见第一章表 1-4），那么这 13 个词类又根据它们在句子中是否充当主要的句子成分（如主语、谓语、宾语、述语、中心语）以及自身意义，可分成三大类型：实词、虚词和特类词。

实词是指意义比较具体、有独特的词汇意义、能充当主要的语法成分的词。虚词则指意义比较抽象空灵、不能充当主要的语法成分、只表示附加意义或起帮助造句作用的词。特类词则是意义和语法功能既不同于实词又不同于虚词的特殊词。

具体如下：

1. 实词

实词包括：① 名词；② 数词；③ 量词；④ 动词；⑤ 形容词；⑥ 代词。

2. 虚词

虚词包括：⑦ 副词；⑧ 助词；⑨ 介词；⑩ 连词；⑪ 语气词。

3. 特类词

特类词包括：⑫ 叹词；⑬ 拟声词。

【复习与练习（二）】

第二节　名　词

学习要点

- 了解名词的内部分类，重点了解普通名词和方位名词
- 了解名词的语法特征

一、名词的意义和种类

名词表示人、事物、时间、处所、方位的名称。根据意思的不同，名词有以下几种：

（一）普通名词

表示人或事物。又可以分为三小类：

1. 具体名词

表示具体的人或物。如学生、司机、猫、狮子、桌子、眼睛、月亮等。对具体名词记数时，要用到量词。

一些具体名词有自己适用的个体量词：一个学生、三名司机、一只猫、两头狮子、四张桌子、一双眼睛、一轮月亮。

一些具体名词没有适用的个体量词，只能使用“些、种”表示集合的量词或表示容器的量词：一些水、一杯水、一种酒、三瓶酒、一些面粉、一袋面粉。

2. 抽象名词

表示抽象的事物。如勇气、生命、思想、友谊、风格、特点、标准等。对抽象名词记数时，一般用量词“种”。

3. 集合名词

表示由多个同类事物组成的一类或一组事物。如人民、书籍、船只、车辆、树木、山川等。集合名词较少使用量词，部分集合名词记数时，或者使用表示集合的量词“批”，或者数词和量词放在集合量词的后面。

一批书籍　　　　新到书籍三百本
一批车辆　　　　新增车辆两百辆
一批树木　　　　新种植树木一万棵

（二）时间名词

表示时间，能出现在“在”“到”“等到”的后面，并能用“什么时候”提问。有的是表示时间的一个点，如：元旦、春节、中秋等。有的表示一段时间，如：夏天、上午、小时、季节、分钟、将来、平时等。表示时间点的名词不能和量词搭配，一些表示时间段的名词，记数时可以使用量词“个”，如：

一个夏天　一个上午　三个小时　四个季节

“年、月、日、点、分、星期（礼拜、周）”还经常和数词一起配合使用表示一个时间点：

2019 年 9 月 9 日　星期（礼拜/周）一　十点五分

“年、天、月、星期（礼拜/周）、季度”和“前、后”“上、下”以及量词“个”搭配使用时，还可以表示时间的顺序，如表 2-1 所示。

表 2-1　时间的顺序

过去 ←			现在			→ 将来
大前年	前年	去年	今年	明年	后年	大后年
大前天	前天	昨天	今天	明天	后天	大后天
	上上个月	上个月	这个月	下个月	下下个月	

续表

过去 ←		现在		→ 将来		
	上上（个）星期	上（个）星期	这（个）星期	下（个）星期	下下（个）星期	
	上上（个）季度	上（个）季度	这（个）季度	下（个）季度	下下（个）季度	

（三）处所名词

表示地方，能出现在“在”“到”“往”的后面、并能用“哪儿”提问。如：附近、高处、校园、图书馆、飞机场、首都、颐和园等。

（四）方位词

经常附着在名词的后面，组成表示时间、处所的词组。可分为单纯的和复合的两类。

1. 单纯方位词

单纯方位词主要有：东、西、南、北、上、下、左、右、前、后、里、外、中、内。

2. 复合方位词

复合方位词又有两类：一类是在单纯方位词的前面加“以”“之”的；一类是在单纯方位词的后面加“边”“面”“头”的。如表 2-2 所示。

表 2-2　方位词总表

单纯方位词	复合方位词					
	以～	之～	～边	～面	～头	其他
上	以上	之上	上边	上面	上头	
下	以下	之下	下边	下面	下头	
左		之左	左边	左面		
右		之右	右边	右面		
前	以前	之前	前边	前面	前头	
后	以后	之后	后边	后面	后头	
里	以里		里边	里面	里头	

续表

单纯方位词	复合方位词					
	以～	之～	～边	～面	～头	其他
外	以外	之外	外边	外面	外头	
东	以东	之东	东边	东面	东头	东南、东北
西	以西	之西	西边	西面	西头	西南、西北
南	以南	之南	南边	南面	南头	
北	以北	之北	北边	北面	北头	
中		之中				当中
间		之间				中间
旁			旁边			
内	以内	之内				

注："之前、之后"除了放在处所词后表示方位，如"图书馆之前是办公楼、办公楼之后是图书馆"，也放在时间词后表示时间，如"三年之前、三年之后"。"以前、以后"只表示时间，"三年以前、三年以后"。即使用在处所词后，也表示时间，如"图书馆以前是办公楼，办公楼以后是图书馆"，意思是"图书馆在过去的时候是办公楼，办公楼在将来会是图书馆"，不表示处所的意思。

单纯方位词和复合方位词的共同特点在于：可以和一般名词组合，组合后具有了处所意义。如：

房**前**　公园**里**　桌子**上**　印象**中**　沙发**下面**　大门**西边**　教室**外面**　队伍**后头**

单纯方位词和复合方位词的不同在于：

（1）复合方位词可以单独做主语、宾语或状语。单纯方位词的独立性差，不能单独做语法成分。

东边是图书馆。　【主语】　→　*东是图书馆。

你坐**左边**。　【宾语】　→　*你坐左。

您**里边**请。　【状语】　→　*您里请。

（2）部分复合方位词前面可以加"最"，单纯方位词不可以。

你站最**前边**。　→　*你站最前。

我家在路最**东头**。　→　*我家在路最东。

（五）专有名词

专有名词表示专一的对象。如：北京、孙中山、华盛顿、天安门、澳大利亚、印度尼西亚。

一些表示地方的专有名词，也可以是处所名词，如“北京、天安门、澳大利亚、印度尼西亚”，既可以看作专有名词，代表专门的某个城市、建筑、国家，也可以是处所名词，表示某个地方。

二、名词的语法特征

上面讲名词的种类时，已经提到名词的一些语法特点，这里我们综合地概括一下：

（一）名词最常见的功能是做主语、宾语或主语、宾语中的中心语

如：

① 老师 || ［向我们］推荐了 | （他刚出版的）小说。

【“老师”是主语，“小说”是宾语的中心语。】

② （新注册的）同学 || ［在二楼303室］办理 | 手续。

【“同学”是主语的中心语，“手续”是宾语。】

多数名词可以直接做定语。如：

③ 他 || 是 | （法国）人，［非常］喜欢 | （东方）文化。

【“法国”“东方”分别是“人”和“文化”的定语。】

④ （这个）（塑料）玩具 || ［很］有 | （艺术）风格。

【“塑料”“艺术”分别是“玩具”和“风格”的定语。】

除时间词、处所词、方位词外，一般不做状语。如：

⑤ 我们 || ［明天］出发。

【时间词“明天”做状语。】

⑥ 咱们 || ［北京］见！

【处所词“北京”做状语。】

⑦ 我和你||［左边］坐吧。

【方位词“左边”做状语。】

名词不能做补语，比较下面的句子：

⑧ a. 她||长得〈像妈妈〉。

【“妈妈”是名词，要放在补语位置上，需要和动词“像”一起用，不能单独做补语。】

b. *她||长得〈妈妈〉。

⑨ a. 你||站|前面。

【“前面”是方位名词，在动词“站”后做宾语。】

b. 你||站|〈在前面〉。

【“前面”加上介词“在”，在动词“站”的后面一起做补语。】

（二）大多数名词可以受数量词修饰，特别是普通名词

但也有不能受数量词修饰的名词，如方位名词、专有名词和部分其他名词（年龄、双方、对方、私人、总和等）。除数量词外，有些名词也可以受其他定语的修饰。如：

（乖）孩子　（干净的）衬衫　（借的）词典　（语法）课本

分别是形容词“乖”“干净”、动词“借”、名词“语法”做“孩子、衬衫、词典、课本”的定语。

（三）名词一般不能受副词的修饰，不能受“不”或“很”的修饰

我们既不能说“*不孩子”“*不啤酒”，也不能说“*很孩子”“*很啤酒”。但以下特殊的结构除外：不＋名＋不＋名（如“不三不四、不人不鬼”）；时间副词＋名＋了（如“已经春天了”）；范围副词＋名（如“光飞机票就七百”），名词直接受副词修饰的情况非常少。

（四）名词在一般情况下不做谓语，但可以有条件地做谓语，特别是在口语中

如：

⑩ a. 今天 || 阴天。

【比较：今天是阴天。】

b. 她 || 单眼皮，我 | 双眼皮。

【比较：她是单眼皮，我是双眼皮。】

c. 下午 || 运动会。

【比较：下午有运动会。下午开运动会。】

a 句和 b 句的情况可以看成“是”的省略；c 句一般用在提醒的情况下，听话人之前知道“运动会”这件事情，说话人来提醒听话人不要忘记这件事情。

（五）名词通常不能重叠

像“爸爸、姐姐、星星”等，这是由语素重叠构成的词，不是名词的重叠。又如“人、家”虽然可以说“人人、家家”，但它们都能直接受数词修饰，“一人、两人、三家、五家”，所以这是量词的重叠，和“天、年”又是量词又是名词类似。还有，“子孙、风雨、方面”也有相应的重叠形式“子子孙孙、风风雨雨、方方面面”，这也是语素的构词重叠，不是名词的语法重叠。如表 2-3 所示。

表 2-3　名词分类小结表

种类		例词	可否搭配量词
普通名词	具体名词	朋友、大象、手机、米饭	不同的量词。如：一位朋友、一头大象、一部手机、一碗米饭
	抽象名词	运动、友谊、利益、艺术	搭配“种”。如：一种运动、一种利益
	集合名词	车辆、书本、纸张	搭配“批”或“些”。如：一批车辆、一些书本
时间名词		春天、夏至、星期、年、天、以前、以来、现在、以后	大部分不使用量词，如“春天、夏至”，个别搭配“个”，如：一个星期、一个月。或者有的本身也是量词，如：三年、五天
处所名词		教室、办公楼、图书馆、小学	可以搭配“个、间、座、所”。如：一个教室、一间教室、一座办公楼、一所小学

续表

种类	例词	可否搭配量词
方位词	东、上、左、西边、下面、前头、中间、之后、以内	不可以搭配量词
专有名词	中国、上海、纽约、鲁迅	不可以搭配量词

扩展阅读内容

需要注意的一些方位词

一、抽象方位词

有些方位词如“上、中、下”放在抽象名词后面，并不表示具体的处所。

上，表示“某方面”。如：

学习上、工作上、经济上、体力上

中，表示“在……的时候”或“某种感觉”。如：

学习中、工作中、实践中、印象中、记忆中

下，表示“一定的条件、情况、范围等”。如：

帮助下、教育下、指挥下、紧急情况下

用法比较如表 2-4 所示。

表 2-4 “上、中、下”具体方位词和抽象方位用法比较

	意义		例句
上	具体	上面	手机在茶几上。
	抽象	某方面	他把精力都用在学习上了。
中	具体	中间、里面	我们中要选出两名代表。
	抽象	在……的时候、某种感觉	他学习中不喜欢被打扰。
下	具体	下面	大树下坐着几个下棋的人。
	抽象	一定的条件、情况、范围	他在发烧的情况下坚持考完试。

二、一些有特点的方位词

（一）以上、以下、以内、以外

“以上、以下、以外、以内”经常用在数量词组后面，表示超过或不超过的范围。“以上、以外”指“超过”，“以下、以内”指不超过。“以上、以下”主要用在高度、年龄方面等；“以外、以内”用在距离、时间方面等。如：

两米以上【高度超过两米】　　十八岁以下【不超过十八岁】

两米以外【距离超过两米】　　三天以内【不超过三天】

在价格和重量方面，表示“不超过”，既可以用“以下”也可以用“以内”，但表示“超过”只能用“以上”。

一万元以下/以内【不超过一万元】

一万元以上【超过一万元】

*一万元以外

三斤以下/以内【不超过三斤】

三斤以上【超过三斤】

*三斤以外

但超过或不超过的范围是否把基本数算进去呢？例如“1米2以下的儿童免票”，那身高1.2米的儿童是否可以免票呢？为避免误解，汉语中往往用“含”或“不含”进行备注说明，如“1米2（含1米2）以下的儿童免票”或“1米2（不含1米2）以下的儿童免票”。

“以上、以下”在书面语中，还经常用来修饰抽象名词，意思是“上面的”“下面的”，“以外、以内”没有这种用法。如：

以上内容【上面的内容】　　*以外内容

以下内容【下面的内容】　　*以内内容

以上文字【上面的文字】　　*以外文字

以下文字【下面的文字】　　*以下文字

（二）之内、之中、之间、中间

这几个方位词都表示“在一定的范围内”，但它们的意义不同。

“之内”的意思与“以内”相近，表示在某个距离、时间的一定范围内。如：

不许靠近三米之内【三米的范围内】

三天之内必须完成【三天的范围内】

“之中”表示的范围没有数量的限制，可以是某个人群、场所范围内，也可以是某个抽象的事物范围内。如：

⑪ 他是我们之中最优秀的。

⑫ 这个古村建于深山之中，周围群山环抱。

⑬ 你说的都在我预料之中。

“之间”是两个人、事物的中间。可以是具体的距离，也可以是抽象的距离。如：

⑭ 二号楼和三号楼之间比较近，到了冬天三号楼的日照时间就比较短。

【具体的距离】

⑮ 我们不是分手了吗？我和你之间已经没有什么好谈的了。

【抽象的距离】

“中间”和“之中”相比，更多强调位置在这个范围的中心。如：

⑯ a. 她走到花丛中间。

【花丛的中心】

b. 她走到花丛之中。

【花丛范围内，不一定是中心】

⑰ a. 他站在第二排的中间。

【这排人的正中间】

b. 他站在第二排之中。

【第二排范围内，位置不确定】

“中间”还可以做定语，“之中”不可以。如：

⑱ 存折 || 在 | （中间）的抽屉。　　* 存折 || 在 | （之中）的抽屉。

【复习与练习（三）】

第三节　数词和量词

学习要点

- 掌握概数的表达和数量增减的表达
- 了解量词的种类，重点掌握名量词
- 了解数词和量词的语法特征

一、数词

数词就是表示数的词，有基数词和序数词两小类。

（一）基数词

基数词表示数目的多少，可分为系数如“一、二、三、四、五、六、七、八、九”和位数如“十、百、千、万、亿”。两者可以组成合成数词，系数在位数前，表示相乘关系，如“六十”是“6×10”；系数在位数后，表示相加关系，如“十六”是“10＋6”。汉语中所有的数目都由这些基数词构成，不管是整数、分数还是小数。

98	九十八	1027	一千零二十七
30050	三万零五十	28403261	两千八百四十万零三千二百六十一

（二）序数词

序数词表示次序先后。一般是在基数前加“第”或“初”构成，如：第

二、第八，初二、初八。也可以没有“第”，在形式上跟一个表示整数的基数词一样。如：

三年级【＝第三个年级】　　五号楼【＝第五号楼】

一百五十三号【＝第一百五十三号】

（三）小数、分数和倍数的表达

1. 小数

小数用“点”表示，小数点前面是整数部分，后面是小数部分。读“点”后面的小数部分时，只读数目，不再记位数。如：

0.1→零点一

35.023→三十五点零二三

3.14159265→三点一四一五九二六五

2. 分数

分数的表达有两种情况：一种是使用“基数词1＋分之＋基数词2”的方式，基数词2代表分母，当它是10、100、1000、10000的时候，分别读作“十、百、千、万”，基数词1代表分子。如：

1/2→二分之一　　3/4→四分之三

7/10→十分之七　　36/100、36%→百分之三十六

18/1000、18‰→千分之十八　　5/10000、5‱→万分之五

还有一种是用“数词＋成、厘”来表达，用于口语。“成”表示十分之几，“厘”表示千分之多少。如：

收入提高了一成　→收入提高了十分之一、收入提高了1/10

利息按照三厘计算　→利息按照千分之三计算、利息按照3‰计算

“半”代表0.5，使用时需配合量词，直接与其他量词组合，如“半个（苹果）、半斤（苹果）”；数量超过1.5，则放在数词和量词的后面，如“一个半（苹果）、两斤半（苹果）”。

3. 倍数

倍数一般用“倍”表达，如“四是二的两倍”。在实际运用中，要注意

"是……的……倍"和"比……多了……倍"的不同。比较下面的句子。

① a. 上学期"现代汉语"课成绩优秀的同学有三个，这学期"现代汉语"课成绩优秀的同学有六个，是上学期的两倍。

b. 上学期"现代汉语"课成绩优秀的同学有两个，这学期"现代汉语"课成绩优秀的同学有六个，比上学期多了两倍。

(四) 概数的表达

概数是指表达不确定的模糊的数目。有以下几种表示法：

(1) 邻近的数词连用。

如：三四个、七八岁、四五十位。

(2) 整数前加"成、上、近、约"等。

如：成千上万、近十万、约十天。

(3) 整数后加"来、多、把、左右、上下"等，其中"把"只用在单说的"百、千、万"的后面。

如：十来个、三十多位、百把人、二十左右、五十上下。

(4) 用"几、两"等词。

如：十几岁、等两天。

这里的"两天"不是数量确定的"一天、两天"，而是一个模糊的时间，可能是两天，也可以是四五天，甚至更长的时间。

(五) 数目增减的表达

汉语里关于数目的增减有一套习惯用语：

不包括基本数，只表示纯粹增加或减少的数目：增加（了）、增长（了）、上升（了）、提高（了）、减少（了）、降低（了）、下降（了）。如从一百到五百，可以说"增加/增长了四倍"，不能说"* 增加/增长了五倍"；从五百到一百，如果用分数表达，可以说"* 减少/下降了五分之四"，不能说"减少/下降到五分之四"。

包括基本数，指增加后的总数目或减少后的余数：增加（到/为）、增长（到/为）、上升（到/为）、提高（到/为）、减少（到/为）、降低（到/为）、下降（到/为）。如从一百到五百，可以说"增加/增长到五倍"，不说"* 增加/增

长到四倍”；从五百到一百，如果以分数计算，可以说“减少/下降到五分之一”，不能说“*减少/下降了五分之一”。

二、量词

量词用来表示计量单位。在汉语中，无论说明事物的数量、行为动作的数量还是时间的数量，一般都不能只用一个数词来表示，一定得用上一个表示数量单位的词，也就是“量词”。如：

两本书	*两书	三个姐姐	*三姐姐
去了两次	*去了两	玩了三回	*玩了三
住了两年	*住了两	工作了三天	*工作了三

量词可以分成三小类：名量词、动量词和时量词。

（一）名量词

表示人或事物的计量单位。还可分为：

1. 个体量词

个体量词表示可数的个体单位，具体包括以下几个方面。

表示人的：

三个同学、五位律师、一名司机

表示动物的：

一头狮子、两只老虎、三匹马、四条狗

表示事物的：

一根竹子、一条皮带、三支钢笔、四个本子、两封邮件、两台冰箱、四篇论文

其中“个”最常用，广泛用于人、动物或其他事物。

2. 集合量词

集合量词用于指称集体事物。如：

两对夫妻	一群百姓	五套书籍	三批货物

两双筷子　　一帮强盗　　五组队员　　三队车辆

3. 度量词

度量词表示度量衡单位。如：

三尺布　　一斤鱼　　半两酒　　十元钱

两米电线　　三吨钢铁　　五公里路　　十亩田地

4. 不定量词“点儿、些”，表示不确定的数量

注意：“点儿、些”只能和数词“一”组合。如：

一点儿土、一点儿问题、一些车辆、一些藏羚羊。

5. 借用量词

借用量词主要是借用名词充当量词，表示事物所在的处所或容器。如：

一车菜、一床被子、一脸汗、一桌子菜、一屋子人、两瓶啤酒、三碗面条、一盆水

也有部分借用动词充当量词，如：

一捧花生、两提[①]卫生纸

（二）动量词

表示动作的次数。还可分为两类：

1. 专用动量词

如：次、回、趟、遍、顿、阵、通、下。

吃过一次　　玩过一回　　跑过三趟　　看过一遍

打了一顿　　吵了一阵　　骂了一通　　踢了一下

2. 借用动量词

借用名词充当动量词，主要来自做动作时使用的人体部位或工具。如：

看一眼　　打两拳　　踢一脚　　说一声　　画两笔

① 一提卫生纸，一般里面是十卷或十二卷卫生纸。

（三）时量词

表示时间的计量单位。如：年、天（日）、分（分钟）、秒（秒钟）、会儿、阵儿。其中“年、天、分、秒”既是时量词，又是时间名词。“会儿”表示不确定的较短的时间，也只和“一”组合，如“雨下了一会儿就停了”“我看一会儿电视就睡觉”。如果是较长的不确定时间，就在“一会儿”前面添加“好、好大”，如“想了好一会儿”“我等了好大一会儿车才来”。“阵儿”表示的时间比“会儿”长一些，也只和“一”组合，如“议论了一阵儿”“咳嗽了一阵儿”。如果是时间更长，是在前面加上“好”，如“他们吵了好一阵儿才走了”“我挑了好一阵儿才选了这部手机”。

三、数词、量词的语法特征

（一）数词和量词一般不能直接修饰名词，数词和量词组合后构成数量词组才能修饰名词

数量词组可以修饰、限制名词，充当定语，也可以修饰、限制动词性词语，充当状语，数词和名量词构成的数量短语还可以作为动词的支配对象，充当宾语，数词和动量词、名量词构成的数量短语可以作为动词、形容词的补充成分，充当补语。如：

（一本）杂志　（这张）报纸　【定语】

［一把］拉住　［一脚］踢开　【状语】

买了｜十个　看完｜三本　【宾语】

去〈一趟〉　住过〈几天〉　瘦了〈一点儿〉　【补语】

（二）数量词组里数词与量词之间通常不能插入别的成分

如“一座大山”，不能说成“*一大座山”。但由借用量词、集合量词构成的数量词组，或者被修饰的名词代表的事物具有可分割性，当中可插入形容词“大、小、满、厚”等。如：

三大碗饭　一小碗饭　一大块牛肉　一小块牛肉　三大批货物　一小批货物　两满杯酒　一满盆鸡蛋汤　十几厚本笔记

另外“点儿、会儿”和“一”之间也可以插入“小”，说明更少的数量。如：

一小点儿问题、一小点儿雨、睡一小会儿、等一小会儿

(三) 有些单音节量词可以重叠

如“个个、件件、张张”。数词“一”同量词组合后，也可以重叠，如“一次一次、一个一个、一批一批”。**重叠量词或重叠的数量词组充当不同语法成分时，表示的意义不同。**如：

【主语】或【定语】：个个||都喜欢吃中国菜、(一幢一幢)的楼房

【表示“每”“许多”】

【状语】：[一件一件]地检查、[一遍一遍]地复习

【表示“按照顺序连续地”“重复”】

[三个三个]进去、[五个五个]讨论

【表示“分成 n 组，每次 n 个】

重叠量词不能出现在宾语位置上，不能说“*这些菜我喜欢个个”。

(四) 数词“一”和量词在有些情况下可以省略

由数词“一”和量词组成的数量词组修饰名词、共同做动词的宾语时，数词“一”可以省略。如：

唱|一首歌 → 唱|首歌

写|一封信 → 写|封信

讲|一个故事 → 讲|个故事

除此之外，不定量词“点儿、些”和数词“一”做补语时，“一”也经常省略。如：

大了〈一些〉→大了〈些〉　　小了〈一些〉→小了〈些〉

长〈一点儿〉→长〈点儿〉　　短〈一点儿〉→短〈点儿〉

量词分类总结概况见表 2-5。

表 2-5　量词分类小结表

量词分类		例词	备注
名量词	个体量词	个、名、只、颗、匹、台、张、把、朵	
	集合量词	群、批、双、对、套、帮、组、队	
	度量词	尺、米、公里、两、斤、公斤、吨	
	不定量词	点儿、些	只能和数词“一”组合
	借用量词	杯、碗、瓶、车、桌、屋子、捧、提	绝大部分借自名词
动量词	专用动量词	次、趟、回、遍、下、顿、阵、通	
	借用动量词	脚、拳、眼、声、耳朵、笔	
时量词		会儿、阵儿、年、天、分、秒	“会儿、阵儿”只和数词“一”组合；“年、天、分、秒”也是时间名词

扩展阅读内容

量词的意义

一、量词与名词和动词在意义上的联系

现代汉语的量词很丰富，对名词所代表的事物进行计量时，基本都要使用到量词。这也是现代汉语语法的一个特点。但是绝大多数的现代汉语量词最早都是从名词或动词转化过来的，所以什么样的量词搭配什么样的名词是有规律的，这个规律可以从量词的本义中寻找出来。例如“颗”的本义是“小头”，所以用它来对“小而圆的物体”计量，如：花生、珍珠、药丸、玻璃球等，然后再扩展到形状类似小而圆的物体上，如“星星、心、子弹、牙齿”等。又如“滴”来自动词，本义是“液体一点儿一点儿落下来”，所以用它对“点点落下的液体”进行计量，如“水、油、汗、眼泪、墨水、酒”。

了解一些量词的本义，对于区别一些用法类似的量词有帮助。比如“条”和“根”，“条”的本义是“树的枝条”，“根”的本义是“植物的根”，不论是“枝条”还是“根”都是“细而长”，所以都可以对“细而长的事物”进行计量，如“一条围巾、一条河”“一根头发、一根木棍”。但是，“树的枝条”是比较柔软的，长大的“根”是比较壮而且硬的，所以“条”计量的细长事物一般是“软、可弯曲变化”的，“根”计量的细长事物则是较为“直、不易变形”或者事物“有根系”。举例如下。

条：裙子、领带、毛巾、狗、蛇、鱼、腿、尾巴、路、街、河、辫子。

根：针、蜡烛、手指、骨头、香肠、棍子、柱子、竹子、黄瓜、甘蔗。

虽然有些量词它的本义在现代汉语中已经很少使用，但是如果知道了它的本义，也对准确使用这个量词有帮助。如“把”，最初是动词，本义是“抓、拿”，比如在“把酒问青天”里“把酒”是“拿起酒”的意思，现代汉语里单独的“把”已经没有这个意思了。不过作为个体量词“把”搭配的名词基本都有一个共同的特征，就是事物都有一个可以“抓拿”的部分，并且只有拿着这个部分才能使用这些事物，如“伞、刀、勺子、扇子、钥匙”。

二、量词与名词的组合意义

有的名词不止一个意思，不同意义需要和不同的量词搭配才能表现出不同的名词意义。如：

一朵花【开出来的花】　　一盆花【会开花的植物】

一个工作【职业】　　一项工作【事务、任务】

一部电话【电话机】　　一个电话【用电话传递消息】

一粒饭【饭粒、米粒】　　一碗饭【用米做的饭】

有的量词既可以做个体量词又可以做集合量词，不同意义的量词要和有不同特征的名词组合。如：

一把钥匙　　【个体，单个有抓的部分的某个工具】

一把花生　　【集合，用手抓起的多个小的东西】

一把棒棒糖　　【集合，用手握住的多个细长的东西】

一把汗　　【集合，用手抹去的液体】

相同的名词与不同的个体量词、集合量词、借用量词组合，表示的数量多少也有不同。如：

一只运动鞋　　【个体，单个】

一双运动鞋　　【集合，两只】

一排运动鞋　　【集合，量多，整齐】

一堆运动鞋　　【借用量词，量多，杂乱】

而有些相同的名词与不同的个体量词组合，表示的意义也有不同。如：

① 你拿**一张旧报纸**过来，我要盖一下东西。

② 我们打算办**一份班级电子报**。

③ 最近新上映了**一部《哪吒》动画电影**。

④ 周六和周日我连续看了**两场《哪吒》**，因为觉得看一遍还不够。

【复习与练习（四）】

第四节　动　　词

学习要点

- 了解动词的意义
- 了解动词的意义分类
- 了解及物动词和不及物动词的区别
- 了解动词的语法特征

一、动词的意义和种类

从意义上看，动词表示动作、行为、心理活动或存在、变化等。动词可以根据不同的标准进行分类：

(一) 根据意义分类

根据意义分，动词有如下几类。(见表 2-6)

表 2-6　动词的意义分类

动词分类	意义	例词
动作动词	表示具体的动作、行为	走、唱、笑、吃、学习、参观、表演、批评
心理动词	表示心理活动、心理感觉	想、爱、怕、考虑、觉得、同意、羡慕

续表

动词分类	意义	例词
关系动词	表示存在某种关系或某种变化	有、是、像、姓、属于、在、死、当、成为
能愿动词	表示某种意愿或具有某种能力	能、会、要、愿意、肯、能够、可以、应该
趋向动词	表示动作行为运动或发展趋向	来、去、上、下、进、回、起、上来、下去
使令动词	表示命令或驱使的行为	让、使、叫、令

其中动作动词是最典型的动词，数量也最多。

（二）根据是否能带宾语分类

1. 及物动词

后面可以带宾语的动词叫及物动词，像“吃、喝、买、改变、推广、喜欢、相信、告诉、觉得、建议、同意、接受”等。如：

① 我||**喝**|咖啡，你呢？　　【名词做宾语】

② 我帮你选歌，你||**就唱**|一首吧。　　【数量词组做宾语】

③ 大家||**都相信**|你！　　【代词做宾语】

④ 把钟放在这面墙，你||**觉得**|好看吗？　　【形容词做宾语】

⑤ 这次是我的错，我||**接受**|批评。　　【动词做宾语】

及物动词又可以根据带的宾语是什么性质，分成两类：一类是名宾动词，就是带的宾语是名词性的，宾语是名词（或名词词组）、数量词组（名量词）和代词。如上面的例①—③。一类是谓宾动词，就是带的宾语是谓词性[①]的，宾语是动词（或动词词组）、形容词（或形容词词组）。像上面的例④⑤。名宾动词占及物动词的绝大多数。

据学者的统计，大概有14%的及物动词既可以带名词性宾语，又可以带谓词性宾语，像“爱、喜欢、讨厌、怕、相信、同意”等。如：

① 动词和形容词都经常做谓语，一般将它们合称为谓词。

⑥ a. 女儿||特喜欢|王源。　　　　　　【名词做宾语】

b. 女儿||总喜欢|晚睡。　　　　　　【动词做宾语】

⑦ a. 女儿||小时候怕|陌生人。　　　　【名词做宾语】

b. 女儿||小时候怕|黑。　　　　　　【形容词做宾语】

⑧ a. 女儿||非常相信|他。　　　　　　【代词做宾语】

b. 女儿||相信|不会受骗。　　　　　【动词词组做宾语】

2. 不及物动词

后面不能带宾语的动词叫不及物动词。像“死、生活、咳嗽、醒、睡(觉)、躺、站、飞、休息、出发、前进、后退、胜利、失败”等。如：

⑨ a. 她||站着。

b. 她||站〈在门口〉。

c. *门口站她。

⑩ a. 小鸟||［在空中］飞。

b. 他||放飞了|一只小鸟。

c. *他飞一只小鸟。

⑪ a. 孩子||醒了吗?

b. 妈妈||叫醒|孩子。

c. *妈妈醒了孩子。

⑫ a. 老虎||死了。

b. 有人||杀死了|老虎。

c. *有人死了老虎。

不及物动词一般做谓语或谓语的中心语，后面不能带宾语，像上面c的句子都是错的。如果要带宾语，只能不及物动词前面出现其他及物动词，组成中补词组，然后才能带宾语，就像⑩—⑫b句的情况。

二、动词的语法特征

(一) 动词主要做谓语或谓语的中心语

如：

⑬ 同学们 || 走吧。 【谓语】

⑭ 有个同学 || 走了。 【谓语】

⑮ 同学们 || [快点儿] 走! 【谓语中的中心语】

一般情况下单个动词做谓语，后面要有语气词或助词“了、着、过”，才能单独成句，如上面例⑬⑭。否则，只能在祈使、简单的问答中使用。如：

⑯ 走！走！ 【祈使句，催促或驱赶的语气】

⑰ a：现在出发？

b：出发。 【问—答】

（二）多数动词经常充当述语，后面带宾语（包括名词性宾语和谓词性宾语），共同组成述宾词语做谓语

如：

⑱ 我们家 || [刚] 买了 | （一辆）新车。

【“买”是述语，“一辆新车”是名词性词组做宾语，它们共同做谓语。】

⑲ 我 || 打算 | 报考 HSK6 级考试。

【“打算”是述语，“报考 HSK6 级考试”是动词性词组做宾语，它们共同做谓语。】

现代汉语能带宾语的词一般都是动词。

（三）绝大多数动词可以受状语的修饰，可以受否定副词“不”和“没（有）”的修饰，但一般不受程度副词“很”“太”的修饰

如：

[不] 参加　[没] 参加　[刚刚] 参加

【“不、没、刚刚”做“参加”的状语】

*很参加　*太参加

[不] 来　[没有] 来　[马上] 来

【“不、没有、马上”做“来”的状语】

*很来　*太来

只有心理动词和部分能愿动词能单独受程度副词如“很、非常”修饰，心理动词还能够进入到“程度副词＋动词＋宾语”的结构中。如：

⑳ 他 || ［很］喜欢 | 这本小说。

【心理动词“喜欢”带名词性宾语】

他 || ［很］喜欢 | 逛博物馆。

【心理动词“喜欢”带谓词性宾语】

㉑ 人们 || ［现在］［非常］重视 | 污染问题。

【心理动词“重视”带名词性宾语】

人们 || ［现在］［非常］重视 | 垃圾分类。

【心理动词“重视”带谓词性宾语】

㉒ 我 || ［非常］想 | 成为一名飞行员。

【能愿动词“想”】

㉓ 你 || ［很］应该 | 去听这场音乐会。

【能愿动词“应该”】

（四）大部分动词可以做中心语，后面带补语，共同充当谓语

如：

㉔ 你 || 来得〈太晚〉了，车 || ［已经］开〈走〉了。

【形容词词组“太晚”和动词“走”分别是动词“来”和“开”的补语，“来”和“开”是中心语】

㉕ 你 || ［再］说〈一遍〉，我 || ［刚才］［没］听〈清楚〉。

【数量词组“一遍”和形容词“清楚”分别是动词“说”和“听”的补语，“说”和“听”是中心语】

（五）多数动词后面可以带动态助词“了、着、过”，分别表示动作行为或动作状态的完成、持续和经历等语法意义

如：

㉖ 妈妈 || ［今天］买了 | 好多水果。

【“买水果”这个行为完成】

㉗ 天上 || ［正］飞着 | 一架飞机。

【“飞机飞”这个状态正在持续】

㉘ 我 ‖ ［已经］**到过** | 西藏了。

【“到西藏”这个行为是过去的经历】

（六）少数动词可以重叠，表示时间短、动量少，有时还有尝试的意思

不同音节的动词重叠形式不同。单音节动词重叠是 AA 式或“A 一 A”式，如果是已完成的动作行为，则是“A 了 A”或“A 了一 A”形式，重叠的后一个音节 A 一般读轻声。如：

㉙ A：先生，您想买点什么？

B：哦，我只是随便**看看**。

【“看”的时间短，不是仔细挑选】

㉚ 我觉得这件就不错，要不你**穿一穿**、**看一看**？

【尝试穿，尝试看是否合适】

㉛ 我就是在附近**逛了逛**，没买什么东西。

【“逛”的时间短】

㉜ 妈妈只是**瞧了一瞧**，就看出这衣服的毛病了。

【“瞧”的时间短】

双音节动词重叠是 ABAB 式，如果是已完成的动作则用“AB 了 AB”形式。双音节动词重叠不能用“* AB 一 AB”。

㉝ 每次吃完晚饭，她都习惯去楼下花园**溜达溜达**。

【“溜达”的时间和距离都不长】

* 每次吃完晚饭，她都习惯去楼下的花园溜达一溜达。

㉞ 我们只是简单地**讨论了讨论**，还没做好计划。

【“讨论”的时间短，“讨论”的内容也不多】

* 我们只是简单地讨论了一讨论，还没做好计划。

三、特殊的几类动词

（一）判断动词“是”

“是”主要用在主语和宾语之间表示判断的动词，意思是事物等于什么、

属于什么或区别这个事物，是关系动词中较为特殊的一个动词。如：

㉟ 她 || 是 | 我最小的妹妹。

㊱ a. 你的办公室 || 是 | 302 房间。

【确定是 302 房间，不是别的房间】

b. 你的办公室 || 在 | 302 房间。

【只是确定办公室的位置】

“是”不表示动作行为，不能带“了、着、过”，也不能重叠。如：

㊲ 她曾经是大学生。　　　　　　*她是过大学生。

㊳ 她现在是大学生。　　　　　　*她现在是着大学生。

㊴ 她成为了大学生。　　　　　　*她是了大学生。

“是”还可以用在表示事物的特征、情况或存在的句子中，如：

㊵ 她 || 是 | 黑头发，高个子。

【说明“她”头发、身高的特征】

㊶ 广场上 || 是 | 一片花的海洋。

【说明“广场上”是什么情况】

㊷ 留学生宿舍楼前面 || 是 | 东区食堂。

【相当于：东区食堂在留学生宿舍楼前面】

注意“是”还有强调的意思，相当于“的确、确实”的意思，出现在别的动词、形容词的前面，这时它是副词，不是动词，并且要重读。如：

㊸ 她的头发 || ［是］很黑。

【副词“是”用在形容词词组“很黑”的前面做状语】

㊹ 我 || ［是］［不］明白 | 今天讲的内容。

【副词“是”用在动词“明白”的前面做状语】

（二）能愿动词

能愿动词，又叫助动词，表示对行为或情况的可能性、必要性进行评价，或者表示动作者是否有意愿做某种行为，充当述语，后带动词、形容词或动词性词组、形容词性词组做宾语。如：

㊺ 这种照相机 || **可以** | 在水下使用。

【“可以”做述语，动词词组“在水下使用”做宾语】

㊻ 颜色 || **应该** | 深一点儿。

【“应该”做述语，形容词词组“深一点儿”做宾语】

能愿动词的数量不多，是一个封闭的词类，如表 2-7 所示。

表 2-7　能愿动词表

能愿动词的意义分类	例词
表可能性	能、能够、会、可能、可以、可
表必要性	要、应、应该、应当、该、得（děi）
表意愿	肯、敢、要、愿、愿意

有些能愿动词能受“很”或“不”的修饰，有些能愿动词不可以。如：

㊼ 弟弟**会**游泳。

弟弟**不会**游泳。

弟弟**很会**游泳。

㊽ 我**可能**感冒了。

我**不可能**感冒了。

我**很可能**感冒了。

㊾ 他**要**去学开车。

他**不要**去学开车。

*他**很要**去开车。

㊿ 我**得**懂语法。

*我**不得**懂语法。

*我**很得**懂语法。

能愿动词不能用在名词前，所以像“我要这个”“她会汉语”中的“要、会”就不是能愿动词，而是动作动词。能愿动词也不能带“了、着、过”，不能重叠。

“能、会、可以”是最常见的能愿动词，它们的意义有相同之处也有不同之处，外国留学生在使用时很容易混淆。这里我们比较一下它们的意义和用法。

1. “能”“可以”表示主观上具有某种能力，但“会”是客观的能力，并且是需要学习后才具有的能力

⑤1 他**能**喝一瓶白酒。

他**可以**喝一瓶白酒。

*他**会**喝一瓶白酒。

⑤2 她二十岁了，还不**会**煮鸡蛋。

*她二十岁了，还不能煮鸡蛋。

*她二十岁了，还不可以煮鸡蛋。

例⑤1说话人知道“他”的酒量，认为根据酒量“他”具有“喝下一瓶白酒”的能力，所以用“能、可以”，但酒量是不能通过学习获得的，所以不能用“会”。例⑤2做饭的能力是需要学习的，但“她”已经二十岁了，却还没有学会“煮鸡蛋”的能力，所以要用“会”，不用“能”和“可以”。

2. “能”“可以”表示具备了某种客观条件，某种动作行为或情况能够实现。“会”则是根据客观情况，说话人推测某种动作行为或情况是否有可能发生

⑤3 这屋子有2.6米宽，**能**放下一张双人床和一个衣柜。

这屋子有2.6米宽，**可以**放下一张双人床和一个衣柜。

*这屋子有2.6米宽，会放下一张双人床和一个衣柜。

⑤4 说好十二点见，现在已经一点了，她还**会**来吗？

*说好十二点见，现在已经一点了，她还能来吗？

*说好十二点见，现在已经一点了，她还可以来吗？

3. “能”“可以”表示按照情理是否许可某种行为或情况发生。这种情况下“能”更多用在疑问句和否定句，“可以”多用在疑问句和肯定句。“会”没有这种用法

⑤5 写作考试的时候**能**带电子词典吗？

写作考试的时候**可以**带电子词典吗？

*写作考试的时候会带电子词典吗？

⑤6 吸烟区**可以**抽烟，教室里**不能**。

*吸烟区会抽烟，教室里不会。

4. “能”“可以”还表示某种动作行为或情况是否得到他人的准许。“可以”用在否定句的时候，还表示禁止、不同意的意思。“会”没有这种用法

⑰ 妈，我作业写完了，现在我**能**玩半个小时游戏吗？

妈，我作业写完了，现在我**可以**玩半个小时游戏吗？

*妈，我作业写完了，现在我会玩半个小时游戏吗？

⑱ 这个卫生间上面写着“工作人员专用”，你**不可以**使用，你**可以**使用左边的顾客卫生间。

*这个卫生间上面写着“工作人员专用”，你不会使用，你会使用左边的顾客卫生间。

5. “能”“会”可以表示善于做某事，但是“能”表示数量多，“会”表示做得好。“可以”没有这种用法

⑲ 王老师真**能**讲，连着两个小时都没喝一口水。

【“讲”的时间长】

*王老师真会/可以讲，连着两个小时都没喝一口水。

⑳ 你真**会**讲，别人怎么劝她她都不听，你给她讲，她就听了。

【“讲”的内容或技术好】

*你真能/可以讲，别人怎么劝她她都不听，你给她讲，她就听了。

所以“能、会、可以”用在相同的动词前面，整个句子的意思是不同的。如：

㉑ 我**不能**喝酒。

【因为某种客观条件（如身体原因），“喝酒”这件事不能做。】

我**不可以**喝酒。

【因为某种客观条件（如身体原因），或者没有得到某人的准许，“喝酒”这件事不能做。】

我**不会**喝酒。

【没有学会“喝酒”的能力。】

（三）趋向动词

趋向动词可以单独做谓语或谓语的中心语，后面可以带名词性宾语，也经

常用在动词或形容词的后面做补语，主要表示动作行为的运动或发展趋向。如：

㉜ 太阳||**出来了**。 【做谓语】

㉝ 大家||［都］**进来**吧。 【做谓语中心语】

㉞ 你||去|**故宫**吗？ 【带宾语】

㉟ 你们||爬得〈**上去**〉吗？ 【做补语】

㊱ 浓烟||［慢慢地］扩散〈**开去**〉。 【做补语】

趋向动词也是一个封闭的类，可以分成单纯趋向动词和复合趋向动词两个小类。单纯趋向动词主要有："来、去、上、下、进、出、回、开、过、起"10个，复合趋向动词由"来""去"分别与其他8个单纯趋向动词组合而成。具体见表2-8。

表2-8 趋向动词表

	上	下	进	出	回	开	过	起
来	上来	下来	进来	出来	回来	开来	过来	起来
去	上去	下去	进去	出去	回去	开去	过去	

这些趋向动词根据表示的位置和方向，可以分为三组：

第一组：来、去。以说话人的位置为基础。

第二组：上、下、进、出、回、过、起、开。以运动事物自身原先的位置为基础。

第三组：上来、下来、进来、出来、回来、过来、起来、开来、上去、下去、进去、出去、回去、开去、过去。既和说话人的位置有关，又和运动的事物移动的方向有关。

不少趋向动词做补语时还有引申意义，不纯粹表示动作的趋向，如"唱起来、热起来"中的"起来"表示动作行为或状态的开始；"说下去、冷下去"中的"下去"表示动作行为或状态的继续。趋向动词做补语的情况，我们将在第四章第四节"补语"中进一步讲解。

趋向动词不可以重叠。

扩展阅读内容

离　合　词

一、什么是离合词

汉语里有一批动词，可以内部拆分，既能合起来用，又可以分离使用。这样既合又离的动词，就叫离合词。如：

见面、聊天、谈话、散步、跑步、跳舞、游泳、滑冰、吵架、打架、睡觉、请客

考试、毕业、结婚、离婚、担心、操心、生气、道歉、发火、帮忙、打招呼、开玩笑

大部分离合词在分离两部分时，前一部分相当于动词，后一部分相当于一个名词。如：

① 我们||聊天呢。

我们||聊了（一会儿）|天。

② 她||［跟我］开玩笑呢。

她||［跟我］开了|（一个）玩笑。

有些离合词能重叠，重叠形式是 AAB 式，如果是已完成的动作，则是“A 了 AB”式。如：

聊聊天　　开开玩笑　　帮帮忙　　睡睡觉

聊了聊天　　开了开玩笑　　帮了帮忙　　睡了睡觉

二、离合词的分离形式

（一）中间可以插入“了、着、过”

离合词最常见的分离形式，就是在两部分之间插入动态助词“了、着、过”。如：

毕业→毕了业　　离婚→离了婚　　道歉→道过歉　　上当→上过当
理发→理着发　　担心→担着心　　分手→分过手　　聊天→聊着天

（二）中间可以插入数量词组

离合词的中间还可以插入“数词＋动量词”“数词＋时量词”和少数“数词＋名量词”。

请客→请三次客　　打架→打三回架　　结婚→结两次婚
跑步→跑一小时步　　谈话→谈半天话　　游泳→游一会儿泳
跳舞→跳两支舞　　开玩笑→开一个玩笑　　打招呼→打一个招呼

（三）中间可以插入补语

离合词的中间可以插入补语，就是动词的补充成分，主要是表示动作行为结果的“完”，以及个别离合词固定搭配的结果补语。如：

订婚→订完婚　　散步→散完步　　生气→生完气
操心→操碎心　　考试→考砸试　　睡觉→睡足觉

（四）中间可以插入个别形容词

部分离合词的中间可以插入“大、多”，说明动作的程度或数量。如：

上当→上了大当　　【上了当，损失很严重】
发火→发了很大的火　　【发了火，很厉害】
帮忙→帮过很多忙　　【帮助很多】
考试→考过很多试　　【考试很多】

三、离合词涉及的动作对象的位置

一些离合词合起来时意义相当于一个及物动词，也就是离合词表示的动作行为会涉及、影响到某个人或事物。但是离合词分离之后，后一部分又相当于一个名词，所以**离合词的后面不能再出现宾语**。那么，动作行为涉及的对象就要放在其他位置，分两种情况：

（一）涉及对象可以直接放在离合词两部分的中间

请客→今天我请**大家**客、今天我请**大家的**客、今天我请**大家**一次客

*请客大家

帮忙→朋友来帮**我**忙、朋友来帮**我的**忙、朋友帮了**我**很大的忙

*帮忙我

生气→她正在生**男朋友**气、她正在生**男朋友的**气

*生气男朋友

像这样的离合词不是很多，除了以上还有：上当、沾光、找茬、操心、开玩笑等。

（二）涉及对象用介词引导放在离合词的前面。大部分离合词涉及的对象是用介词引导放在前面

吵架→我和女朋友吵了一架　　*我吵架了女朋友

干杯→我跟你干一杯　　*我干杯你

道歉→服务员向我道歉　　*服务员道歉我

发火→她对男朋友发了很大的火　　*她发火男朋友

"毕业"一般会涉及毕业的学校，学校可以用"从"引导放在"毕业"前面，也可以用"于"引导放在"毕业"的后面。如：

毕业→我从中国人民大学毕业、我毕业于中国人民大学

离合词涉及对象的位置情况见表 2-9。

表 2-9　离合词涉及对象的位置

涉及对象的位置	离合词	例句
插入离合词的中间	帮忙、请客、生气、开玩笑、上当、沾光、劳驾、操心	① 帮我忙/帮我的忙 ② 上骗子当/上骗子的当 ③ 开朋友玩笑/开朋友的玩笑 ④ 操孩子心/操孩子的心 ⑤ 劳您驾/劳您的驾

续表

涉及对象的位置		离合词	例句
用介词引导放在离合词的前面	和/跟……	见面、干杯、吵架、打架、结婚、离婚、订婚、分手、生气、聊天、谈话、开玩笑、打招呼	① 她和男朋友订婚了。 ② 她跟男朋友分手了。 ③ 我跟老师打了个招呼。 ④ 我和朋友开了一个玩笑。 ⑤ 你别和我生气了。
	向/对……	道歉、发火、招手、问好、鞠	① 她向我们招手呢。 ② 你别对孩子发这么大的火。
	从……	毕业、退休、辞职	他从东京大学毕业。
	为/替……	操心、担心、唱彩、费心	① 父母为我们操了很多心。 ② 您别替我们担心了。

但值得注意的是，现在个别离合词也开始变得像一般及物动词那样，后面可以直接带宾语，主要是“劳驾、操心、担心”，也可以说“劳驾您”“操心孩子、操心工作、操心老百姓的事”“担心身体、担心妻子、担心收入”。

【复习与练习（五）】

第五节　形　容　词

学习要点

• 了解性质形容词、状态形容词和区别词的意义和各自的特点

• 了解性质形容词、状态形容词的重叠形式

• 掌握如何区分性质形容词、状态形容词和区别词

一、形容词的意义和种类

形容词是表示人或事物的性质、状态或行为动作的状态的词。形容词可以按照意义和功能两方面进行分类，具体见表 2-10。

表 2-10　形容词分类表

	功能	意义	例词
形容词	谓语形容词（还可以做定语、补语）	性质形容词	大、小、老、胖、瘦、重、轻、漂亮、干净
		状态形容词	雪白、冰凉、碧绿、笔直、飞快、黑乎乎、热腾腾、纷纷扬扬、稀里哗啦
	非谓形容词（只能做定语）	区别词	男、女、正、副、公、母、大型、小型、新型、显性、隐形、有偿、无偿

(一) 性质形容词

表示人或事物的性质的形容词叫性质形容词。像“长、短、高、低、胖、瘦、年轻、干净、漂亮、大方、热情、谦虚”等。

1. 性质形容词的特点

(1) 可以受程度副词（如“很、太、非常、特别”等）的修饰，可以受“不”的否定。

(2) 在句子中经常做谓语、主语或宾语中的定语，谓语中的补语，也可以做谓语中的中心语，后面带补语。

① (这条) 裙子 || **不贵**，但是它 | **太长了**。

【做谓语。】

② 我 || 买〈到〉了 | (一张)(**便宜**) 机票。

【做宾语中的定语。】

③ 每个人 || [都] 打扮得〈很**漂亮**〉。

【做谓语中的补语。】

④ (演唱会的) 观众们 || **热情**〈极了〉。

【做谓语中的中心语，后带补语。】

2. 性质形容词的重叠形式

不少性质形容词可以重叠。根据音节不同，性质形容词有不同的重叠的形式。

单音节性质形容词的重叠形式是AA式，在口语中第二个音节还可读第一声，并儿化。如：

⑤ 你 || [一定] [**好好儿**(hǎohāor)] 学习。

【做谓语中的状语。】

⑥ 爷爷 || [**慢慢儿**(mànmānr)] 走，别着急。

【做谓语中的状语。】

⑦ 我 || [就] [**远远儿**(yuǎnyuānr)] 看〈一眼〉。

【做谓语中的状语。】

双音节性质形容词的重叠形式是 AABB 式，第二、四音节一般要轻读。如：

⑧ 咱们 || 过 | （一个）（**热热闹闹**（rèrenàonao）的）春节！

【做宾语中的定语。】

⑨ 大家 || ［一起］［把教室］打扫得〈**干干净净**（gānganjìngjing）的〉。

【做谓语中的补语。】

⑩ 你们 || ［**大大方方**（dàdafāngfang）地］［在台上］演讲。

【做谓语中的状语。】

性质形容词重叠后经常还可以做谓语中的状语，如上例⑤⑥⑦⑩。重叠后的性质形容词，在意义上一般表示程度上的加深，相当于“程度副词＋性质形容词”，上面的例⑤—⑩都是这种意思。也有的性质形容词重叠后，还带有喜爱的意思。如：

⑪ 你瞧这孩子，**大大**的眼睛，**圆圆**的脸，多可爱啊！

⑫ 看人家，个儿**高高**的，腿**长长**的，穿得还**干干净净**的，真是个帅小伙。

（二）状态形容词

表示人、事物、动作行为的状态的形容词叫状态形容词。像“通红、蜡黄、漆黑、灰白、冷冰冰、慢悠悠、糊里糊涂、黑不溜秋”等。

1. 状态形容词的特点

（1）不可以受程度副词的修饰，也不可以受“不”的否定。

（2）在句子中，经常做谓语、主语或宾语中的定语、谓语中的状语或补语，但是状态形容词一般不做谓语中心语后带补语。

⑬（孩子的）脸 || **通红**。

【做谓语。】

*孩子的脸非常通红。

*孩子的脸不通红。

⑭（**冷冰冰的**）态度 || 惹〈恼〉了 | 他。

【做主语中的定语。】

⑮ 老人‖［慢悠悠地］喝着|茶。

【做谓语中的状语。】

⑯ 他‖［在海边］晒得〈黑不溜秋的〉。

【做谓语中的补语。】

*他黑不溜秋极了。

【不能做谓语中心语后带补语。】

2. 状态形容词的类型

根据形式，汉语的状态形容词又可以分为两大类：

(1) 重叠式状态词，即状态形容词是以重叠的方式构成词。这包括两类：

第一，由“单音节形容词＋重叠词缀”构成，如“绿油油、红彤彤、黑乎乎、惨兮兮、糊里糊涂、黑不溜秋、黑咕隆咚”等。

第二，以“AABB”形式构成的状态词，如“花花绿绿、堂堂正正、磨磨蹭蹭、疙疙瘩瘩”等。

(2) 非重叠式状态词，即不是以重叠的方式构成状态形容词。这里包括三类：

第一，“X＋单音节性质形容词”，X表示比况，相当于“像……一样”，如“雪白、稀烂、笔直、飞快、冰冷”等。可以重叠为ABAB式，如“雪白雪白的棉花、笔直笔直的道路、煮得稀烂稀烂的、跑得飞快飞快的”。

第二，“X＋单音节性质形容词”，X表示程度，相当于“非常”，如“巨大、严寒、酷热、广大、众多”等。这类状态形容词不能再重叠。

第三，“单音节形容词根＋单音节形容词根”，意思相当于“又A又B”，如“灰白、花白、瘦长、粗大、干瘦”等。部分可以重叠为ABAB式，如“灰白灰白的头发、干瘦干瘦的胳膊”。

还有一些是古代汉语留下的文言词汇，如“皑皑、潺潺、悠悠、滂沱”等，一般做谓语和定语，如“白雪皑皑、潺潺溪流、岁月悠悠、滂沱大雨”等。

状态形容词重叠后，在意义上不表示程度的加深，作用只是描写。这点与性质形容词的重叠不同。如：

⑰ 小手冻凉了。→小手冻得凉凉的。

【“凉凉”的程度比“凉”深。】

⑱ 小手冻得冰凉。→小手冻得冰凉冰凉的。

【“冰凉冰凉”的程度没有比“冰凉”更深。】

（三）区别词

表示人或事物的属性，具有区分人或事物种类作用的形容词。区别词只能做定语，不能做谓语，所以也叫“非谓形容词”。这样的词有：

男、女、公、母、正、副、金、银、雄、雌、单、双、棉、荤、素

西式、中式、大型、中型、巨型、小型、恶性、良性、高等、中等、下等、国营、私营

区别词最主要的特点是：

(1) 做定语，不做谓语。但也有些区别词只能直接做定语，如“常务、日用”；有些只能加上“的”才能做定语，如“亲爱、上好”。

多数区别词可以直接放在名词前做定语，或者加上“的”做定语。如：

⑲ 妈妈 || 买了 | （一条）（**金**）项链，我 || 买了 | （一对）（**银**）耳环。

妈妈 || 买了 | （一条）（**金的**）项链，我 || 买了 | （一对）（**银的**）耳环。

* 项链金，耳环银。

项链 || **是** | **金的**，耳环 || **是** | **银的**。

⑳ 他们家 || 是 | （**西式**）装修风格，我们家 || 是 | （**中式**）装修风格。

他们家 || 是 | （**西式的**）装修风格，我们家 || 是 | （**中式的**）装修风格。

* 他们家装修风格西式，我们家装修风格中式。

他们家装修风格 || **是** | **西式的**，我们家装修风格 || **是** | **中式的**。

㉑ 王校长 || 是 | （**常务**）（**副**）校长。

* 王校长 || 是常务的副的校长。

㉒ 欢迎你，（**亲爱的**）朋友。

* 欢迎你，亲爱朋友。

(2) 区别词不能受程度副词（如“很、非常”等）的修饰，也不受“不”的修饰。如：

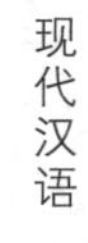

㉓ 他得了**急性**肠胃炎。

*他得了很急性的肠胃炎。

*他得了不慢性的肠胃炎。

㉔ 这是世界上最大的**巨型**计算机。

*这是世界上非常巨型的计算机。

*这是世界上不小型的计算机。

但个别区别词可以受程度副词“最”修饰，如：

主要→最主要的问题

基本→最基本的原则

亲爱→最亲爱的家人

(3) 区别词不能重叠。像“男男女女”并不是区别词的重叠，而是一种构词的语素重叠，意思是“男人们和女人们”。

二、形容词的语法特征

综合来谈，汉语形容词的语法特点主要有以下几个方面。

(一) 形容词一般做定语，这是形容词的最主要的语法功能

状态形容词做定语，需要加上“的”。如：

㉕ 姐姐 || 住 | (**大**) 卧室，我 || 住 | (**小**) 卧室。

【性质形容词“大、小”做“卧室”的定语。】

㉖ 道路旁边 || 是 | (**黄灿灿的**) 麦田。

【状态形容词“黄灿灿”做“麦田”的定语。】

㉗ 现在 || 没有 | (**黑白**) 电视机了。

【区别词“黑白”做“电视机”的定语。】

(二) 除区别词外，性质形容词和状态形容词还可以做谓语或谓语的中心语

这种情况下，后面还可以带助词“了”，表示变化。如：

㉘ 女儿||**高**了，也**瘦**了。

【性质形容词“高、瘦”做谓语。】

㉙ 奶奶的头发||［已经］**花白**了。

【状态形容词“花白”做谓语中心语。】

㉚ *企业**大型**了。

【区别词“大型”不能做谓语，也不能带“了”。】

（三）性质形容词能接受程度副词的修饰，能受“不”的否定。状态形容词和区别词一般不受程度副词修饰，也不受“不”的否定

㉛ 她不**高**也不**矮**，不**瘦**也不**胖**，体型最**合适**了。

【性质形容词】

㉜ *奶奶的头发不**花白**，走路很**慢悠悠**。

【状态形容词】

㉝ *我们发展不**大型**企业。

【区别词】

（四）除区别词外，性质形容词和状态形容词可以放在谓语中心语后面做补语，但状态形容词做补语需要加上“得”

㉞ 长〈高〉　　变〈漂亮〉　　打扫〈干净〉

【性质形容词】

长得〈很高〉　　变得〈漂亮一点儿〉　　打扫得〈特别干净〉

【状态形容词】

㉟ 长得〈绿油油〉　　变得〈雪白〉　　冻得〈冰凉〉

【状态形容词】

*长绿油油　　*变雪白　　*冻冰凉

【区别词】

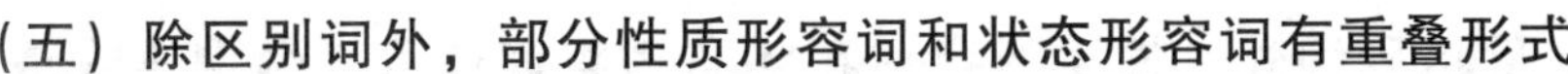

（五）除区别词外，部分性质形容词和状态形容词有重叠形式

详见本节一（一）、一（二）部分。

形容词的语法特点如表 2-11 所示。

表 2-11　形容词的语法特点

语法特点	性质形容词	状态形容词	区别词
做定语	（高）个子 （热闹的）春节	（冰冷的）手 （热乎乎的）米饭	（微型）电脑 （上好的）蔬菜
做谓语	个子‖高 春节‖很热闹	她的手‖冰冷 米饭‖热乎乎的	
做补语	长得〈高〉 讨论得〈很热闹〉	她的手冻得〈冰冷〉 烧得〈热乎乎的〉	
很～	很高 很热闹		
不～	不高 不热闹		
部分可重叠	AA 式：高高 AABB 式：热热闹闹	ABAB 式：冰冷冰冷	

扩展阅读内容

性质形容词做谓语

性质形容词一般不单独做谓语，做谓语时一般前面加上程度副词，如：

① 房间很干净，不用打扫了。

*房间干净，不用打扫了。

② 这里的水果真便宜。

*这里的水果便宜。

一、单独做谓语的情况

性质形容词只有在两种情况下才单独做谓语：

（一）在对比时，可以单独做谓语。如：

③ 北京海淀房租||贵，丰台房租||便宜。

④ 208、209宿舍||整齐、干净，210宿舍||脏、乱。

（二）问句中，可以单独做谓语。如：

⑤ 今天工作||忙吗？

⑥ 颐和园||大吗？漂亮吗？

二、“是＋形容词”的情况

形容词或形容词词组做谓语时，前面不能加判断动词“是”。如果在汉语中听到或看到有人使用了“是”，这个“是”就不是判断动词，而是表示强调的“是”，相当于“确实、的确”。否则，就是错误的。如：

⑦ A：今天冷吗？

B1：今天很冷。

B2：*今天是很冷。

比较：A：今天很冷啊！

B：对，今天是很冷。

【相当于：今天真的很冷】

⑧ A：这件衣服怎么样？

B1：这件衣服很漂亮。

B2：* 这件是漂亮。

比较：A：这件衣服漂亮吧。

B：这件衣服是漂亮，但我不太喜欢它的款式。

【相当于：衣服的确漂亮，但我不喜欢】

【复习与练习（六）】

第六节　代　　词

学习要点

- 代词的种类：人称代词、指示代词和疑问代词
- 疑问代词的非疑问用法

一、代词的意义和种类

代词就是具有代替或指示作用，能够代替名词、动词、形容词、数词等词的词。代词是一个封闭的词类，内部成员有限，包括以下三类。（见表 2-12）

表 2-12　代词分类表

	类别	例词
代词	人称代词	我、你、他、我们、你们、他们、咱们、大家、自己
	指示代词	这、那、这儿、那儿、这样、那样、这么样、那么样
	疑问代词	谁、哪儿、什么、怎么、怎么样、多少、几

（一）人称代词

人称代词是代替人或事物名称的词。汉语的人称代词主要如下。（见表 2-13）

表 2-13　人称代词表

	第一人称		第二人称		第三人称			统称		自指	旁指
单数	我	咱	你	您	他	她	它			自己	别人
复数	我们	咱、咱们	你们		他们	她们	它们	大家	大伙儿	自己	别人

1. “我们”和“咱们”

“我们”是第一人称复数，有两种用法：一种是“排除式”，不包括听话人在内，只指说话人一方。一种是“包括式”，除了指说话人，也包括听话人在内。“咱们”一定包括听话人在内，和包括式的“我们”相比，“咱们”显得更为亲近，起到缩短听说双方距离的作用。如：

① 你们一班坐前两排，**我们**/*咱们二班坐三四排。

【排除式，不能使用“咱们”。】

② 明天有学校音乐团演出，**我们/咱们**都去吧。

【包括式，“我们、咱们”都可以。】

③ 你别闹脾气了，我知道附近开了一家新餐馆，待会**咱们**一起去尝尝新吧。

【包括式】

④ 你别闹脾气了，我知道附近开了一家新餐馆，待会**我们**一起去尝尝新吧。

【包括式】

例③和例④的背景都是说话人和“你”可能发生了点矛盾，在劝慰闹脾气的“你”时，但是使用③句的“咱们”要比④句“我们”更合适，因为能更拉近彼此的关系，更为亲切。如果“你”还在生气，不接受说话人的示好，那他/她可以回答“什么咱们？你是你，我是我”。但如果是④句就不能回答“*什么我们？你是你，我是我”。

“我们”本来只表示第一人称复数，但是说话人为了增强自己的说服力，想要听话人知道自己的观点不是自己一个人的看法，而是多数人的看法，就会用“我们”而不是“我”。这种用法在学术写作、辩论时很常见。如：

⑤ 在这篇论文中，**我们**详细分析了各个常用动量词的用法。

【可以是一个作者。】

⑥ **我们**认为，国际社会应在相互尊重、平等互利的基础上开展国际合作。

【单一的发言人。】

“咱”有两种用法，一种表示第一人称单数，指说话人自己；第二种表示第一人称复数，相当于“咱们”。如：

⑦ 别看我没上过大学，但是**咱**也懂市场，咱也懂技术。

【咱＝我】

⑧ 妈，**咱**几点吃晚饭啊？我快饿死了！

【咱＝咱们】

2.“我、你、他”的其他用法

“我、你、他”还可以表示不定指，表示一个人群中的不确定的人，一般用在“你……，我……”的对举格式中。如：

⑨ 昨天的讨论很热烈，大家**你说一句，我说一句**，讨论了很多问题。

⑩ 当宣布完结果，大家**你看看我，我看看他**，谁也不说话了。

“他”还可以表示虚指，不是指具体的某个人，多用在“动词＋他＋数量词”，只是起一个凑音节的作用。这时“他”要轻读。如：

⑪ 既然是免费品尝，我就**尝他一口**。

⑫ 好久不见了，来，来，咱们先**喝他三大杯**。

3.“自己”“别人”和“人家”

“自己”是自称，口语中还可以说“自个儿”。多数情况下是放在其他人称代词如“我、你、他、我们、咱们、你们、他们”后面以及指人名词的后面。

⑬ 你不用来接我，**我自己**打车过去。

⑭ 这件事情**小王自己**拿主意吧。

但也可以单独使用，单独使用时有两种情况：一种是泛指任何人，另一种是特指，往往指句子前面出现过的某个人。如：

⑮ 自己的事情要自己做。

【泛指任何人。】

⑯ 你一个人在国外留学，一定要自己照顾好自己。

【特指“你”。】

“别人”是旁指，指其他人。可以是特指的其他人，也可以是泛指的其他人。如：

⑰ 大家都在安静地学习，你一个人大声地接电话，会影响到别人。

【特指“正在学习的其他人”。】

⑱ 你考虑清楚，你把这件事情说出去，别人会怎么想。

【泛指其他任何人。】

“人家”有多种意义和用法，既可以表示“别人”，也可以表示“他/她”，还可以用来表示“我”。不过表示“我”时，一般是女性撒娇或表示亲热的时候。如果是男性使用，则会有些女性化。如：

⑲ 在餐厅吃饭的时候，小孩子不要到处跑来跑去，不要打扰到人家。

【别人】

⑳ 爸爸在书房工作呢，你不要吵人家了。

【他】

㉑ 哎呀，你突然跑出来，吓到人家了！

【我】

注意“人家”还有名词的用法，表示有人住的住户。如“白云深处有人家”“这个村子有百十户人家”。

（二）指示代词

指示代词是用来指示和区别人或事物的代词。汉语的指示代词首先分为近指和远指两大类。（见表 2-14）

表 2-14　近指代词和远指代词

作用	近指代词		远指代词	
	例词	例句	例词	例句
指代人或事物	这	这是口语老师 你住这间房间	那	那是听力老师 他住那间房间

续表

作用	近指代词		远指代词	
	例词	例句	例词	例句
指代时间	这时、这会儿	这会儿我到上海了	那时、那会儿	那会儿我上小学
指代处所	这儿、这里	这儿是人文楼	那儿、那里	那儿是图书馆
指代性质或方式	这样、这么样	你应该这样穿	那样、那么样	那样的衣服不好
指代程度	这么	天气这么热	那么	那么冷的水不行

还有一些指示代词表示其他的指示意义。

1. “每”和“各”

“每”表示遍指，可以指人或事物，如“每人、每个学生、每张桌子”；也可以指处所，如“每处、每地、每个机场”；也可以指时间，如“每时、每刻、每天、每个小时”。“各”表示分指，可以指人或事物，如“各人、各张桌子”，也可以指处所，如“各地、各个机场”。“每”和“各”意义看起来很像，但是“每”强调共性，表示“所指示的人或事物都如何”，而“各”强调个性，表示“所指示的人或事物有不同情况”。如：

㉒ 这次的春游活动，**每**人先交一百元活动费。

【共性：所有人都交钱。】

㉓ 下车前**各**人检查自己的行李，不要遗漏。

【个性：每一个人都自己不同的行李。】

㉔ **每**所小学都是9月1日开学。

【共性：所有小学在相同时间开学。】

㉕ **各**所学校安排暑期活动时要特别注意安全。

【个性：每所学校安排的暑期活动不同，安全措施也可能不同。】

2. “某”

“某”表示不定指，指示不确定人或事物，如“某人、某学校、某品牌手机”，也可以指示不确定的处所或时间，如“某地、某个城市、某天、某年、某个时刻”。

3. “其余”和“其他”

“其余、其他”表示旁指，指示别的或剩余的人或事物，不用量词，如“其他人、其余学生、其他学校、其余房间”，也可以指示处所、时间，如“其余地区、其他公共场所、其余时间、其他年月”。

（三）疑问代词

疑问代词是能用来表示疑问并提出问题的代词。汉语的主要疑问代词如表2-15所示。

表2-15 疑问代词表

作用	疑问代词	例句
问人	谁、什么人、哪位	您是哪位？
问事物	什么东西、什么事	你拿的是什么东西？
问处所	哪儿、哪里、什么地方	这是什么地方？
问时间	什么时候/时间、多会儿 几（点/月/号）	您什么时候/多会儿到？ 你几点来？
问数量	几、多、多少	这鱼有几斤/多重？ 这孩子多大了？
问状态和方式	怎么、怎样、怎么样	这牌子的手机用得怎么样？ 你是怎么使用电子词典的？
问情况和原因	怎么	你的头发怎么了？ 她怎么就生气了？
问意见	怎么样	你说周末去游泳，怎么样？

疑问代词在使用时并不总是表示疑问，也有非疑问的用法，主要有以下几种情况：

1. 疑问代词的任指用法

疑问代词表示周遍性意义，相当于“所有”“任何”的意思，后面往往有副词“都”或“也”一起出现。如：

㉖ 不要劝我了，**谁**说的话我**也**不听。

【相当于：任何人。】

㉗ 工作了一个星期，累极了，周末**什么事都**不想干。

【相当于：所有的事。】

也可以表示任何人或事物中的某一个，一般用在“疑问代词＋动词＋疑问代词＋动词”的格式中，中间常常有副词“就”。如：

㉘ 这件事情我不愿意做，你们**谁**愿意**做谁做**。

【相当于：你们中的任何一个人。】

㉙ 以后有钱了，想**怎么玩就怎么玩**。

【相当于：任何方式中的一种。】

2. 疑问代词的不定指用法

疑问代词表示不明确的某个人或事物。如：

㉚ 最近工作太累了，应该去**哪儿**玩儿玩儿了。

【相当于：某个地方。】

㉛ 休息了一个多星期，我是不是应该做点儿**什么**了？

【相当于：某件事情。】

3. 疑问代词的其他用法

“哪里、哪儿的话、没什么”还可以用作谦词，表示谦虚的态度。如：

㉜ A：你的毛笔字写得真是漂亮！

B1：**哪里，哪里**，您过奖了。

B2：**哪儿的话啊**，我只是初学者。

B3：**没什么，没什么**，写得还不太好。

“什么”和“什么的”还可以用在列举人或事物，“什么”要放在列举的名词最前面，“什么的”则放在列举的名词最后面。如：

㉝ 妈妈买了许多水果，**什么**苹果、香蕉、葡萄、西瓜，买了一大堆。

㉞ 妈妈买了许多水果，苹果、香蕉、葡萄、西瓜**什么的**，买了一大堆。

“不怎么”还表示程度，相当于“不太、不很”。如：

㉟ 今年夏天**不怎么**热。

二、代词的语法特征

代词是一个比较特殊的实词，因为它的作用主要是代替其他词类，所以**代词的语法功能是根据它代替什么词类而确定的**。

代替名词时，代词可以做主语、宾语，也可以是主语或宾语的中心语，也可以做定语。如：

㊱ 这||是|一部刚获奖的长篇小说。

【主语】

㊲ 我们||吃|什么？

【宾语】

㊳（梦中）的她||是|一位长发飘飘的姑娘。

【主语中的中心语】

㊴ 你||看见|（我）的书包了吗？

【宾语中“书包”的定语】

代替形容词时，代词可以做谓语、定语、状语或补语。如：

㊵ 刚才的报告||怎么样？　　【谓语】

㊶ 我||［没］想〈到〉|你是（那样）的人。　　【定语】

㊷ 你||［这样］开车，小心会超速。　　【状语】

㊸ 这次考试||考得〈怎样〉？　　【补语】

而在“来了几位客人？”“来了多少客人”中，“几、多少”是代替数词或数量词组，那么它们就起着数词或数量词组的语法功能。

扩展阅读内容

代词的指代问题

在实际运用中，无论是中国人还是外国的汉语学习者，经常会出现一些代词的使用错误，这主要表现在代词的指代问题。如：

① *我朋友的儿子考上清华大学了，**他**特别高兴。

【“他”是指“我朋友”还是“朋友的儿子”?】

② *女朋友说自己天天加班，**他**已经受够了。

【应该用表示女的“她”，而不是男的“他”。】

③ *儿子打算去广州玩两天，**这里**有他的同学。

【“儿子”还没去广州，不应该用“这里”，应该用“那里”。】

④ *我看了《大圣归来》的电影介绍，说**本**片改编自著名的中国神话小说《西游记》，讲的是孙悟空大闹天宫五百年以后的故事。

【说话人不是《大圣归来》的作者，应该用“该”，而不是“本”。】

⑤ *过去的日本知识分子引进很多中国文化。**这时候**在吸收中国文化的过程中不可避免地发生日本化的问题。

【前面讲“过去的日本”的情况，应该用“那时候”而不是“这时候”。】

所以，作为外国学生要特别注意以下几点：

一、代词的指代对象不明确

当一句话出现多个人，后面的句子使用第三人称代词“他、她”指代时，首先要明确所指对象是谁。例如上文中的例①前面的句子有两个人物“我朋友”和“儿子”，如果“我朋友”也是男性，就会出现例①中“他”不知道指谁的问题。所以为了避免误解，一般会改成不使用代词“他”的说法。如：

⑥ 我朋友的儿子考上清华大学了，**我朋友**特别高兴。

我朋友的儿子考上清华大学了，**孩子**特别高兴。

如果是“我朋友”是女性，那样在书面语上改成“她”，也可以避免误解。如：

⑦ 我朋友的儿子考上清华大学了，**她**特别高兴。

但因为“她”和“他”发音完全相同，所以口语表达中一般都会采取避免使用代词的方式。

同样，当一句话提到多个事物，后面使用指示代词“这、那”等指代时，也要明确所指对象是哪一个。如：

⑧ *我们先去法兰克福，然后坐火车到科隆。因为要游览的地方很多，我们要在**那个城市**停留五天。

【那个城市指“法兰克福”还是指“科隆”?】

所以为了避免误解，一般也要改成不用指示代词的说法：

⑨ 我们先去法兰克福，然后坐火车到科隆。因为要游览的地方很多，我们要在**法兰克福（或科隆）**停留五天。

二、代词和指称对象在数、人称上的不一致

汉语的人称代词有单数、复数的形式，指示代词加上不同的量词也可以表示单数和复数。人称代词还有第一、第二、第三人称以及统称、自称、他称的区别。所以，当用代词指称前面句子出现过的人或事物的时候，要注意保持数和人称上的一致性。如：

⑩ *如果一个人一直学习，没有休闲的时间，**这些**肯定影响**你**对学习的态度和**你**的学习成绩 。

“一直学习，没有休闲的时间”说的都是“很忙的状态”，是一回事，所以例⑩中的“这些”在数量上表示错了。前面说的是“一个人”是以第三人称的角度来谈论事情，所以后面不应该用第二人称“你”来指称前面这个“一直学习，没有休闲的时间”的人。句子应该改成：

⑪ 如果一个人一直学习，没有休闲的时间，**这**肯定影响**他**对学习的态度和**他**的学习成绩 。

如果一个人一直学习，没有休闲的时间，**这**肯定影响**这个人**对学习的态度和**这个人**的学习成绩 。

而我们在开头部分讲到的例④应该用“该”不是用“本”，也是人称的问

题，该用第三人称的时候用了第一人称。很多人很容易把“本”和“该”混淆在一起，特别是在书面写作中。所以下面我们详细讲一讲“本”和“该”的区别。

“本”和“该”都是书面语的代词。“本”表示第一人称或者自指、近指，可以用来指人、事物、处所、时间等，可以用于书面语写作，也可以是正式的口语表达。“该”是第三人称或远指，用来指上文说过的人、事物、处所、时间，只用在正式的书面语写作。并且，“本”和“该”用在名词前，不使用量词。如：

⑫ a. **本人**今年二十五岁，曾经于2014—2018年在联通公司工作了四年。

【第一人称“我”，正式的口语和书面语都可。】

b. 蔡云天同学的推荐意见：**该生**在校期间表现突出，品学兼优。

【第三人称，指“蔡云天”，正式的书面写作。】

⑬ a. **本书**讲述了上海普通一家人五十年来的生活变迁。

【作者站在自己的角度介绍这本书。】

b. **该书**讲述了上海普通一家人五十年来的生活变迁。

【以第三人称角度介绍这本书。】

⑭ a. **本市**将在未来一个月内清理路边违规停车。

【我们城市，说话人是这个城市的人。】

b. 纽约是美国第一大城市，截止到2017年，**该市**人口约850万人。

【那个城市，说话人不是纽约人。】

⑮ a. 我将于**本月**十八号抵达上海。

【这个月】

b. 100年前即1905年，年仅26岁的爱因斯坦提出了狭义相对论、光量子学说等物理学概念和理论，因此，后来**该年**被称为“爱因斯坦奇迹年”。

【那一年】

三、“这”和“那”的误用

“这”和“那”的误用是指在指代时，该使用“这”的时候使用了“那”，该使用“那”的时候却用了“这”。如前面的例⑤。这类误用是因为没有分清指示代词“这、那”近指和远指功能造成的。一般来说，“这”用于近指，指代离说话人较近的事物；“那”用于远指，指代离说话人较远的事物。注意，这种远近距离既可以是空间上的，也可以是时间或心理上的。如：

⑯ a. 我从**我妈这儿**学到了中国传统女性的美。

【“我”和“我妈”都是第一人称，所以使用“这儿”表示亲近。】

b. 我从**妈妈那儿**学到了中国传统女性的美。

【“我”是第一人称，但“妈妈”是第三人称，所以使用“那儿”是以更客观的角度对听话人诉说。】

在实际使用时，汉语的“这”要比“那”使用次数多，因为“这”既可以表示实际距离近，也可以表示心理距离近，但“那”一般只表示实际的距离远。又如下面的例子：

⑰ *他快要退休了，**那时候**我想说：“父亲您太辛苦了。我不知道怎么感谢您，以后我会认真工作，向您学习。”

说话人可能在说父亲退休之前的事情，根据实际的时间用“那时候”似乎是正确的，但是从说话人和父亲的心理距离来看，他和父亲非常亲近，所以句子里使用“那时候”就不太恰当了，应该改为：

⑱ 他快要退休了，**这时候**我想说：“父亲您太辛苦了。我不知道怎么感谢您，以后我会认真工作，向您学习。”

【复习与练习（七）】

课程延伸内容

兼 类 词

一、什么是兼类词

词类是根据词的语法功能划分出来的类别，同类词具有某些共同的语法功能，不同类词具有相互区别的语法功能。但**少数词既具有这类词的语法功能，又具有那类词的语法功能，这样的词就是兼类词**。下面我们主要讲讲名词和动词的兼类、名词和形容词的兼类以及动词和形容词的兼类现象。

（一）名词兼动词

例如“代表”，既可以表示人，也可以表示动作行为，如：

① （全国）（人大）代表们||［陆续］到达了|北京。

【名词，做主语中的中心语】

② 他||做|（我的）代表。**【名词，做宾语中的中心语】**

③ 他||被取消了|（代表）资格。**【名词，做宾语中的定语】**

④ （她的）发言||［不］**代表**|（我的）意见。

【动词，做谓语中的述语，后带宾语】

⑤ 国旗||**代表着**|（一个）国家。**【动词，做谓语中的述语，后带宾语】**

“代表”表示代替别人办事或表达意见，或者表示某种抽象的概念时，是动词，而代替别人办事或表达意见的人则是名词。像这样名词兼动词的词还有：导演、主持、指挥、翻译、裁判、编辑、导播、领导、比赛、跳绳等。

如何区分这些兼类词什么时候是名词、什么时候是动词？除了根据主要充当的语法成分判断外，还可以考量简单的两条标准：一是看能否受“不”否定，二是看后面能否出现“了、着、过”。（见表 2-16）

表 2-16 名词兼动词的区别

	最常充当的语法成分	能否受"不"否定	能否后加"了、着、过"
名词用法	主语、宾语 主语或宾语中的定语 主语或宾语中的中心语	不可以	不可以
动词用法	谓语 谓语中的述语 及物动词后带宾语	可以	可以

(二) 名词兼形容词

例如"科学"既可以表示抽象概念，又可以表示事物的性质。如：

⑥ (语言) 研究 || 是 | (一门) 科学。

【名词，做宾语中的中心语】

⑦ 你 || [多] 学 | (一些)(科学) 知识。

【名词，做宾语中的定语】

⑧ (你的) 解释 || [还][不][太] 科学。

【形容词，做谓语的中心语】

⑨ (这篇) 文章 || [非常科学地] 分析了 | (语言的) 发生和发展。

【形容词，做状语】

当"科学"表示某种知识体系时，是名词，而表示事物是否符合科学规律时，是形容词。像这样的名词兼形容词的词还有：道德、礼貌、理智、精神、民主、卫生、文明、自由、规律、标准、系统、典型、规矩、规范、困难、秘密、矛盾等。

区分名词和形容词时，主要看三条标准：一是看能否做谓语；二是看能否受"不"的否定；三是看能否受程度副词"很"的修饰。(见表 2-17)

表 2-17　名词兼形容词的区别

	能否做谓语、补语	能否受“不”否定	能否受“很”修饰	例句
名词用法	不可以	不可以	不可以	每个人都要有爱国精神。
形容词用法	可以	可以	可以	你今天怎么一点儿也不精神。 你今天打扮得真精神。

（三）形容词兼动词

例如“热”既可以表示“温度或体温高”的意思，做形容词，也可以表示“加热”的意思，做动词。如：

⑩（今天的）天气||［太］热了。

【形容词，做谓语】

⑪ 我||跑得〈很热〉。

【形容词，做补语】

⑫ 你||热热|（中午的）饭。

【动词，做谓语中的述语，后带宾语】

⑬ 你||［用微波炉］热〈1分钟〉。

【动词，做谓语中的中心语，后带补语】

能够兼有动词词类的形容词都是性质形容词。一些性质形容词用作动词时，意思是“使……（变成）某种性质或状态”，如“热饭”其实意思就是“（通过某种方式）使饭变热”。像这样的词还有：丰富、方便、繁荣、安定、端正、满足、麻烦、温暖等。还有一些性质形容词用作动词时，意思是“对人或物采取某种态度”，如“小心台阶”意思是“对台阶采取小心的态度”。像这样的词还有：仔细、明白、坦白、冷落、节省、节约、疏忽、稀罕等。

区分这类词形容词和动词的用法时，可以通过三条标准：一是看能否受“很”的修饰；二是看能否带宾语；三是看重叠形式。（见表 2-18）

表 2-18　形容词兼动词的区别

	能否受"很"修饰	能否带宾语	部分可重叠形式及语法意义	例句
形容词用法	可以	不可以	单音节：AA 式 双音节：AABB 式 程度加深义	这水很热。 这水热热的。 她很端正地坐在椅子上。 她端端正正地坐在椅子上。
动词用法	不可以	可以	单音节：AA、A 一 A、A 了 A 双音节：ABAB、AB 了 AB 短暂与尝试义	你把饭热一热。 我已经把饭热了热。 你要端正端正自己的态度。

二、哪些不属于兼类词

(一) 意义上毫无关系的同音同形词不看作兼类词

⑭ 我花$_1$ 了 198 块钱买了这束花$_2$。

⑮ 这只老$_1$ 虎已经很老$_2$ 了。

例⑭ 中"花$_1$"是动词，"花$_2$"是名词。例⑮中"老$_1$"是词的前缀，"老$_2$"是形容词。"花""老"的两个意思彼此都没有任何联系，它们不能看作兼类词，这些只是同音同形词。

(二) 不同类的词具有部分相同的语法功能，不看作兼类现象

比如动词和形容词的后面都可以加上"了"或"起来"，表达相近的语法意义。如：

⑯ 药我吃了。

【动作行为的完成。】

孩子醒了。

【状态的变化。】

⑰ 大家唱起来。

【动作行为的开始。】

同学们跑起来。

【动作行为的开始。】

⑱ 我已经大了。

【状态的完成。】

脸突然红了。

【状态的变化。】

⑲ 声音大起来。

【状态的开始。】

脸马上红起来。

【状态的开始。】

所以不能认为形容词加“了”或“起来”就兼有了动词用法。

（三）修辞活用现象，不看作兼类现象

部分名词在一些表达中使用得像形容词，如：

⑳ 你瞧你写的是什么东西，比垃圾还**垃圾**。

【相当于：比垃圾还差、还没用。】

㉑ 我们男同学一定会很**绅士**地照顾女同学。

【相当于：像绅士那样礼貌地照顾。】

㉒ 他表现得很勇敢、很**男子气概**。

【相当于：男子气概很足。】

这种现象因为是在特定的格式中，主要用在“比＋名词＋还＋名词”或者“很＋名词”中，并且能补出其他动词，如“比＋名词＋还像＋名词”“很像＋名词”“很有＋名词”。而且，在这类格式中名词不再指称具体的人或事物，而是表示从名词中提取出的特征意义或联想意义，这些特征意义或联想意义能够代表一些属性。如“垃圾”代表着“价值低、没有用处的东西”，“绅士”能让人联想起“绅士具有的风度、穿着打扮等”，能联想到他们具有的“礼貌、高贵”等品格；“男子气概”一般指男子具有的“勇敢、坚强等气质”。这些是特定的结构、特定的一些名词才具有的现象，不是随便一个名词就可以有这样的表达，如不能说“*比桌子还桌子、*他很电话地说了半天”，所以我们一般把例⑳—㉒看作名词活用为形容词的修辞现象，不属于兼类词。

当代汉语中还出现了部分表示交流工具或方式的名词临时用作动词的现象，如：

㉓ 我明天电话你。

【相当于：给你打电话。】

㉔ 待会儿我微信你。

【相当于：用微信和你聊。】

目前这是一种网络语言现象，是为了节省说话或打字的时间，才这样说。所以这也不是兼类现象，仍然是一种词语活用现象。

第三章

虚词和特类词

第一节　副　词

学习要点

- 了解副词的内部分类
- 了解副词的主要语法功能
- 掌握常用副词的语义和用法，特别是一些近义副词的区别

一、副词的种类

副词主要是在动词或动词短语、形容词或形容词短语前，起到修饰和限定作用的词。根据意义，副词有以下几种类型。

（一）程度副词

表示程度高低的副词，像“很、真、怪、挺、够、好、非常、十分、特别、格外、尤其、相当、更、最、几乎、无比、万分、稍、稍微、极”等。如：

① 他一到北京就去吃了北京烤鸭，觉得**非常**好吃。

② 一年没回国了，我**最**想念妈妈做的饭。

③ 这个凉拌西红柿应该**稍微**放点儿糖。

（二）范围副词

对动词关系到的对象的数量或范围进行限定的副词，像“都、全、只、光、仅、仅仅、一共、总共、凡、凡是、大都、大多、处处、统统、唯独、单单”等。如：

④ 学院组织去长城游玩，同学们**都**报名了。

⑤ 这座桥**仅**用了不到三天就修好了。

⑥ 这个作者的小说**大多**来源于他自己的生活经历。

（三）频率副词

表示动作重复、发生频率的副词，像“常、常常、往往、还、再、又、也、一再、再三、不断、接连、连连、一连、重、重新、反复、偶尔”等。如：

⑦ 他工作特别积极，**常常**得到经理的表扬。

⑧ 他太困了，喝了一杯咖啡没用，**又**喝了一杯。

⑨ 登机前，妈妈**再三**跟我强调，一个人在国外要注意安全。

（四）时间副词

表示动作发生时间的副词，像“立刻、马上、顿时、刚、已经、曾经、终于、一直、一向、总、总是、始终、从来、原来、本来、将、即将、一时、随时”等。如：

⑩ 咱们快进去吧，音乐会**马上**就要开始了。

⑪ 我**已经**看完了这些书，你可以随便借去看。

⑫ 这些天**一直**在下雨，我们没法开展户外活动。

（五）否定副词

对动作或性质表示否定的副词，像“没、没有、不、别、甭、不用、不必、不曾、未必”等。如：

⑬ 这座山**不**高，我们很轻松就爬上去了。

⑭ 这个地方，我听说过，但是**没有**去过。

⑮ 我只是有点儿累，休息一下就好了，**不用**去医院。

（六）语气副词

表示说话人对动作或事件的情感、态度的副词，像"难道、到底、究竟、毕竟、终究、果然、居然、竟然、显然、难怪、反正、干脆、恰好、正好、好在、幸好、幸亏、多亏、明明、偏偏、简直、一定、的确、确实、大概、恐怕、必然、必须、绝对、万万、千万、并（不/没）、倒"等。如：

⑯ 这么晚了，**难道**他还没有睡吗？

⑰ 这一路上的风景**简直**太美了。

⑱ 昨晚下雪了，路上滑，你开车**千万**要小心。

（七）情状副词

表示动作发生的情形和方式的副词，像"互相、一起、一道、一块儿、悄悄、偷偷、暗暗、默默、亲自、特意、特地、故意、专程、仍、仍然、仍旧、赶忙、连忙、赶紧、赶快、顺便、顺手、随手、独自、分别、纷纷、渐渐、逐渐、一下子、一口气、忽然、猛然"等。如：

⑲ 他半夜才回到家，怕吵醒家人，**特意**没洗漱就睡了。

⑳ 你去超市的时候，**顺便**帮我买一支牙膏回来吧。

㉑ 奶奶正在等孩子们回家，听到门铃，她**赶紧**起身去开门。

（八）关联副词

起到关联词语或者句子作用的副词，像"却、又、也、就、还"等。关联副词比较特别，可以单独使用，也可以和别的副词或连词一起使用。如：

㉒ 这套房子面积不大，功能**却**很齐全。

㉓ 以 60 公斤体重计算，每人每天吃入糖精不能超过 150 毫克，**即** 0.15 克。

㉔ 你**只要**到了那儿，**就**会有人接你。

二、副词的语法功能

（一）副词最主要的语法功能是修饰动词或形容词，在句中作状语，一般放在谓语的前面

如：

㉕ 学校||［已经］放假了。

【时间副词】

㉖ 很多学生||［都］回国了。

【范围副词】

㉗ 这里的人||［对我们］［非常］友好。

【程度副词】

㉘ 寒流一来，气温||［猛然］下降了〈十度〉。

【情状副词】

（二）一些主观性强的语气副词和时间、频率副词，可以放在主语的前面，做全句的状语

如：

㉙［其实］我||［也］［不］知道|发生了什么。

【语气副词】

㉚［明明］她||说〈好〉了|会参加，怎么到现在还没来？

【语气副词】

㉛［原来］这里||［还］是|一片荒漠。

【时间副词】

㉜［偶尔］我||［也］会|忘记熟人的名字。

【频率副词】

（三）极少数程度副词（主要是“很、极、万分、无比”），还可以做形容词和心理动词的补语

如：

㉝ 别看他个子小，力气||大〈得很〉。

㉞ 你送给弟弟的生日礼物，他 || 喜欢〈极了〉。

㉟ 看到儿子的大学录取通知书，爸爸 || 激动〈万分〉。

㊱ 在阳光照射下，整个花园 || ［都］灿烂〈无比〉。

注意："很"和"极"在现代汉语中不能单独做补语，"很"的前面必须有助词"得"，"极"后面必须有"了"。

（四）副词一般不能单独成句，但是在会话中少数副词可以单独回答问题，即单独成句

主要有"不、没、没有、不必、差不多、差一点儿、马上、立刻、难怪、难免、也许、正好、果然、当然、尽量、偶尔、一起"等。如：

㊲ A：办公室通知你们去领学生卡了吗？

B：**没有**。

㊳ A：他的汉语怎么说得跟中国人一样？

B：他爸爸是英国人，但是他妈妈是中国人。

A：**难怪**！

三、一些近义副词的辨析

（一）程度副词："真"和"很"

"真"和"很"都是程度副词，表示程度高。但是"真"带有明显的说话人态度，是说话人主观认为某种程度高，"很"没有这种主观性。如：

㊴ a. 这件羽绒服卖一千块，**真**贵。

【说话人认为价格非常高。】

b. 这件羽绒服卖三千二，**很**贵。

【价格本来就比较高。】

"很"可以用在定语、状语中，"真"一般不可以用在定语、状语中。如：

㊵ a. 他 || 送〈给〉| 我（一本）（很有意思的）书。

b. *他送给我一本**真**有意思的书。

㊶ a. 小狗 || 看见 | 主人回来了，［很兴奋地］扑〈到主人怀里〉。

b. *小狗看见主人回来了，**真**兴奋地扑到主人怀里。

（二）频率副词："又""还""再"

"又""还""再"都有频率副词的用法，表示动作或情况的重复发生。但三者的具体用法不同：

1. "又"表示用于重复的行为或事件已经发生或完成；"再"和"还"则用于重复的行为或事件还没有发生

如：

㊷ 他点了十个菜，觉得不够，**又**点了两个菜。

【已经重复"点菜"完了。】

㊸ 这首歌太好听了，我想**再**听一遍。

【还没有重复"听"。】

㊹ 这部电影我看过两遍了，可是我**还**想看一遍。

【还没有重复"看"。】

2. "还"和"再"都用在重复未发生的情况，但也有区别

（1）"还"只能用于"打算重复做已经实现的行为"，"再"除了"打算重复做已经实现的行为"，还可以是"打算重复做还没有实现的行为"。如：

㊺ a. 这家餐馆的饭真好吃，下次**还**来。

【已经来这家餐馆了，下次打算重复来。】

b. 这家餐馆的饭真好吃，下次**再**来。

【同上】

㊻ a. 超市现在关门了，只能明天早上**再**买啦。

【没有买到，明天打算重复买。】

b. *超市现在关门了，只能明天早上还买啦。

【这种情况不能用"还"。】

（2）"还"和"再"与表示个人意愿、打算的词语"想、要、会、打算、计划"等搭配时，"还"放在这些词语前，"再"放在这些词语后。如：

㊼ 他**还**想（要/会/打算/计划）明年**再**来这儿旅行。

㊽ 我们**还**想（要/会/打算/计划）今年下半年**再**办一次这样的公益活动。

（三）否定副词："不"和"没（有）"

"不"和"没（有）"都是否定副词，但两者否定的意义不同，最大的不同在于："不"表示主观的否定，是说话人根据自己的认识和判断对事物的性质、状态或者动作事件进行否定；"没（有）"表示客观的否定，说话人对客观存在的事物或发生的事件进行否定。具体来说：

1．"不"往往表示说话人主观的意愿，表达不情愿、不想做某事的态度；"没（有）"则是针对客观事实的否定，与愿意不愿意、想不想没有关系

㊾ 下雨天我不爬山。

【相当于：下雨这样的天气，我不想去爬山。】

㊿ 下雨天我没爬山。

【相当于：因为是下雨这样的天气，所以我没去爬山。说不定本来还很想去爬山，但因为下雨才放弃了想法。】

2．"不"经常用来否定心理活动动词和能愿动词，"没（有）"一般不用来否定这些动词

如：

51 a. 我**不了解**这个情况　她**不喜欢**上钢琴课 · 领导**不同意**我提的方案

b. *我没了解这个情况　*她没喜欢上钢琴课　领导没同意我提的方案

52 a. 明天**不会**太热　你**不应该**这样批评孩子　大家**不要**乱丢垃圾

b. *明天没会太热　*你没应该这样批评孩子　*大家没要乱丢垃圾

"没有"只能否定部分能愿动词：

不　会/要/能/愿/敢/可以/应该

没　*会/*要/能/*愿/敢/*可以/*应该

3．"不"用来否定表示判断、关系的动词"是、像、属于"等；"没"用来否定表示领有、存在的动词"有"

53 a. 她父亲**不是**飞行员。

b. *她父亲没是飞行员。

(54) a. 这孩子长得**不像**妈妈，像爸爸。

b. *这孩子长得没像妈妈。

(55) a. 我现在**没有**时间。

b. *我现在不有时间。

(56) a. 自习室里**没有**一个人。

b. *自习室里不有一个人。

4. “不”经常用来否定经常的习惯动作、现在或尚未发生的动作；“没”则否定已经发生或完成的动作

如：

(57) a. 她**常常不**吃早饭。

b. *她**常常没**吃早饭。

(58) a. 我们今天**不**讲新课，先复习一下已讲的内容，然后做一个小测验。

【上课是正在进行的行为，即将布置“复习”“做测验”的教学安排。】

b. 我们今天**没**讲新课，先复习了一下，然后做了一个小测验。

【上课已经结束了，“复习”“做测验”都是完成的教学行为。】

(59) a. 老师要出差开会，下周三**不**上课。

【“出差开会”是还没有发生的事情，所以将要“下周三不上课”。】

b. 老师出差开会了，周三**没**上课。

【“出差开会”是已发生的事情，“周三没上课”也是已经完成的事情。】

5. “不”和“没”都可以否定表示性质、状态的形容词，但是意义不同

“不”否定人或事物是否存在某种性质或状态，“没”否定人或事物的性质或状态是否发生了变化。如：

(60) a. 她身体**不**好，不能累着。

【她身体属于不好的性质。】

b. 她身体还**没**好，仍然请了病假。

【她的身体目前没有恢复到正常。】

(61) a. 这个西瓜**不**熟，切开后颜色很淡。

【这个西瓜是生的。】

b. 这些西瓜没熟，摘其他的西瓜吧。

【这些西瓜没有成熟，再过些时间就熟了。】

（四）“就”和“才”

副词“就”和“才”有多种用法，但经常出现在类似的结构中，在这些结构中它们表示的语法意义比较接近，所以这里重点辨析一下它们的区别。

1. 副词“就”和“才”都经常用在时间成分、数量词语的后面，但意义不同

“就”表示“时间早、动作快、数量少”，并且往往和“了”搭配出现；“才”表示“时间晚、动作慢、数量多”，后面不出现“了”。这个用法的“就”和“才”一般可以重读。如：

(62) a. 十点的活动，他九点半**就**到了。

【他九点半到得早。】

b. 十点的活动，你九点半**才**出门，恐怕会迟到。

【你九点半出门晚。】

(63) a. 老师布置的课程论文，我两天**就**写完了。

【我写得快，花的时间少。】

b. 老师布置的课程论文，她一个星期**才**写完。

【她写得慢，花的时间多。】

(64) a. 她们俩女生点了两笼小笼包**就**吃得饱饱的了。

【吃的小笼包数量少。】

b. 他们俩男生吃了十笼小笼包**才**吃饱。

【吃的小笼包数量多。】

2. “就”和“才”还可以用在数量词语、时间成分的前面，这时“就”和“才”的语法意义和上面的用法相反

“就”表示“数量多、时间晚”，一般轻读，可以带“了”也可以不带“了”；“才”表示“数量少、时间早”。如：

(65) a. 现在消费水平太高，随便一顿饭**就**三百块钱。

【“三百块”花钱多。】

b. 昨晚我请老同学吃饭，一顿饭才三百块钱。

【“三百块”花钱少。】

⑥⑥ a. 现在孩子作业多，常常写完作业就十点了。

【“十点”时间晚。】

b. 孩子写完作业才九点，可以看半个小时动画片再睡。

【“九点”时间早。】

注意：“就”还有范围副词的用法，相当于“只”，用在数量词语前也可以表示“数量少”，但这时“就”要重读。如：

⑥⑦ a. 我早饭**就**喝了一杯豆浆。

【相当于：我早饭只喝了一杯豆浆。】

b. 今天的课**就**来了十个同学。

【相当于：今天的课只来了十个同学。】

3. “就”和“才”还有关联的作用，经常用在表示“条件—结果”或“原因—结果”的复句中

它们各自搭配的连词不同：“就”常和“只要、既然、如果”等配合；“才”常和“只有、为了、因为”等搭配。如：

⑥⑧ a. **只要**坚持少吃多锻炼，**就**能瘦下来。

【“少吃多锻炼”是“瘦下来”其中一个条件，满足了这个条件就可以瘦下来，其他条件也可以。】

b. **只有**坚持少吃多锻炼，**才**能瘦下来。

【“少吃多锻炼”是“瘦下来”唯一的条件，别的条件不行。】

⑥⑨ a. 你**既然**生病了，**就**不用来上课了。

【有“生病”这个原因，就可以“不来上课”，“不来上课”还可以有其他原因。】

b. 我**因为**生病，**才**没来上课。

【“没来上课”是因为“生病”这个原因，不是因为别的原因。】

4. “就”和“才”还都有强调的用法，但二者不完全相同

（1）“就”可以用来加强肯定或否定，说话人强调自己的判断或意愿“就是如此”，后面经常添加“是”；“才”更多用于加强否定，句末常出现“呢”，

即使用在肯定句，用意也是反驳对方或他人说法。如：

⑩ a. 这**就**是我经常和你提起的李老师。

【强调是李老师，不是其他人。】

b. 这**才**是我经常和你提起的李老师。

【刚才“你”认错人了，强调这位才是李老师。】

⑪ a. 小王的儿子**就**是出色，这次听说得了国家奖学金。

【说话人很确定自己对小王儿子看法。】

b. 小李的女儿**才**出色**呢**，她已经拿到斯坦福大学的全额奖学金了。

【说话人反驳对方的观点，强调小李女儿是真正的出色。】

⑫ a. 你别给我介绍男朋友了，我现在不想结婚，**就**（**是**）不想结婚。

【强调自己现在的想法是不想结婚，向别人确认自己的看法。】

b. 你别给我介绍男朋友了，我还小呢，现在**才**不想结婚这件事**呢**。

【强调自己现在的想法是不想结婚，别人都理解错了。】

（2）“才”还可以构成“不……才怪呢”的表达，说话人用来表示自己的判断“必然如此”。“就”没有这种用法。

⑬ 你把狗自己关家里一个星期，它**不**把你家闹翻了天**才怪呢**！

【相当于：说话人认为狗一定会把家闹翻了天。】

⑭ 约会他迟到了一个小时，女朋友**不**生气**才怪呢**。

【相当于：说话人认为女朋友生气是必然的。】

四、副词的共现顺序

一个句子有时会使用多个副词，多个副词共现做状语时，副词的排列是有一定先后顺序的。大致的规律如下：

① 语气副词＞② 时间副词＞③ 范围副词＞④ 程度副词＞⑤ 否定副词＞⑥ 频率副词＞⑦ 情状副词

如：

⑮ 借钱不还，[简直][太][没]道理了。

① ④ ⑤

⑯ 父亲[已经][不][常常]喝酒了。

②　⑤　⑥

⑰ 他们俩[居然][不][再][互相]联系了。

①　⑤　⑥　⑦

⑱ 他[其实][一直][都][暗暗]喜欢高中一位女同学。

①　②　③　⑦

扩展阅读内容

副词与形容词、名词的区别

一、副词与形容词的区别

有些形容词和副词的意思相近，而且都可以做状语，但形容词和副词的区别还是清楚的。

（一）形容词可以做定语，大多数可以做谓语；副词一般不能做定语和谓语

例如“突然”和“忽然”的意思很接近，但“突然”是形容词，“忽然”是副词，它们用法的差异如下：

① a. 辞职 || 是 | （我）（突然）的决定。【定语】

b. *辞职是我忽然的决定。

② a. 父亲的离世 || ［太］突然了。【谓语】

b. *父亲的离世太忽然了。

③ a. 窗外 || ［突然］响起 | 一阵鞭炮声。【状语】

b. 窗外 || ［忽然］响起 | 一阵鞭炮声。【状语】

（二）还可以用能否进入“X不X”格式来判断，能进入的是形容词，不能进入的是副词

如：

突然不突然　明显不明显　及时不及时　独立不独立　【形容词】

*忽然不忽然　*明明不明明　*按时不按时　*独自不独自　【副词】

副词与形容词比较情况见表3-1。

表3-1　副词与形容词的比较

语法功能	形容词	副词
能否做状语	+	+
能否做定语	+	−

续表

语法功能	形容词	副词
能否做谓语	＋	－
能否进入“×不×”格式	＋	－

二、时间副词和时间名词的区别

有些时间名词和时间副词的意思相近，而且都可以做状语。但因为属于不同词类，它们的区别也是清楚的。

（一）时间名词可以做主语和定语，副词不可以

例如“刚才”和“刚”都表示说话不久前的时间，但“刚才”是时间名词，“刚”是时间副词。

④ a. （刚才的）电话‖是｜你妈妈打的。 【定语】

b. *刚的电话是你妈妈打的。

⑤ a. 刚才‖［就］是｜你最合适的表白机会。 【主语】

b. *刚就是你最合适的表白机会。

⑥ a. 你妈妈‖［刚才］［给你］打了｜一个电话。 【状语】

b. 你妈妈‖［刚］［给你］打了｜一个电话。 【状语】

（二）时间名词可以放在介词后面，能构成介词短语；时间副词不可以这样

如：

从刚才　　在将来　　在最后 【时间名词】

*从刚　　*在将　　*在终于 【时间副词】

时间副词与时间名词的比较情况见表 3-2。

表 3-2　时间副词与时间名词的比较

特点	时间名词	时间副词
能否做状语	＋	＋
能否做定语、主语	＋	－

续表

特点	时间名词	时间副词
能否构成介词短语	+	—

【复习与练习（八）】

第二节　助　　词

学习要点

- 了解助词的主要语法特征以及内部分类
- 重点掌握结构助词“的”“地”“得”的语法作用
- 重点掌握动态助词“$了_1$”“着”“过”的语法意义和使用条件

助词是附着在词、词组或句子上表示各种附加语法意义的特殊虚词。结构上，它附着在词、词组或句子上，不能单独使用。语义上，它辅助表达，意义最不实在。读音上，它因为处于附着地位，通常读作轻声。

按照功能，助词可分为三大类：结构助词、动态助词和其他助词。（见表 3-3）

表 3-3　助词的种类

类别	典型例词
结构助词	的、地、得、之、所
动态助词	着、了、过、来着
其他助词	似的、（一）般、一样
	第、来、多、初
	等、等等、什么的
	所、给

一、结构助词

结构助词的作用是把词语连接起来组成具有某种语法结构关系的词组，主要的结构助词有“的”“地”“得”。

通常情况下，结构助词“的”向前连接表示领属、修饰和限定的代词、名词、形容词（或形容词性成分）、动词性成分，向后连接被领属、修饰和限定的名词或名词性成分，构成定中词组，“的”是定语标记（定语标记“的”将在第五章第三节“定语”中细讲）。如：

（你**的**）汉语老师　　（妈妈**的**）衣服　　（聪明**的**）学生

（昨天学习**的**）生词　　（我们**的**）留学生活　　（鞋**的**）颜色

（漂亮**的**）风景　　（站着说话**的**）人

结构助词“地”向前连接副词或形容词（或形容词性成分），向后连接动词（或动词性成分）、形容词，构成状中词组，“地”是状语标记（结构助词“地”将在第五章第三节“状语”中细讲）。如：

[非常**地**] 认真　　[绝对**地**] 正确　　[渐渐**地**] 慢下来

[反复**地**] 说　　[统统**地**] 扔了　　[赶忙**地**] 跑过来

[努力**地**] 学习　　[安静**地**] 看书　　[勇敢**地**] 说出来

结构助词“得”向前连接动词或形容词，向后连接动词（或动词性成分）、形容词（或形容词成分）、主谓词组等，构成中补词组。“得”是补语标记，“得”后面的补语一般是情态补语、程度补语和可能补语（补语标记“得”和“补语”将在第五章第四节“补语”中细讲）。如：

气**得**〈直哆嗦〉　　说**得**〈很流利〉　　看**得**〈眼睛疼〉　　【情态补语】

好**得**〈很〉　　快**得**〈要命〉　　忙**得**〈厉害〉　　【程度补语】

吃**得**〈完〉　　洗**得**〈干净〉　　爬**得**〈上来〉　　【可能补语】

其中，结构助词“的”还有一个重要的用法，就是附在动词性、形容词性成分的后面，构成“的”字词组，将前面的动词性、形容词性成分转化成名词性成分。如：

① 冰箱**吃的喝的**都没有了。

【吃的＝吃的东西　喝的＝喝的东西】

② **认识这些字的**，请举手。

【认识这些字的＝认识这些字的人】

③ **聪明的**都在我们班。

【聪明的＝聪明的学生】

二、动态助词

动态助词用在动词或形容词后，表示动作或状态的阶段，主要有“了$_1$”[①]“着”“过”，分别表示动作或状态的实现、持续、经历。动态助词主要用在动词后。如：

④ 我们这次去北京，吃**了**烤鸭，游了长城。

【“吃烤鸭”的行为已经完成了】

⑤ 我现在在北京饭店和朋友们一起吃**着**烤鸭呢。

【“吃烤鸭”的行为正在进行】

⑥ 我去年来北京的时候吃**过**一次烤鸭。

【曾经有过“吃烤鸭”的经历】

也可以用在形容词后。如：

⑦ 到了十一月，山上的树叶都红**了**起来。

【实现了“红”的状态】

⑧ 她红**着**眼睛小声地哀求。

【持续着“红”的状态】

⑨ 前几年这个演员红**过**，现在已经不太知名了。

【曾经经历“红”的状态】

“了$_1$”“着”“过”的基本语法意义，决定了它们在实际的使用中有各自的使用条件和规律。

① 汉语有两个“了”：一个是动态助词“了”，一个是语气词“了”。一般把动态助词“了”标记为“了$_1$”，语气词“了”标记为“了$_2$”。

（一）了$_1$

“了$_1$”用于动词后表示动作的完成或情况的实现，用在形容词后则表示某种性质或状态的实现。这种实现可以是说话时刻前就已经完成的，也可以是说话时刻时尚未完成但在将来会实现。如：

⑩ 他们昨天晚上这个时间就到了北京。

⑪ 等明天晚上他们这个时间到了北京，就接他们直接去酒店。

“了$_1$”可以用在动词或形容词的后面，但不是所有的动词或形容词都可以带“了$_1$”，下面我们谈谈带“了$_1$”的情况。

1. 动词能否带“了$_1$”的情况

动作动词、心理动词和趋向动词可以后带“了$_1$”。如：

唱了歌	**走**了三个小时	**参观**了长城	**表演**了节目	【动作动词】
进了房间	**来**了一段时间	他**出去**了	大家都**起来**了	【趋向动词】
爱了十年	**羡慕**了一辈子	**想**了很久	这样的事我**怕**了	【心理动词】

关系动词、能愿动词和使令动词一般不可以后带“了$_1$”。如：

***是**了大学生	***像**了妈妈	***在**了学校	【关系动词】
***可以**了吃	***会**了游泳	***愿意**了结婚	【能愿动词】
***让**了我出去	***使**了我很难过	***令**了他很难忘	【使令动词】

2. 形容词能否带“了$_1$”的情况

性质形容词都可以带“了$_1$”表示某种性质的实现或变化，状态形容词和区别词不能带“了$_1$”。如：

气温**高**了五度	速度**快**了三秒	脸**胖**了一圈	【性质形容词】
*水**热腾腾**了	*速度**飞快**了	*脸**胖乎乎**了	【状态形容词】
*房间是**中式**了的	*病是**恶性**了的	*水平是**高级**了的	【区别词】

3. “了$_1$”还可以用在结果补语的后面

当动词或形容词后面带结果补语时，“了$_1$”不是放在动词或形容词的后面，而是放在结果补语的后面。如：

⑫ 我的作业 || ［已经］［都］做〈完〉了。

* 我的作业已经都做了完。

⑬ 汗水 || 湿〈透〉了 | 他的衣服。

* 汗水湿了透他的衣服。

⑭ 学生们 || 背〈熟〉了 | 《蜀道难》这首诗。

* 学生们背了熟《蜀道难》这首诗。

4. “了$_1$”的否定

针对肯定形式的“……了$_1$……”的否定，是“……没（有）……”。注意否定形式不可以出现“了$_1$”。如：

⑮ 我们昨天晚上看了一场电影。

→我们昨天晚上没看电影。 （√）

* 我们昨天晚上没看了电影。 （×）

⑯ 这首歌红了很长时间。

→这首歌没红很长时间。 （√）

* 这首歌没红了很长时间。 （×）

（二）着

“着”用在动词或形容词的后面，表示动作或状态的持续。这种持续可以是说话时刻动作或状态正在持续，也可以是从过去某个时刻动作或状态一直持续到说话时刻。

⑰ 她一边吃着饭，一边用手机看着电视剧。

【“吃”“看”在说话时刻正在持续】

⑱ 教室里的灯一直亮着。

【“亮”从过去某个时间一直持续到说话时刻】

1. 动词能否带“着”的情况

动作动词中，只有表示动作可以持续一段时间或者动作虽然短暂但是可以反复进行的动词，才可以带“着”。如：

哭着 笑着 听着 唱着 跳着舞 【动作可以持续一段时间】

敲着　　咳着　　摇着　　闪着　　点着头　【动作短暂但可以反复进行】

心理动词中，表示某种心理感情的动词，可以带“着”。如：

爱着　　想着　　喜欢着　　羡慕着　　恨着

趋向动词、能愿动词、关系动词、使令动词不可以带“着”。

2. 形容词能否带“着”的情况

一般形容词不带“着”，但少数性质形容词，比如“红、黑、亮”等，能带“着”。如：

⑲ 妹妹听了特别不好意思，红着脸跑了出去。

⑳ 爸爸黑着脸把孩子批评了一通。

3. “着”的否定

针对肯定形式“……着……”的否定，一般采取“……没（有）……”或“……没在……”的方式，几乎不用“……没＋动/形＋着”的形式。

㉑ 大楼四周的彩灯不停闪烁着。

→大楼四周的彩灯没有闪烁。

大楼四周的彩灯没在闪烁。

* 大楼四周的彩灯没有闪烁着。

㉒ 小狗被蜜蜂叮了一口，嘴巴一直肿着。

→嘴巴没有肿。

* 嘴巴没有肿着。

4. “着”的常用句式

（1）“着”经常用在连动句中，构成“V_1＋着……＋V_2……”句式，“V_1”表示做 V_2 动作时的状态或方式。如：

㉓ 我喜欢听着音乐看书。

㉔ 比赛结束后，运动员们微笑着向观众挥手再见。

（2）“着”经常用在存在句中，构成“$N_{处所}$＋V＋着＋$N_{人/事物}$”，表示某个地方以某种方式存在某人或某物。

㉕ 桌上||放着|好几本汉语书。

㉖ 教室后面||坐着|旁听观摩的实习生。

(三)过

“过”放在动词或形容词的后面，表示曾经经历某种事情或发生过某一行为，或者曾经出现过某一种状态，所以总是和过去的时间和事件发生联系。

㉗ 我去年陪父母到梅兰芳大剧院看过三次京剧演出。

【“看京剧演出”是去年经历的事情，现在是不是还看京剧演出不清楚】

㉘ 我们的爷爷奶奶也曾经年轻过。

【“年轻”是曾经出现的状态，现在不是这种状态】

1. 动词能否带“过”的情况

绝大多数动词都可以带“过”，但是表示一次性完成的动词“出生、出发、到达、开学、毕业”等，不能带“过”。如：

㉙ *今年我们九月开学过。

㉚ *他十年前出生过。

心理动词中，表示认识意义的“知道、认识、明白、忘记、感觉”等，肯定形式不能带“过”，但是用于否定时可以带“过”。如：

㉛ *我忘记过你的名字。

→ 我没有忘记过你的名字。

㉜ *这门课，我明白过老师讲的内容。

→这门课，我从来没明白过老师讲的内容。

能愿动词、使令动词和“是、在”也不能带“过”。

㉝ *阁楼曾经可以住过人。

【应该说：阁楼曾经可以住人】

㉞ *他过去让过父母失望。

【应该说：他过去让父母失望过】

㉟ *他们俩以前是过很恩爱的夫妻。

【应该说：他们俩以前是很恩爱的夫妻】

2. 形容词能否带“过”的情况

形容词中，性质形容词和一些双音节性质形容词的重叠形式可以带“过”。可用于肯定，但更常用于“从来＋没有＋（这么）＋形容词＋过”的否定形式。如：

㊱ 这里也曾经整洁**过**，现在的脏乱是因为没人管了。

㊲ 家里从来没有这么热热闹闹**过**，大家都特别开心。

3. “过”的否定形式

与“了$_1$”“着”不同，“过”在否定时，必须保留“过”。如：

㊳ 他来过中国三次。

→他**没**来**过**中国。

㊴ 他爱过那个韩国女生。

→他**没**爱**过**那个韩国女生。

㊵ 这首歌曾经很流行。

→这首歌**没有**流行**过**。

三、其他助词

除了结构助词和时态助词外，还有一些语义虚化程度不高的助词。

（一）比况助词：“一样、（一）般、似的”

“一样、（一）般、似的”附在名词性、动词性、形容词性成分后面，构成比况词组，大多表示比喻，也可以表示推测。如：

花儿**一样**	猴子**似的**	发疯**（一）般**	【比喻】
烂了**似的**	很开心**似的**	考过了**似的**	【推测】

比况词组前面还常常加上“像、好像”的动词，例如：

㊶ 她气得**像**发疯了**一般**，到处摔东西。

㊷ 这个西瓜的味道**好像**烂了**似的**，别吃了。

（二）表数助词：“第、初、来、多、把”

“第”“初”表示次序，用在数字之前，但“初”只限于“一到十”十个数字。如：

第二	第十	第五十四	第一百零一
初一	初二	初三	……初十

“来”“多”“把”表示概数，“来、多”用在表示整数的数词后，也可以用在度量衡量词后面；“把”表示概数，只用在单说的“百、千、万”的后面。如：

十来/多个人	二十来/多辆车	百十来/多斤
一百来/多平方米	三两来/多重	五米来/多深
百把块钱	千把斤重	万把学生

（三）列举助词：“等、等等、什么的”

“等、等等、什么的”可以表示列举未尽。如：

㊸ 冰箱里什么喝的都有，有啤酒、苹果汁、酸奶、可乐**等**。

【还有其他饮料没有列举完】

㊹ 我今天去超市买了水果、面包、饼干**什么的**。

【还买了其他东西，没有列举完】

“等”还有表示列举已尽的用法。如：

㊺ 我先后在重庆、武汉、南京、长沙**等**四大火炉城市生活过。

【四个火炉城市都列举了】

㊻ 他很厉害，会汉、英、法、俄、西**等**五种语言。

【五种语言列举完了】

（四）“所”“给”

助词“所”经常附在及物动词的前面，构成“所”字词组，如“各取所需，各取所得”中的“所需、所得”，就是“所”字词组。在现代汉语中，

“所”经常和“的”组合成“所＋动词＋的”的格式，如：

㊼ 我**所**看到**的**、**所**知道**的**都写在这里了。

“所”还经常和“被、为”组合，构成“被……所……”“为……所……”格式，表示被动，这是一种比较书面语化的表达方式。如：

㊽ 他这个人有个致命的弱点就是一个“情”字抛不开，总是**为**情**所**伤，**为**情**所**困。

㊾ 当人们厌倦了都市，特别是**被**都市的污染和环境**所**困扰时，便把目光投向了自然。

助词的“给”也附在及物动词前面，经常用在“把”字句、“被”字句中，起加强主动、被动语势的作用。这是一种比较口语化的表达方式。如：

㊿《美丽人生》那部电影**把**很多观众**给**感动坏了。

51 我的拖鞋**被**我家的狗**给**咬坏了。

52 哎呀，今晚的约会我竟然**给**忘了。

扩展阅读内容

“的”和“了$_1$”需要注意的一些用法

一、结构助词“的”的其他用法

结构助词“的”除了作为定语的标记，具有转化成名词性成分的作用外，还有一些其他的特殊用法。

（一）强调作用

放在动词后，或者插入动词和宾语之间，用于已经发生的动作行为，来强调动作的发出者、动作的地点、动作方式等，通常构成“主语＋（是）＋动作发出者/地点/方式＋V＋的（＋宾语）”句式，其中“是”可以省略。如：

① 这次活动（是）我们班女生设计的海报。

【强调动作发出者：我们班女生。】

② 他（是）在中国人民大学学的汉语。

【强调动作发生的地点：中国人民大学。】

③ 昨天我们（是）去的首都博物馆。

【强调动作到达的地点：首都博物馆。】

④ 我们（是）坐地铁去的动物园。

【强调动作完成的方式：坐地铁。】

（二）在动宾式离合动词中，插入“指人名词/人称代词＋的”，表示动作的对象

如：

⑤ 请你帮帮我的忙，我一个人没法完成这么多任务。

【“帮忙”的动作对象是“我”。】

⑥ 今天他找到了一份好工作，要请全班同学的客。

【“请客”的动作对象是“全班同学”。】

⑦ 别随便开他的玩笑，他最近心情不好。

【“开玩笑”的动作对象是“他”。】

（三）放在相同的动词或动词组之间，构成“V_1的V_1，V_2的V_2，V_3的V_3……”，表示“有的人做……，有的人做……”，常用于动作场景的描写

如：

⑧ 教室里，看书的看书，练字的练字，听录音的听录音，大家都在认真学习。

⑨ 一到傍晚，江边公园里唱歌的唱歌，跳舞的跳舞，散步的散步，打拳的打拳，热闹极了。

（四）用在状态形容词后面，使状态形容词能够独立做谓语

如：

⑩ 这孩子的脸红通通的，是发烧了吧。

⑪ 我最近糊里糊涂的，老是走错教室。

（五）用在“大＋时间词语＋的”结构中，强调动作行为不符合这个时间惯常的行为

如：

⑫ 大周末的，别工作了，看场电影调剂一下吧！

【工作不适合“周末”休息的特点】

⑬ 大白天的，你怎么还在睡懒觉啊！

【“白天”不是睡觉的时间】

二、使用动态助词“了$_1$”应注意的问题

（一）不用“了$_1$”的情况

“了$_1$”表示动作或状态的实现，但并不是所有表示“实现”的情况都要用“了$_1$”。

1. 当表示一种经常性、一贯性、规律性行为，即使是这种行为是过去的现在不再进行的行为或者从过去就开始的行为，动词后也不带“了$_1$”

表示习惯的、规律的动作行为，句中一般有“经常、常常、往往、总是、一直”等副词或代词“每”。如：

⑭ a. 我们在北京大学读书的时候，常常一起爬香山。 （√）

b. *我们在北京大学读书的时候，常常一起爬了香山。 （×）

⑮ a. 从十年前到现在，他一直每天跟我练太极拳。 （√）

b. *从十年前到现在，他一直每天跟我练了太极拳。 （×）

2. 当叙述一个已经发生的情况，但表达重点不是实现或完成某个行为动作，而是其他内容，表示动作实现的那个动词后不需要带“了$_1$”

如：

⑯ a. 他刚到北京，对这里还不熟悉。

【表达重点不是“已到达北京”这件事情，而是对北京“还不熟悉”】

b. *他刚到了北京，对这里还不熟悉。

⑰ a. 来四川以前，我一点儿也不了解四川的情况。

【表达重点不是“已来到四川”，而是“不了解四川的情况”】

b. *来了四川以前，我一点儿也不了解四川的情况。

⑱ a. 新生是九月八号那天报到的。

【表达重点是报到的时间“九月八号”，而不是“报到”完成这件事情】

b. *新生是九月八号那天报到了的。

（二）在连动句中“了$_1$”的位置

1. 在连动句中，表示接连发生一连串几个动作，“了$_1$”要放在最后一个动词或“动词＋结果补语”后，前面的动词不需要加“了$_1$”

如：

⑲ 公司派小王去了上海。

⑳ 丈夫伸手从衣架上取下妻子的帽子递给了她。

㉑ 老师走进教室，让同学把课本拿出来，开始领读了起来。

2. 在连动句中，如果强调动作的先后顺序，即前一动作完成后才进行后一动作，“了$_1$”就要放在前一动词的后面。这时句子经常出现“再”“先……然后……”等副词

如：

㉒ 你最好吃了饭再吃这些药，这样不刺激胃。

㉓ 昨天我们先参观了北京规划馆，然后去的国家博物馆。

【复习与练习（九）】

第三节　介　　词

学习要点

- 了解介词的类别
- 掌握介词的语法功能
- 掌握常用介词的语义和用法，特别是一些近义介词的区别

一、介词的种类

介词是用来引介名词，并与名词组合起来构成介词词组、修饰谓语的虚词。根据引介的名词意义和作用，介词可分为以下几种类型。

（一）引介时间的介词

这类介词的作用是引入动作或事件发生的时间，主要有“从、在、当、于”等。如：

① 从明天开始，我要每天早起跑步。

② 在我还是孩子的时候，我常常拉着爷爷给我讲故事。

（二）引介处所的介词

这类介词的作用是引入动作或事件发生的处所、起点和方向，主要有

"在、于、从、自、打、由、朝、向、往、沿着"等。

③ 大家**在**咖啡馆一边喝咖啡一边聊天。

④ 他**从**英国来到中国人民大学学习汉语。

⑤ 他站**在**山顶，**朝**远方望去。

(三) 引介对象的介词

这类介词的作用是引入受动作影响的对象、动作关涉的对象、随同对象、比较对象、动作发出者等，主要有"把、朝、向、对、对于、关于、至于、替、给、为、和、跟、同、与、比、被、叫、让"等。如：

⑥ 小偷**把**我的自行车偷走了。

【动作的接受者】

⑦ 这次考试考得**比**上次还好。

【比较对象】

⑧ **关于**这件事，大家有什么看法?

【谈论对象】

⑨ 他约了几个朋友**跟**他一起去故宫。

【动作随同对象】

⑩ 他**叫**一辆出租车撞了一下。

【动作的发出者】

(四) 引介目的或原因的介词

这类介词的作用是引入动作的目的或原因，主要有"为、为了、为着、由于、因、因为等。如：

⑪ **为了**自己的孩子，中国父母往往什么都愿意做。

⑫ **由于**你的帮助，我才能顺利通过考试。

(五) 引介依据、方式的介词

这类介词的作用是引入动作的依据或动作凭借的方式、方法，主要有"按、按照、依、依照、据、根据、以、凭、凭借、本着、通过、经过、用"

等。如：

⑬ 我们应该按照法律法规办事。

⑭ 凭你的实力，得冠军肯定没有问题。

⑮ 通过一个月的农村调查，我们小组完成了暑期社会实践报告。

⑯ 他用一根别针弄开了门上的锁。

二、介词的语法特征

（一）介词不能单独充当句法成分，由介词构成的介词词组通常做状语，放在谓语动词的前面

如：

⑰ 他‖［在马路对面］［朝我们］招手呢。

⑱ 我‖［跟你］说说｜这次去日本开会的情况。

（二）少数几个介词，如“往、于、向、自、在、给”等构成的介词词组，还可以放在谓语动词后面做补语

如：

⑲ 这列火车‖开〈往黑龙江漠河〉。

⑳ 鲁迅‖是｜浙江绍兴人，生〈于1881年9月25日〉。

这种表达一般用在书面语，是古代汉语表达方式的遗留。

（三）在少数情况下，一些介词词组还可以做定语，这时介词词组和中心语之间必须有定语标记“的”

如：

㉑ 受台风的影响，（今天）（广州的）航班‖［都］延误或取消了。

㉒ 学院‖［将］［在下周一］通知｜（关于期末考试的）安排。

三、一些近义介词的辨析

（一）“关于”和“对于”

“关于”和“对于”都常用来引介动作关涉的对象，但二者表达的侧重点

和一些用法不同。

1. “关于”引介的是动作涉及的相关方面，谓语围绕这个方面展开陈述；“对于”引介的是动作针对、对待的对象，主语针对这个对象展开某种动作行为

如：

㉓ a. **关于**和氏璧，还有一个感人的故事。

【这个故事涉及“和氏璧”。】

b. *对于和氏璧，还有一个感人的故事。

【不是针对“和氏璧”讲某个故事。】

㉔ a. **对于**你们的到来，我们表示热烈的欢迎。

【“表示热烈的欢迎”这个行为是针对“你们的到来”。】

b. *关于你们的到来，我们表示热烈的欢迎。

【“欢迎”不是涉及“你们的到来”。】

但当表示看法、评价，既可以是谈论关系或涉及某个方面，也可以是谈论针对某个对象。这种情况下，“关于”和“对于”都可以用。如：

㉕ a. **关于**新进教师的招聘条件，我没有什么意见。

【“意见”是涉及“新进教师的招聘条件”。】

b. **对于**新进教师的招聘条件，我没有什么意见。

【“意见”是针对“新进教师的招聘条件”。】

2. 做状语时，“关于”引进的是句子的话题，一定要放在主语前，用逗号隔开；“对于”则既可以放在主语前，也可以放在主语后、谓语前

如：

㉖ a. [**关于**这次活动安排]，学生们 || [都] [很] 赞成。

b. *学生们关于这次活动安排都很赞成。

㉗ a. [**对于**这次活动安排]，学生们 || [都] [很] 赞成。

b. 学生们 || [**对于**这次活动安排] [都] [很] 赞成。

3. “关于……”可以单独使用，做书名或文章的题目；“对于……”不可以

如：

㉘ a. 关于印发《网络音视频信息服务管理规定》的通知

b. *对于印发《网络音视频信息服务管理规定》的通知

（二）“朝”“向”“往”

“朝”“向”“往”三个介词都经常用于引介地点、方向，意思非常接近，但是它们之间仍然有些区别。

1. 引介动作的方向或目的地

（1）由“朝”“向”和“往”构成的介词词组做状语时，彼此可以互换。如：

㉙ 一群小学生||［**朝/向/往**广场中央］走〈来〉。

㉚ 小黄狗||［突然］［**朝/向/往**大门外面］狂叫。

（2）“向”和“往”还可以用在动词后，“朝”没有这个用法。但是“向”和“往”搭配的动词有些不同：“向”搭配的动词一般是“飞、走、跑、奔、冲、流、漂、指、推、射”等单音节动词，这些动词往往表示动作者自身发生了位置移动，并且移动的方向具有规律性；“往”搭配的动词一般是“开、通、迁、寄、送、运、派、逃”等单音节动词，这些动词所表示的动作具有位置的变化性和归属的转移性，但转移、变化的方向往往是不确定、没有规律的。如：

㉛ a. 黄河水一路向东流向大海。

【黄河的流动有习惯性的方向。】

b. 鸟儿扑打着翅膀，飞向蓝天。

【鸟儿总是向天空飞翔。】

㉜ a. 这批学习用品是送往偏远山区小学的。

【学习用品送达的地方是偏远山区小学，但“送”本身没有固定的方向。】

b. 他被公司派往国外工作一年。

【国外是他工作的目的地，但“派”本身没有习惯性的方向。】

有些动词既可以出现在“向”前，也可以出现在“向”后。区别在于，“V＋向”重在表明“方向”；“V＋往”除了表示“方向”还含有“目的地”的意思。如：

㉝ a. G41 次列车是开**向**上海的，不过终点站是杭州东站。

b. G41 次列车从北京南站出发，开**往**终点站杭州东站。

（3）“朝”还可以用来表示位置正对某个方向，“向”“往”不表示这个意思。如：

㉞ a. 我们家有一间卧室**朝**南，两间卧室**朝**北。

b. *我们家有一间卧室**向/往**南，两间卧室**向/往**北。

㉟ a. 学校的正门是**朝**东开的。

b. *学校的正门是**向/往**东开的。

2. 引介动作的对象

“朝”和“向”还有引介动作对象的用法，“往”不可以这么用。如：

㊱ a. 老师**朝/向**他点点头，说他回答得特别好。

b. *老师**往**他点点头，说他回答得特别好。

㊲ a. 妈妈**朝/向**我摆了几下手，要我不要送了。

b. *妈妈**往**我摆了几下手，要我不要送了。

“向”表示引介动作对象时，还经常用于正式的书面语化的表达中，“朝”则用于口语化的表达。如：

㊳ a. 我代表所有老师**向**新一届同学们表示热烈的欢迎。

b. *我代表所有的老师**朝**新一届同学们表示热烈的欢迎。

㊴ a. 你应该**向**她道歉，你误会她了。

b. 你应该**朝**她道歉，你误会她了。

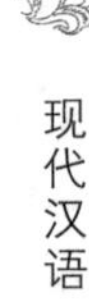

（三）“为”和“为了”

“为”和“为了”因为都有相同的语素“为”，容易理解为相同的意思。其实，“为”和“为了”只有在引介动作的目的时，意思相同，互相可以替换。如：

㊵ 她**为/为了**高考天天复习到十二点。

㊶ **为/为了**这份工作，他四处求了很多人帮忙。

但在下面的情况下，“为”和“为了”意思不同，不能互换。

1. 引介服务的对象，只能用“为”，不能用“为了”

如：

㊷ a. 我来这儿工作不是**为**你们端茶倒水的。

b. * 我来这儿工作不是为了你们端茶倒水的。

㊸ a. **为**下岗职工创造更多的再就业机会。

b. * 为了下岗职工创造更多的再就业机会。

有的动词既可以用“为”又可以用“为了”，但表示的意义不同。如：

㊹ a. 学校**为**毕业生安排了多场招聘会。

【动作服务的对象】

b. 学校**为了**毕业生的就业安排了多场招聘会。

【动作的目的】

2. 引介原因

表示因某种原因引起某种心理活动时，用“为”，这时相当于“因为”。“为了”没有这种用法。如：

㊺ a. 妈妈真**为**你这样的女儿自豪。

b. * 妈妈真为了你这样的女儿自豪。

㊻ a. 公司领导层**为**今年紧迫的经济形势感到十分担忧。

b. * 公司领导层为了今年紧迫的经济形势感到十分担忧。

扩展阅读内容

动词与介词的区别

汉语的介词大多数来源于古代汉语的动词。有些介词没有完全虚化，还保留动词的用法，属于介词和动词的兼类。如：

① a. 爸爸**在**姥姥家呢。

【动词】

b. 爸爸**在**姥姥家吃饭呢。

【介词】

② a. 老师**给**了我们每人一个本子。

【动词】

b. 老师**给**我们每人发了一个本子。

【介词】

那么，介词和动词的区别是什么呢？

（一）动词可以单说，单独做谓语；介词不可以这样用

如：

③ A：你爸爸**在**家吗？

B1：**在**。

B2：爸爸**在**。

④ A：饭都做好了，你**在**我们家吃饭吧！

B：*好，**在**，谢谢。

（二）动词后面常常带动态助词“了、着、过”，大部分介词的后面不能带动态助词

如：

⑤ 他在食堂里**吃**了早餐。

*他在了食堂里吃早餐。

⑥ 飞机一直往北冰洋方向飞**着**。

*飞机一直往**着**北冰洋方向飞。

⑦ 我向你借**过**一本书。

*我向**过**你借一本书。

极少数介词“朝、沿、顺”后面可以带“着”，还有个别介词如“本着、为了、除了”中“着、了”都已经成为构词语素，跟前面的语素构成了一个词。如：

⑧ 她刚才一直**朝**/**朝着**我打招呼。

⑨ 我们**沿**/**沿着**河边散会儿步吧。

⑩ 我们双方应该**本着**/***本**相互理解的态度进行调解。

（三）不少动词可以重叠，介词不能重叠

如：

⑪ 你往前**走走**就到了。

*你往往前走就到了。

⑫ 下午她跟我们几个在附近咖啡馆**喝了喝**茶，**聊了聊**天。

*下午她跟跟我们几个在附近咖啡馆喝茶、聊天。

动词与介词的区别见表 3-4。

表 3-4 动词和介词的区别

	动词	介词
能否单说、单独做谓语	+	—
能否带动态助词	+	—
能否重叠	+	—

【复习与练习（十）】

第四节　连　　词

学习要点

· 掌握连词的语法特征

· 了解连词的种类，特别是根据连接成分的不同而划分的类型

· 掌握连词在不同分句中的位置

连词是用来连接词、词组、句子和段落，并表示被连接的两个语言单位之间的各种逻辑关系的虚词。

一、连词的语法特征

（1）连词没有实在的词汇意义，只表示语法意义。

（2）连词只起连接作用，没有修饰、限制或引介作用，也没有表达说话人主观态度的作用，这是连词与副词、介词的区别。

（3）连词不能单独做句子成分，不能单独回答问题。

二、连词的种类

（一）连词根据所连接的语言单位性质进行分类

根据所连接的语言单位，连词可以分成三类：

1. 只能连接词和词组，不能连接句子

主要有“和、跟、同、与、及、以及、而、连同”等。如：

① 苹果**和**香蕉一样来两斤。

② 他昨天骑车时，不小心人**连同**车一起掉到旁边的排水沟了。

2. 只能连接句子

主要有“不但、不管、即使、既然、假如、尽管、宁可、虽然、无论、要是、与其”等。如：

③ 他**不但**会唱歌，还会边弹边唱。

④ **要是**没下雨就好了，我们就可以去爬山了。

3. 既能连接词、词组，又能连接句子

主要有“并、并且、而、而且、或者、还是”等。如：

⑤ 学校要求各教务部门研究**并**解决学生选课难的问题。

⑥ 学校要求各教务部门对学生选课难的问题进行深入研究，**并**提出合理的解决方案。

⑦ 你要咖啡**还是**果汁?

⑧ 你是想喝咖啡，**还是**想喝果汁呢?

(二) 连词根据所表示的逻辑关系进行分类

根据所连接成分所表示的逻辑关系，连词可分为两大类：

1. 表示联合关系的连词

其中又分为：

(1) 表示并列关系。如：和、跟、同、与、以及。

(2) 表示顺承关系。如：然后、于是。

(3) 表示选择关系。如：或、或者、还是、与其。

(4) 表示递进关系。如：不但、不仅、并且、而且。

2. 表示偏正关系的连词

其中又分为：

(1) 表示因果关系。如：因为、由于、所以、因此。

(2) 表示假设关系。如：假如、如果、要是、即使、哪怕。

(3) 表示条件关系。如：只有、只要、无论、不管。

(4) 表示转折关系。如：但是、可是、然而、不过、虽然、固然、尽管。

(5) 表示目的关系。如：以便、以免、借以、省得、免得。

关于连词所表示的逻辑关系及具体用法，我们将在第七章“复句”再详细介绍。

三、连词的位置

(一) 第一分句中连词的位置

1. 自由地放在第一分句主语的前后

有的连词可以自由地放在前一分句主语的前后，例如“只要”：

⑨ a. **只要**你能坚持学习，就一定能学会的。

【前后分句主语相同】

b. 你**只要**能坚持学习，就一定能学会的。

【前后分句主语相同】

⑩ a. **只要**他肯学习，我就一定好好教他。

【前后分句主语不同】

b. 他**只要**肯学习，我就一定好好教他。

【前后分句主语不同】

“只要”这个连词，当前后两个分句主语一致，放在前一分句主语的前后，句子意思相同，如例⑨a 和 b；当前后两个分句主语不一致时，“只要”放在前一分句主语的前后，句子意思也一样，如例⑩a 和 b。

还有“既然”也是这样的情况：

⑪ a. 既然你不舒服，就不要勉强来了。

【前后分句主语相同】

b. 你既然不舒服，就不要勉强来了。

【前后分句主语相同】

⑫ a. 既然你不愿意报名，我们也不勉强你。

【前后分句主语不同】

b. 你既然不愿意报名，我们也不勉强你。

【前后分句主语不同】

2. 不能自由地放在前一分句主语的前后

而有的连词需要考虑前后分句主语是否一致的问题。如：

⑬ a. 你**与其**去挤公共汽车，不如打车去。

【前后分句主语相同】

b. *与其你去挤公共汽车，不如打车去。

⑭ a. **与其**你去挤公共汽车，不如我开车来接你。

【前后分句主语不同】

b. *你**与其**去挤公共汽车，不如我开车来接你。

当前后主语一致，“与其”应该放在前一分句主语的后面，如例⑬a句；如果前后主语不一致，“与其”应该放在前一分句主语的前面，如例⑭a句。

像这样的还有“不但（不仅、不光）、宁可（宁愿）”等。如：

⑮ 李老师**不但**出席了这次会议，还做了大会主题报告。

*不但李老师出席了这次会议，还做了大会主题报告。

⑯ **不但**李老师出席了会议，她也出席了这次会议。

*李老师不但出席了会议，她也出席了这次会议。

⑰ 她**宁可**不结婚，也不愿意随便找一个人嫁了。

*宁可她不结婚，也不愿意随便找一个嫁了。

⑱ **宁可**上海队赢了这场比赛，观众们也不希望广东队赢。

*上海队宁可赢了这场比赛，观众们也不希望广东队赢。

（二）第二分句中连词的位置

第二分句的连词一定放在第二分句主语的前面，放在主语后面就错了。如：

⑲ 因为学汉语的时间不长，怕说不好，**所以**我不敢上台发言。

*因为学汉语的时间不长，怕说不好，我所以不敢上台发言。

⑳ 是让她停下来呢，**还是**咱们快走几步追上她？

*是让她停下了呢，咱们还是快走几步追上她？

扩展阅读内容

连词和介词的区别

这里所要谈的介词和连词的区别问题，只涉及“和、跟、与、同”这几个连词，别的连词几乎不存在与介词划界不清的问题。下面以“和”为例来说明。

（一）语义上

“和”是连词时，前后成分是并列关系，语义关系平等，因此位置互换而意思不变；但“和”是介词时，前后语义关系不平等，前面的成分是动作主体，后面的是动作对象，前后成分位置互换的话，意思就发生了变化。

连词“和”，如：

① a. 大卫和山本在初级班学习汉语。

【“大卫”和“山本”都是动作主体，没有主次】

b. 山本和大卫在初级班学习汉语。

【互换位置后，意思没有变】

介词“和”，如：

② a. 大卫和山本说了自己报名校园歌手大赛的事情。

【“大卫”是谈话的动作主体，“山本”谈话的动作对象】

b. 山本和大卫说了自己报名校园歌手大赛的事情。

【谈话的动作主体由“大卫”变成“山本”，“大卫”变成谈话的对象，意思发生改变】

（二）结构上

连词“和”与它连接的成分构成联合词组，一同充当句子的主语、宾语、定语等；而介词“和”与它引介的成分一起构成介词词组，一般只充当状语。

连词“和”，如：

③ 我和张山 || 都是 | 河北石家庄人。

【主语】

他 || 只邀请了 | 我和张山。

【宾语】

这 || 是 | （我和张山）的房间。

【宾语中的定语成分】

介词“和”，如：

④ 我 || ［和张山］聊了 | 一点儿我的私事。

【状语】

我 || ［刚才］［和张山］打了 | 一通电话。

【状语】

（三）在明白动作主体是谁的情况下

介词“和”前面的动作主体可以省略，不影响句子意思的表达；但连词“和”前面的成分不能省略。

连词“和”，如：

⑤ a. 今天我和同学们讲了一个自己童年的故事，他们觉得很有意思。

【“我”讲给同学们听】

b. 今天和同学们讲了一个自己童年的故事，他们觉得很有意思。

介词“和”，如：

⑥ a. 今天我和同学们每人讲了一个自己童年的故事，个个都有意思。

【“我”讲，同学们也讲】

b. *今天和同学们每人讲了一个自己童年的故事，个个都有意思。

“和”“跟”“与”“同”等介词和连词用法的区别见表 3-5。

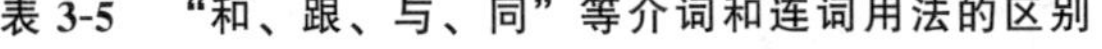

表 3-5　“和、跟、与、同”等介词和连词用法的区别

	介词	连词
前后语义关系是否平等	－	＋
前后位置能否互换而意义不变	－	＋

续表

	介词	连词
前面的成分是否能省略	+	-
构成词组、充当语法成分	介词词组，充当状语	联合词组，充当主语、宾语、定语等

【复习与练习（十一）】

第五节　语气词、叹词和拟声词

学习要点

• 掌握语气词、叹词和拟声词的定义

• 了解语气词的分类及各类典型语气词表示的语气

• 了解叹词、拟声词的语法特征

一、语气词

语气词主要用在句尾，表示某种语气。根据语气词在句中所处的位置，语气词可以分成两大类：句中语气词和句末语气词。

（一）句中语气词

句中语气词与语用上的停顿有关。根据语用停顿的类别，句中语气词可分为三类：

1. 话题后的停顿

常用于话题后的语气词有：啊$_1$（呀、哇、哪）、吧$_2$、呢$_2$、嘛。

（1）“啊$_1$（呀、哇、哪）”标记话题，并表示一种引起注意又舒缓的语气。例如：

① 生日蛋糕**啊**，早就预定好了。

② 我的大衣**呀**，昨天落在教室了。

③ 他这人**哪**，什么都好，就是太不爱运动了。

(2)“吧$_2$”标记话题，同时表示一种委婉的语气。例如：

④ 我那个妹妹**吧**，今年都三十七了，还没有谈过恋爱。

⑤ 去参加**吧**，没意思；不去参加**吧**，不好意思，因为我答应他了。

(3)“呢$_2$”标记话题，同时表示一种提醒并缓和的语气。如：

⑥ 颐和园**呢**，今儿肯定是去不了了，雨太大了。

⑦ 想吃**呢**，就给我打个电话，我给你买。不想吃**呢**，也没关系。

(4)“嘛”标记话题，还表示“本来就是这样”的语气。如：

⑧ 孩子**嘛**，哪有不淘气的？

⑨ 学生**嘛**，就应该好好学习！

2. 列举项后停顿

常用于列举项后的语气词有“啦、啊$_1$（呀、哇、哪）”，表示一种舒缓轻松的语气。如：

⑩ 我们那儿什么都产，桃**啦**，李子**啦**，苹果**啦**，都有。

⑪ 大伙说**呀**，笑**呀**，整整热闹了一夜。

（二）句末语气词

句末语气词与句类有关。句类是根据不同语气分的类，句类对语气词是有选择的，所以根据能够出现在哪些句类中，语气词可分为四类。

1. 疑问语气词

(1)“吗”用在是非疑问句的句末，是典型的疑问语气词。如：

⑫ 你作业交了**吗**？

⑬ 商店已经关门了，是**吗**？

“吗”和疑问代词共现时，句子仍然表示是非疑问，这时疑问代词表示任指或泛指。如：

⑭ 有谁买了那本书**吗**？

【意思是“有没有人买了那本书”，而不是问“谁买了那本书”。】

⑮ 你什么地方都去过**吗**？

【意思是“是不是所有的地方你都去过”，而不是问“你都去过什么地方”。】

（2）“呢$_1$”用在特指疑问句、选择问句、反复问句的句末，表示说话人想深究、进一步问清楚的语气。“呢$_1$”也是标准的疑问语气词。

⑯ 车子是谁弄坏的**呢**？

⑰ 你是问我**呢**？还是问他**呢**？

⑱ 我看不看今晚的球赛**呢**？

（3）“吧$_1$”也用在是非疑问句句末，但疑问程度比“吗”小。用“吗”表示疑问时，说话人完全没有预先的判断，是纯粹地问。用“吧”表示疑问时，通常是问话人对答案有一定的估计，但对答案还不是完全肯定，所以向听话人询问来证实自己的估计，因此“吧”还带有估计、猜测的意思。

⑲ 今天是星期一**吧**？

【说话人认为今天很可能是星期一，向对方求证。】

今天是星期一**吗**？

【说话人并不清楚今天星期几。】

⑳ 车子是你借走的**吧**？

【说话人推测“车子”可能是“你”借走的。】

车子是你借走的**吗**？

【说话人没有推测的意思，只是单纯地询问。】

2. 陈述语气词

（1）“了$_2$”表示肯定一个已实现的事实，该事实听话人可能未知，说话人用以向听话人传递这个新信息。如：

㉑ 我昨天看到你在操场跑步了。

【肯定“你昨天在操场跑步”的事实，“你”可能不知道我看到了这个情况。】

㉒ 那件大衣我送给妈妈了。

【肯定“大衣送给妈妈”的事实，听话人不知道这个信息。】

㉓ 香山的红叶已经都红了。

【肯定“香山红叶都变红了”的事实，听话人可能还不知道这个情况。】

（2）“呢$_3$”表示提醒或确认的语气。如：

㉔ 早上你有课**呢**。

【确认并提醒听话人“早上有课”。】

㉕ 老师，我们已经学过这本书了**呢**。

【确认并提醒听话人“学过这本书”。】

（3）“着呢”表示确认某人或某物程度深的语气。如：

㉖ 时间早**着呢**。

【确认“现在时间还很早”。】

㉗ 他下棋厉害**着呢**。

【确认“他下棋的水平很高”。】

（4）“的”表示对已经发生的事件的肯定。如：

㉘ 他们昨天才到北京**的**。

㉙ 我是在西单买的这条裙子**的**。

注意语气词“的”和结构助词“的”插入动词和宾语之间表示强调的用法很相似，都用于表示已经发生或完成的动作行为，区别在于语气词“的”放在句末，结构助词放在动词后。语气词“的”和表强调的结构助词“的”可以一起出现，所以例㉙中出现了两个“的”，“买”后面的“的”是结构助词，句子末尾的“的”是语气词。

3. 祈使语气词

（1）“吧$_3$”表示一种商量的祈使语气，语气舒缓。如：

㉚ 我现在忙着写论文，你帮我买午饭**吧**。

㉛ 这么大的雨，你就别出去了**吧**。

（2）“啊$_2$”在肯定祈使句中带有催促的意思，在否定祈使句中带有劝阻的意味。如：

㉜ 快走**啊**！后边的都上不来了。

㉝ 你别想不开**啊**！

4. 感叹语气词

主要是“啊$_3$（呀、哇、哪）”，表示说话人强烈的抒情。如：

㉞ 车上的人真多**啊**！

㉟ 外边多晒**呀**！

㊱ 好蓝的天**哪**！

㊲ 他这个人多好**哇**！

二、叹词

叹词是表示强烈感情或呼唤、应答的词。

（一）叹词的种类

1. 表示呼唤

主要有“嗨、嘿、喂”。如：

㊳ **嗨**，你好，能借支笔吗？

㊴ **嘿**，小明，过来一下。

2. 表示感叹，表达赞叹、惊讶、惋惜、疼痛等感情

主要有“啊、哟、唉、哼、哎呀、哎哟”。如：

㊵ **唉**！就差一分就是满分了，可惜！

㊶ **哎哟**，都这么晚了，我们还没吃饭呢。

3. 表示应答

主要有“嗯、哦、啊”等。如：

㊷ A：明天上午8点考试，请大家明天一定按时到考场。

B：**嗯**，知道了。

㊸ A：他们俩谈恋爱了，所以总是在一起。

B：**哦**，难怪呢。

有时，同一个叹词读不同的语调，能表达不同的意义。如：

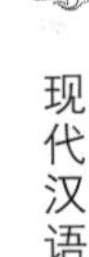

㊹ a. 啊（ā），人真多哇！

【表示赞叹】

b. 啊（á），你怎么来了？

【表示惊讶或不知道】

c. 啊（ǎ），原来这么回事！

【表示特别惊讶或警悟】

d. 啊（à）！好吧！

【表示应诺或知道了】

（二）叹词的语法特征

1. 叹词一般独立于句法之外，可独立成句

如：

㊺ **唉**！我快为难死了。

㊻ **噢**？有这么一回事？

㊼ **嗯**，**嗯**，好的。

2. 叹词也可以做句子里的独立成分，插入句中

如：

㊽ 小王，**喂**，帮我把钥匙拿下来。

㊾ 八年了，**唉**，我都没回过家。

3. 也有少数叹词可以进入句子充当句法成分，如作谓语、状语等

如：

㊿ 他 || ［不满意地］**哼**了 | 一声，就走了。

【做谓语中心语】

51 我 || ［**啊啊啊**］［连声］叫着，清洗伤口真的很疼啊。

【作状语】

4. 叹词常常可以叠用

如：

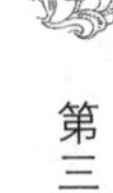

52 **喂喂喂**，怎么电话听不到声音啊？

53 **哎哟哎哟**，你轻点儿！

三、拟声词

拟声词是模拟事物或自然界的声音的词。

（一）拟声词的种类

根据音节数，拟声词可分为单音节拟声词和双音节拟声词。

单音节拟声词，如：呼、嗖、咣、轰、哗、嘣、咚、哐、嘀、吱、叭、呜、嗒。

双音节拟声词，如：扑通、咕咚、咕噜、叮当、叮咚、哗啦、哐当、滴答、咣当。

（二）拟声词的语法特征

1. 拟声词和叹词一样，可以独立成句

这一点是拟声词和叹词与其他词类最大的区别。如：

54 “**丁零零零**……”，忽然电话铃响了。

55 **咕噜咕噜**，肚子饿得不停地叫。

2. 拟声词也可以做谓语、状语

如：

56 大门 || **咣当**〈一下〉，门被撞开了。

【谓语】

57 墙上的表 || ［**滴答滴答**］走着。

【状语】

3. 拟声词加上“的”后，可以做定语，通常用来修饰某种声音

如：

58 ［春节］各村各户 || ［都］响〈起〉了 | （**噼里啪啦的**）爆竹声。

59 深夜了，房间里特别安静，［只］听见 | （轻微）（**滴答的**）声音。

4. 拟声词可以重叠

如：

单音节的重叠式：喵喵、咣咣、哗哗、咕咕、咚咚、哐哐、呜呜、嗖嗖

双音节的重叠式：

【AABB 式】滴滴答答、叮叮当当、哗哗啦啦、咣咣当当

【ABAB 式】滴答滴答、叮当叮当、哗啦哗啦、咕噜咕噜

【ABB 式】哗啦啦、咕噜噜（较少）

【AAB 式】叮叮当（较少）

扩展阅读内容

叹词和语气词的区别

叹词可以表示说话人的感叹，语气词也可以表示感叹的语气，但是两者还是有明显的区别：

（1）叹词总是独立成句或成为句子的独立成分，可以不与别的词组合；语气词总是附在词、词组或者句子的后面，不能独立成句。

（2）叹词多数用于句首，表示感叹、招呼或应答的声音；语气词多数用于句末，表示各种语气。

例如"啊"既有叹词的用法，又有语气词的用法，但它们的位置和功能完全不同：

① **啊**！山上的人可真多**啊**！

【前一个"啊"是叹词，独立成句，表示赞叹；后一个"啊"是语气词，附着在句末，表示强烈抒情的语气】

② **啊**？你怎么才来**啊**。

【前一个"啊"是叹词，独立成句，表示惊讶；后一个"啊"是语气词，附着在句末，表达埋怨的语气】

③ **啊**，明白**啦**！

【前一个"啊"是叹词，独立成句，表示应答；后一个"啦"是"了啊"的合音，表达肯定的语气】

④ 你说什么？**啊**，我们春假和五一假期连起来放七天？太好**啦**！

【前一个"啊"是叹词，成为句子独立成分，表示惊讶或醒悟；后一个"啦"是"了啊"的合音，表达赞叹的语气】

【复习与练习（十二）】

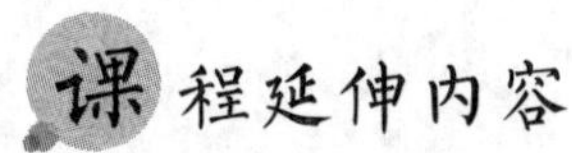

使用虚词应注意的方面

虚词的用法复杂多样，所以使用虚词时一不注意就很容易犯错。影响虚词使用的因素是多方面的，包括虚词出现的句类或句式、与虚词搭配出现的词语类型、对虚词音节数的要求、虚词对肯定形式或否定形式的要求、虚词可搭配词语的简单或复杂程度、虚词可以出现的位置以及与其他虚词搭配共现等。

一、对句类或句式的选择

很多虚词对句类或句式有一定的选择性，比如我们前面学过的连词“或者”和“还是”的区别，“或者”用于陈述句，“还是”用于疑问句。还有语气词“吗”和“呢”的区别，两者都可以用于疑问句，但是“吗”用于是非疑问句，而“呢”用于特指问句、选择问句、反复问句。像这样的情况还有很多：

（一）相对程度副词和绝对程度副词对句式的选择

“极、十分、非常、很、怪、太”等是绝对程度副词，没有比较的意思，不能用于比较的句式。“更、还、最”等是相对程度副词，表示相比较而言的程度，可以用于比较的句式。如：

① **跟听力相比，我的口语更好。**

【比较的句式】

*跟听力相比，我的口语很/非常好。

② 他才学了一年，认识的汉字比我还多。

【比较的句式】

*他才学了一年，认识的汉字比我十分/太多。

（二）“究竟”和“难道”对句类的选择

“究竟”和“难道”都是语气副词，表示说话人疑问的态度，但是“难道”

只用于是非问句，“究竟”用于特指问句、选择问句、反复问句。如：

③ **难道**是你不想去吗？

【是非问句】

*究竟是你不想去吗？

④ a. **究竟**是谁不想去呢？

【特指问句】

*难道是谁不想去呢？

【对比：难道是谁不想去吗？意思是：难道有人不想去吗？“谁”虚指】

b. 你**究竟**想不想去呢？

【反复问句】

*你难道想不想去呢？

c. 你**究竟**想去还是不想去呢？

【选择问句】

*你难道想去还是不想去呢？

（三）“赶忙”和“赶紧”对句类的选择

“赶忙”和“赶紧”是情态副词，表示时间紧迫、动作快的意思。但“赶忙”只用于陈述句，“赶紧”除可用于陈述句，还可以用于命令、建议等祈使句。如：

⑤ 听到有人敲门，他**赶紧**/**赶忙**起身去开门。

【陈述句】

⑥ 你**赶紧**回家，马上就要下雨了！

【祈使句】

*你赶忙回家，马上就要下雨了！

二、对词类的选择

虚词对所搭配的词语有词类方面的选择性，这是一个很普遍的现象。这里的词类既指名词、动词、形容词等大类，也指大类下的小类。比如，动词可以分成五小类：行为动作动词、心理动词、趋向动词、能愿动词、关系动词、使令动词。形容词可以分成三小类：性质形容词、状态形容词和区别词。前面我们学过的动态助词“了$_1$”一般不能出现在关系动词和使令动词后，不能出现在区别词后；动态助词“着”一般不能出现在趋向动词、能愿动词、关系动词、使令动词后，很少出现在形容词后。这就是动态助词“了$_1$”和“着”对搭配词语的词类有选择性的一个体现。类似的情况还有“和”与“并”。

连词“和”“并”都可以连接词或词组，表示并列关系。但“和”连接的成分是名词性的，一般不能连接动词性和形容词性成分；“并”则相反，连接动词性、形容词性成分，不连接名词性成分。如：

⑦ 今天上午有听力课**和**口语课。

*今天上午有听力课并口语课。

⑧ 昨天下午我游泳**并**跑步了。

*昨天下午我游泳和跑步了。

⑨ 我们最好挑选一些经济**并**便捷的交通方式。

*我们最好挑选一些经济和便捷的交通方式。

三、对词语感情色彩的选择

根据词语的感情色彩，词语可分为褒义词、贬义词和中性词。褒义词是含有表扬、喜爱、肯定、尊敬等感情的词语，如“聪明、漂亮、能干”等；贬义词是指含有批评、厌恶、否定、鄙视等感情的词语，如“笨蛋、傻、懒惰”等。有些虚词在具体的使用中，对搭配词语的感情色彩是有选择的。

（一）“有点儿”

“有点儿”是程度副词，在修饰形容词时，只能修饰贬义的或中性的形容词。如：

【贬义的】：

有点儿**笨**	*有点儿聪明
有点儿**骄傲**	*有点儿谦虚
有点儿**消极**	*有点儿积极

如果修饰褒义的形容词，则往往在褒义形容词前后添加“太……了”，如：

有点儿**太聪明了**　　　【太聪明了＝过分聪明，反而不好】
有点儿**太谦虚了**　　　【太谦虚了＝过分谦虚，反而不好】
有点儿**太积极了**　　　【太积极了＝过分积极，反而不好】

【中性的】：

有点儿大　　　有点儿小
有点儿高　　　有点儿矮
有点儿重　　　有点儿轻

(二)“倒”和“却”

“倒”和“却”都是可以表示转折的语气副词，但是“倒”后多用于褒义的词语，“却”没有这个限制。如：

⑩ a. 宿舍不大，**却/倒**很干净。
b. 宿舍挺干净的，可**却**不大。
*宿舍挺干净的，可倒不大。

⑪ a. 这辆自行车别看旧了，**却/倒**很好骑。
b. 这辆自行车虽然样式很漂亮，可**却**不好骑。
*这辆自行车虽然样式很漂亮，可倒不好骑。

四、对词语音节数的选择

汉语的音节数会对语法有一定的制约作用，这是汉语的一个很重要的特点，在副词上表现得尤为突出。主要是有两种情况：

(一) 有的副词要求所修饰的成分必须是单音节

1.“过”和“过于”

程度副词“过”和“过于”的语义基本相同，只是“过于”更加书面语一些。但是，在用法上，“过”只能修饰单音节词，不能修饰双音节词，“过于”没有这个限制。如：

过大　　　*过宽大　　　**过于**大/宽大

过重　　　　*过繁重　　　　过于重/繁重

过密　　　　*过亲密　　　　过于密/亲密

2. "连"和"一连"

情状副词"连"和"一连"也是语义基本相同，用法上"连"和"一连"都不能修饰单一的一个词，只能修饰词组。但是"连"对紧随其后的词还是要求是单音节的，"一连"没有这个限制。如：

连看了三个展厅　　　*连参观了三个展厅　　　一连看/参观了三个展厅

连问了他五个问题　　*连咨询了他五个问题　　一连问/咨询了他五个问题

连拍了几下车门　　　*连拍打了几下车门　　　一连拍/拍打了几下车门

（二）有的副词要求所修饰的成分必须是双音节

1. "最为"和"最"

程度副词"最为"和"最"语义基本相同，但用法上"最为"只能修饰双音节词，不能修饰单音节词，"最"没有这个限制。如：

最为丰富　　　　*最为多　　　　最多/丰富

最为艰难　　　　*最为难　　　　最难/艰难

最为薄弱　　　　*最为弱　　　　最弱/薄弱

2. "大力"

情状副词"大力"所修饰的词语可以是一个动词词组，但是紧随其后的必须是双音节词。如：

大力兴建居民住宅　　　　　　*大力建居民住宅

大力吹捧他的优点　　　　　　*大力吹他的优点

大力帮助你办好这件事　　　　*大力帮你办好这件事

另外，一些介词对音节数也有特殊要求。比如"根据"和"据"，"根据"引介的词语必须是双音节的，不能是单音节的；"据"引介的词语多数是双音节的，但也可以是单音节的。如：

根据调查　　　　*根据查　　　　据查/调查

根据报告　　　*根据报　　　**据**报/报告

根据传说　　　*根据说　　　**据**说/传说

五、对肯定与否定形式的选择

有些虚词在使用上对后面词语是肯定形式还是否定形式有要求。有些虚词要求后面必须是一个肯定形式，而不能是一个否定形式。而有些虚词恰好相反，要求后面必须是一个否定形式，而不能是一个肯定形式。

（一）虚词后面必须是否定形式

1. “从”和“从来”

“从”和“从来”是近义的时间副词，“从”要求后面必须是一个否定形式，“从来”没有这种限制。如：

⑫ a. 我**从来**/**从**不说假话。

b. 他们**从来**/**从**不关心孩子自己喜欢什么。

⑬ a. 我**从来**只关心自己的事。

*我从只关心自己的事。

b. 他**从来**就爱说谎话。

*他从就爱说谎话。

2. “万万”和“千万”

语气副词“万万”和“千万”常用于祈使句，都表示“务必、一定”的意思。但是“万万”只能修饰否定形式，“千万”没有这个限制。如：

⑭ a. 考试一定要认真，**千万**/**万万**不可粗心大意。

b. 这是个秘密，**千万**/**万万**别告诉别人。

⑮ a. 明天八点集合，你**千万**记住了。

*明天八点集合，你**万万**记住了。

b. 下雪了，山路肯定很滑，你们**千万**小心。

*下雪了，山路肯定很滑，你们**万万**小心。

还有语气副词“绝、决、毫、丝毫”等都是只能修饰否定形式。

（二）虚词后必须是肯定形式

1．“万分”“分外”和“十分”“格外”

程度副词“万分”“分外”只能用来修饰肯定形式。与“万分”“分外”近义的“十分”“格外”对修饰成分的肯定或否定没有限制。如：

万分紧张　　*万分不紧张　　十分紧张　　十分不紧张

万分喜欢　　*万分不喜欢　　十分喜欢　　十分不喜欢

分外安静　　*分外不安静　　格外安静　　格外不安静

分外满意　　*分外不满意　　格外满意　　格外不满意

2．“差不多”和“几乎”

副词“差不多”和“几乎”的基本意思一样。但是，“差不多”只能修饰肯定形式，而“几乎”没有这个限制。如：

⑯ a. 各班同学几乎/差不多都到齐了。

b. 各班同学几乎都没到齐。

*各班同学差不多都没到齐。

⑰ a. 今年春天几乎/差不多都在下雨。

b. 今年春天几乎没下过雨。

*今年春天差不多没下过雨。

六、对简单形式与复杂形式的选择

“简单形式”是指单个儿的一个词。“复杂形式”则是指不是单个儿的一个词，而是一个词组或者一个更大的句法结构。有些虚词对后面出现的成分是简单形式还是复杂形式是有要求的。

（一）“白”和“白白”

副词“白”和“白白”都能表示“付出却无收获”的意思，但是，在用法上“白白”要求它修饰的成分必须是复杂的，“白”没有这个要求。如：

⑱ a. 挣的钱全被偷了，白/白白干了这么多天。

b. 挣的钱全被偷了，这些天白干了。

*挣的钱全被偷了，这些天白白干了。

⑲ a. 博物馆闭馆了，唉，白/白白跑了一趟。

b. 博物馆已经闭馆了，你去也是白跑！

*博物馆已经闭馆了，你去也是白白跑！

（二）“稍”和“稍微”

程度副词“稍”“稍微”语义基本相同，用法上，“稍微”要求所修饰的成分必须是复杂的，“稍”没有这个限制。如：

这里稍微凉快一些	找一个稍微安静一点儿的地方
*这里稍微凉快	*找一个稍微安静的地方
比他稍微高一点儿	这里稍凉快一些
*比他稍微高	这里稍凉快
找一个稍安静一点儿的地方	比他稍高一点儿
找一个稍安静的地方	比他稍高

七、对位置的要求

虚词用法中非常值得注意的问题之一就是虚词的位置，即虚词相对于句中其他成分应该或可以出现的位置。前面我们学习过“关于”和“对于”的区别，“关于”只能出现在主语前，“对于”都可以，就是属于这一类。有些同义或近义的虚词用法上的差异就是能出现的位置不同。

（一）“虽”和“虽然”、“既”和“既然”

连词“虽”和“虽然”的语法意义一样，但是“虽”只能出现在主语后，不能出现在主语前，而“虽然”没有这个限制。如：

⑳ a. 你虽/虽然只学了一年汉语，但是已经说得很好了。

b. 虽然你只学了一年汉语，但是已经说得很好了。

*虽你只学了一年汉语，但是已经说得很好了。

连词“既”和“既然”也是这样的情况：

㉑ a. 你既/既然这么不愿意，那就和她明白说清楚吧。

b. **既然**你这么不愿意，那就和她明白说清楚吧。

*既你这么不愿意，那就和他明白说清楚吧。

（二）“明”和“明明”、“渐”和“渐渐”

副词“明”和“明明”都表示“显然是或的确是（这样）”，但“明”只能用于主语之后，“明明”没有这样的限制。如：

㉒ a. 他**明**/**明明**知道自己跑不过他，但还是答应了挑战。

b. **明明**他知道自己跑不过他，但还是答应了挑战。

*明他知道自己跑不过他，但还是答应了挑战。

副词“渐”和“渐渐”也是类似这样的情况：

㉓ a. 天色**渐**/**渐渐**暗了下来。

b. **渐渐**天色暗了下来。

*渐天色暗了下来。

八、对共现的其他虚词的选择

有些虚词在使用时，常常要求和别的虚词一起搭配出现。前面我们学过的“才”要求和“只有”搭配，“就”要求和“只要”搭配就是这类情况。有些同义虚词的区别就是与之搭配的词语不一样。

（一）“由于”和“因为”

介词“由于”和“因为”都是用来引介原因的，但也有区别，其中区别之一就是“由于”既可以同“所以”搭配，也可以同“因而、因此”搭配；但是“因为”只同“所以”搭配，不能同“因此、因而”搭配。如：

㉔ a. **由于**/**因为**这个问题比较复杂，**所以**我们需要讨论后才能决定。

b. **由于**这个问题比较复杂，**因此**/**因而**我们需要讨论后才能决定。

*因为这个问题比较复杂，**因此**/**因而**我们需要讨论后才能决定。

（二）“怪”和“很”

程度副词“怪”和“很”都表示程度高，但是表达风格不同，“怪”用在口语化的表达，并带有亲昵的口吻，“很”没有语体上的限制。除此以外，“怪”还要求与语气词“的”一起搭配使用，而“很”没有这个限制，有无语气词“的”都可以。如：

㉕ a. 这只小猫**怪**/**很**可爱的。

b. 这只小猫**很**可爱。

*这只小猫**怪**可爱。

（三）“太”和“真”

程度副词“太”和“真”都可以用于感叹句。但是，用法上“太”要求和语气词“$了_2$”搭配使用，“真”则一定不能与语气词“$了_2$”共现。如：

㉖ a. 这个食堂的饭菜**太**好吃**了**。

*这个食堂的饭菜**太**好吃。

b. 这个食堂的饭菜**真**好吃。

*这个食堂的饭菜**真**好吃**了**。

第四章

词　组

第一节　词组的结构类型

学习要点

- 重点掌握基本词组的结构类型（偏正词组、主谓词组、述宾词组、中补词组、联合词组和复指词组）
- 了解有标记的词组和特殊词组的类型
- 能辨别出基本词组的结构类型

词组是由词和词按一定的语法规则组成的，是比词大一级的语法单位。那么不同的语法规则就会组成不同结构类型的词组，从内部构成的特点来看，汉语的词组可以分成三大类：

（1）基本词组。偏正词组、主谓词组、述宾词组、中补词组、联合词组、复指词组。

（2）有标志的词组。量词词组、方位词组、介词词组、比况词组、“的”字词组、“所”字词组。

（3）特殊词组。连谓词组、兼语词组。

一、基本词组

（一）偏正词组

偏正词组是由前后两部分组成，前一部分对后一部分起修饰、限制作用，

之间是一种修饰关系的词组。前一部分叫作修饰语（为“偏”），后一部分叫作中心语（为“正”）。

偏正词组可分为两类：**第一类是定中结构的偏正词组，即修饰语是定语，中心语指称某人或某物**。整个定中结构的词组在语法上大致相当于一个名词。定语用划线法标记，使用圆括号“（）”标注。如：

（错误）观点	（白）衬衣	【说明性质】
（绿油油的）树	（花白的）头发	【说明状态】
（木头）房子	（塑料）袋子	【说明材料】
（北京大学）图书馆	（一班的）同学	【说明所属】
（三趟）公交车	（两部）手机	【说明数量】

定语常常有“的”，如“白衬衣→白的衬衣、木头房子→木头的房子”。

第二类是状中结构的偏正词组，即修饰语是状语，中心语不是指称人或物，而是叙述某种行为、动作或性质。整个状中结构的词组在语法上大致相当于一个动词或形容词。状语用划线法标记，使用方括号“［　］”标注。如：

［刻苦］学习	［悄悄地］离开	【说明状态】
［单独］去	［面对面地］说	【说明方式】
［已经］走了	［立刻］回答	【说明时间】
［在北京］住	［从上海］来	【说明处所】
［很］干净	［非常］努力	【说明程度】

而一些状语可以加“地”，如“刻苦学习→刻苦地学习、非常努力→非常地努力”。

偏正词组的结构关系如图 4-1 所示[①]。

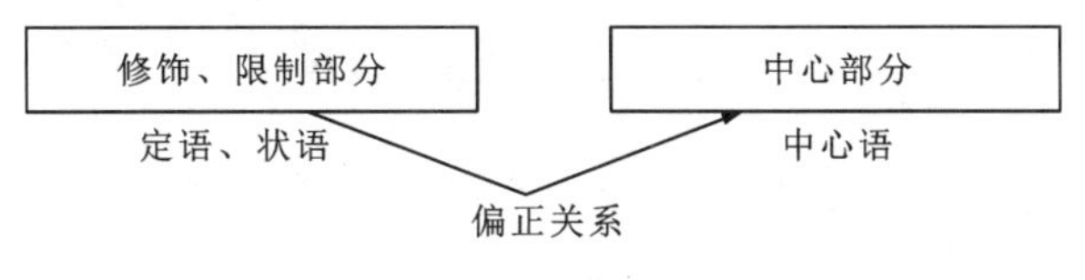
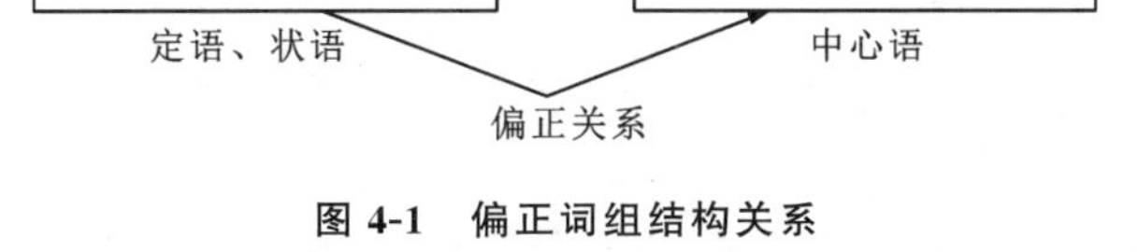

图 4-1　偏正词组结构关系

① 粗框表示构成词组中的成分，箭头表示修饰、限制、支配、陈述或补充的关系。

（二）主谓词组

主谓词组也由前后两部分组成，前一部分是陈述的对象，叫作主语；后一部分是对前一部分表示的对象进行陈述，叫作谓语，说明主语干什么或者怎么样，或者说明主语是谁、是什么。主语和谓语之间是一种陈述关系。主语和谓语使用划线法标记，使用双竖线“||”隔开。如：

你||出去　　学生||学习　　我们||聊聊天

【谁　做什么】

鞋||很好看　　孩子||特别优秀　　零钱||不够

【谁/什么　怎么样】

脸||通红　　这姑娘||高高的　　眼睛||水汪汪的

【谁/什么　怎么样】

他||是韩国人　　那儿||是图书馆　　下一站||北京站

【谁/什么　是谁/什么】

主谓词组的主语和谓语之间可以插入“是不是”，变成问句形式，如：

① 你是不是出去？

② 鞋是不是很好看？

③ 这姑娘是不是高高的？

④ 下一站是不是北京站？

主谓词组的语法关系如图 4-2 所示。

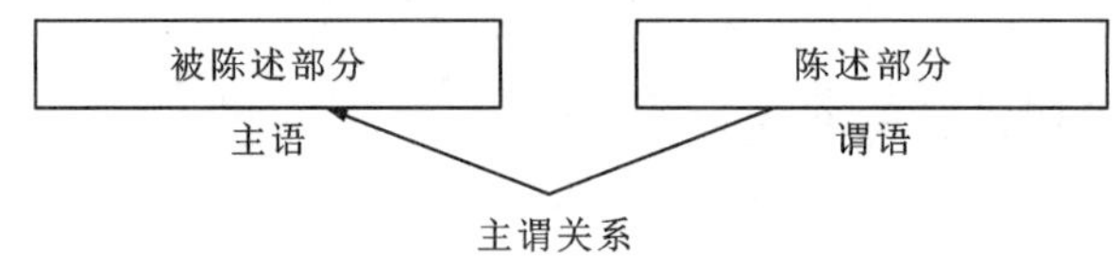

图 4-2　主谓词组结构关系

（三）述宾词组

述宾词组也由两部分组成，前一部分表示某种行为动作，一般是动词，叫作述语，也是整个词组的中心；后一部分是受前一部分影响、支配或涉及的对象，叫作宾语。述语和宾语之间是一种支配关系。述语和宾语使用划线法标记，使用单竖线“｜”隔开。如：

看｜电影　洗｜衣服　吃｜冰激凌　【宾语是指事物的名词】

帮助｜同学　感谢｜你　采访｜市长　【宾语是指人的名词或代词】

去｜哪儿　回｜学校　逛｜商场　【宾语是指处所的名词或代词】

同意｜去　喜欢｜打篮球　觉得｜不舒服【宾语是动词性或形容词性成分】

述宾词组的结构关系如图 4-3 所示。

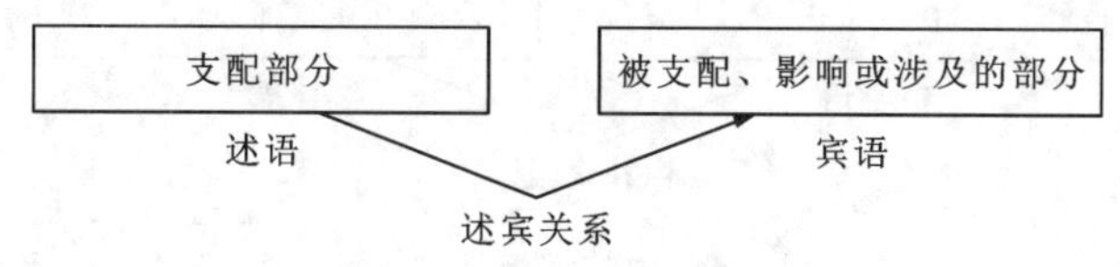

图 4-3　述宾词组结构关系

（四）中补词组[①]

中补词组也是由两部分组成，前一部分叙述某种动作、行为、性质，一般是动词或形容词，叫作述语，是整个词组的中心；后一部分从结果、趋向、程度、状态、动量、时量、可能等方面补充说明动作行为或性质，叫作补语。前后两部分之间是补充关系。补语用尖括号“〈　〉”标注。如：

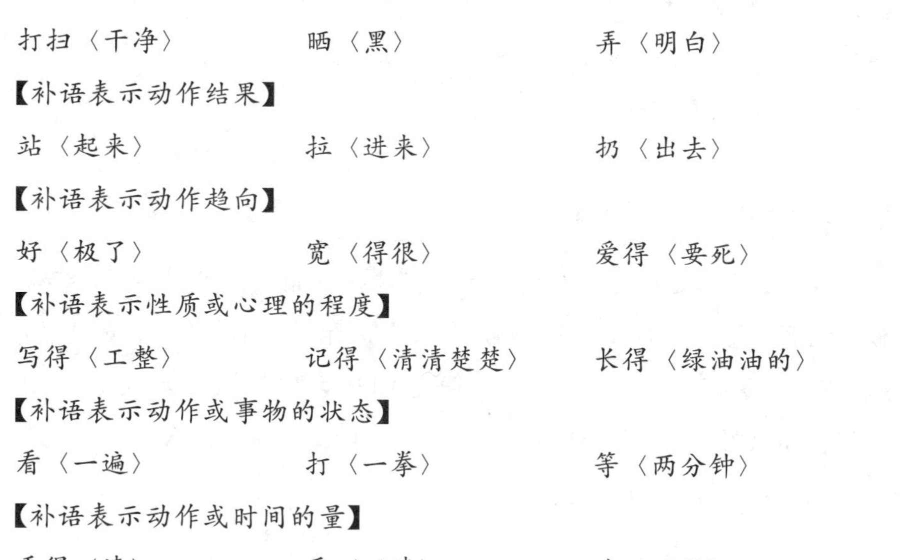

打扫〈干净〉　晒〈黑〉　弄〈明白〉

【补语表示动作结果】

站〈起来〉　拉〈进来〉　扔〈出去〉

【补语表示动作趋向】

好〈极了〉　宽〈得很〉　爱得〈要死〉

【补语表示性质或心理的程度】

写得〈工整〉　记得〈清清楚楚〉　长得〈绿油油的〉

【补语表示动作或事物的状态】

看〈一遍〉　打〈一拳〉　等〈两分钟〉

【补语表示动作或时间的量】

看得〈清〉　看〈不清〉　吃〈不了〉

【补语表示动作是否可能实现】

① 中补词组，也被称为“述补词组”。

有的述补词组补语前有助词“得”，如“爱得要死、写得工整、看得清”，有的不带“得”，如“好极了、看一遍”。有的加“得”和不加“得”意思不同，如“洗干净、洗得干净”，加“得”不加“得”都是述补词组，但“洗干净”只是表示“洗”的结果“变干净了”，但“洗得干净”则表示“能洗干净”。

中补词组的结构关系如图 4-4 所示。

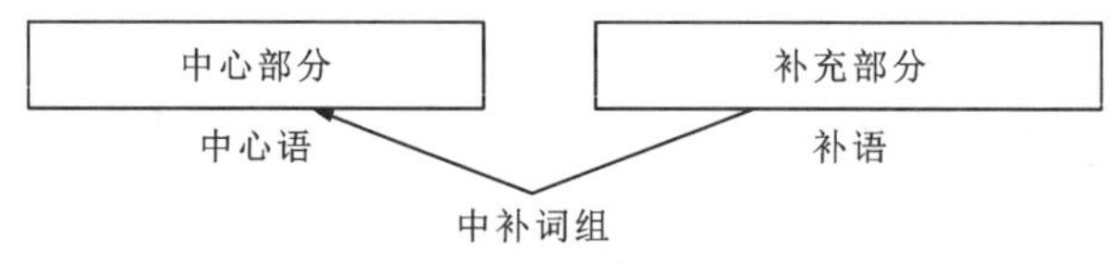

图 4-4　中补词组结构关系

（五）联合词组

联合词组表示并列、承接、选择等关系，由两个或两个以上的成分联合构成。有三个特点：**第一，各组成成分之间没有主次之分，彼此地位平等；第二，各组成部分的词性一般相同；第三，组成部分可以不止两项**。如：

爸爸妈妈　　　　长江、黄河、淮河

【名词构成的联合词组】

研究讨论　　　　唱歌跳舞喝酒　　　　听说读写

【动词构成的联合词组】

真善美　　　　又高又大　　　　干净、整齐、明亮

【形容词构成的联合词组】

联合词组各部分之间，有时候没有语音停顿（如“爸爸妈妈、真善美”），有时候有语音停顿（书面上一般用顿号“、”表示），如“长江、黄河、淮河”“干净、整齐、明亮”。联合词组各部分之间还可以插入一些关联词语，如“和”（爸爸和妈妈）、“并”（研究并决定）、“而且”（好而且便宜）、“或”（今天或明天）、“还是”（喝咖啡还是喝茶）等。如：

（1）并列或承接关系。

如：爸爸和妈妈、研究并决定、又高又大、便宜而且好。

（2）选择关系。

如：今天或明天、米饭还是面条。

（六）复指词组[①]

复指词组是由两部分或几部分组成，每部分从不同角度指称同一个人或事物的词组。如："首都北京"，首都是北京，北京也是首都；"班长何小北"，班长是何小北，何小北也是班长。

具体来说，复指词组有以下几种情况：

（1）通用名称＋专有名称：小说/《红楼梦》　作家/鲁迅

（2）特别称号＋专有名称：春城/昆明　宝岛/台湾　影城/好莱坞

（3）普通名称＋数量结构：夫妻/二人　祖孙/三代　数理化/三门

（4）人称代词＋人称代词或名词：我们/自己　咱/老百姓　你们/夫妇　我/老王

（5）名词/动词＋指示代词＋名词：北京/这/城市　2008年/那/年　打架/这/事

（6）多种成分构成：司机/小王/他/自己　数学家/华罗庚/教授　上海/这/一/城市

注意：复指词组各成分之间不能用连词连接。

复指词组与并列词组的区别是：复指词组的几个部分都是指同一个事物或人，相当于AB＝A＝B，联合词组各部分有不同的指称或陈述意义，相当于AB＝A＋B；复指词组的几个部分可以不是同一词性成分，联合词组一般都是同一词性成分。如：

离婚/这事情　　【复指词组：动词＋指示代词＋名词】

离婚和结婚　　【联合词组：动词＋动词】

二、有标记的词组

有标记的词组包括量词词组、方位词组、介词词组、比况词组、"的"字词组和"所"字词组六类。在基本词组类型中，如果充当主语、宾语、定语、状语、补语等成分的部分仍然可以再继续拆分出多个词的话，那么就会出现有标记的词组，即词组中包括某个标记词。如量词词组（"三个、一批、两趟"）

① 复指词组，也被称为"同位词组"。

中，量词是标记词；介词词组（“在图书馆、从北京、对同学”）中，介词是标记词。下面我们一一介绍。

（一）量词词组

量词词组是由数词或指示代词加量词构成。又可以分为数量词组和指量词组两类。如：

六本　　三部　　两次　　　　【数量词组：数词＋量词】

这件　　那种　　哪个　　　　【指量词组：指示代词＋量词】

量词词组一般可以再做定语、补语，或者主语、宾语。如：

（六本）笔记　　　　　　【偏正词组的定语】

这件||好　　　　　　　　【主谓词组的主语】

去了〈两次〉　　　　　　【中补词组的补语】

买|那种　　　　　　　　【述宾词组的宾语】

（二）方位词组

方位词组是**由方位词直接附加在名词或动词等词语后面构成，主要表示处所、时间、范围**。如：

客厅里　　　　　　　　【名词＋方位词，表示处所】

三十五岁以下　　　　　【量词词组＋方位词，表示范围】

考完试以后　　　　　　【述宾词组＋方位词，表示时间】

爱上她之前　　　　　　【述宾词组＋方位词，表示时间】

方位词组一般可以再做状语、定语或主语。如：

［考完试以后］旅行　　　【偏正词组中的状语】

客厅里||有客人　　　　　【主谓词组中的主语】

（三十五岁以下）的服务员　【偏正词组的定语】

（三）介词词组

介词词组是由介词加在名词等词语前面构成，表示与动作相关的时间、处所、对象、工具、范围、方式、条件、原因。如：

在 2018 年　于 1929 年　　　　　【表示时间】

从美国　在机场　　　　　　　　　【表示处所】

对身体　比去年　　　　　　　　　【表示对象】

用筷子　用毛笔　　　　　　　　　【表示工具】

因为他妻子　由于失业　　　　　　【表示原因】

按照规定　以特长生资格　　　　　【表示方式】

在十八岁到二十五岁之间　　　　　【表示范围】

在大家帮助下　　　　　　　　　　【表示条件】

还包括介词词组连用的形式，如“从……到……”：从早到晚、从大到小、从五个到四十个。

介词词组一般主要做状语，放在谓语中心语的前面。但也有部分介词词组做补语，放在动词的后面。如：

[在机场] 接人　[比去年] 多　[用筷子] 夹　[以特长生资格] 录取

【偏正词组中的状语】

挂〈在阳台上〉　去世〈于 1929 年〉　限制〈在四十五岁以下〉

【中补词组中的补语】

注意：“在＋处所”既可以放在动词前，也可以放在动词后。放在动词前面时，常常表示动作或行为发生的场所；放在动词后面时，还表示事物经过某个动作后到达或附着的地方。如：

[在阳台上] 挂衣服　　　【“挂”这个动作发生在“阳台上”】

衣服挂〈在阳台上〉　　　【“衣服”经过“挂”的行为挂到了阳台上】

[在花园里] 洒水　　　　【“洒水”的行为发生在“花园里”】

水洒〈在花园里〉　　　　【“水”经过“洒”的动作附着在“花园里”】

（四）比况词组

比况词组是由表示比况义的助词“似的、一样、（一）般”附在名词或动词等词语后构成，主要用来表示比喻。如：

花儿一样　闪电一般　要下雨似的　老鼠见了猫似的

比况词组一般做状语、定语、补语，或者放在“像、好像、如同”的后面

一起做谓语。如：

〈闪电一般地〉冲过来　　　　　　　　【偏正词组中的状语】

（花儿一样）的笑容　　　　　　　　【偏正词组中的定语】

瘦得〈豆芽菜似的〉　　　　　　　　【中补词组中的补语】

他||好像老鼠见了猫似的　　　　　　【主谓词组中的谓语】

（五）“的”字词组

“的”字词组是由结构助词“的”加在各种实词或词组后面构成，指称人或事物。如：

老师的　　【名词＋的，指称老师有的某物】

新鲜的　　【形容词＋的，指称新鲜的食物】

吃的　　　【动词＋的，指称吃的东西】

我的　　　【代词＋的，指称我有的某物】

她买的　　【主谓词组＋的，指称她买的某物】

洗干净的　【中补词组＋的，指称洗干净的某物】

“的”字词组可以做主语、宾语或定中词组中的中心语。如：

吃的||准备了　　　　【主谓词组中的主语】

选|新鲜的　　　　　【述宾词组中的宾语】

（那件）洗干净的　　【偏正词组中的中心语】

（六）“所”字词组

“所”字词组是由助词“所”加在及物动词前，指称动词行为支配或涉及的对象。如：

所见　所想　所关心　所接受

在现代汉语中，“所”字词组经常在两种情况下使用：第一，“所”字词组常常加上“的”字做定语。如：

（所想的）人　（所调查）的情况　（所关心）的内容

【偏正词组中的定语】

第二，出现在“被（为）”字被动结构中，做中心语。如：

［被大家］所接受　　　［为众人］所乐见　　　［为很多人］所了解

【状中词组中的中心语】

三、特殊词组

汉语还有两类词组比较特殊，内部的结构关系较为复杂：一是连谓词组，二是兼语词组。

（一）连谓词组

两个或两个以上谓词性词语连用，中间没有语气停顿或关联词语，且各动词所表示的动作行为是由同一主语发出的，这样的词组就叫做连谓词组。如：

下了课/打篮球　　　转过身/走进去　　　想一个办法/帮他

有病/没有参加　　　低着头/想问题　　　坐飞机/去三亚/度假

连谓词组的各部分一般存在时间或事理上的先后关系。如“下了课打篮球”，“打篮球”要发生在“下了课”以后；“有病没有参加”，因为“有病”才“没有参加”；“坐飞机去三亚度假”，“去三亚”要先“坐飞机”，到了三亚才能开始“度假”。

（二）兼语词组

兼语词组由两部分组成，前一部分是一个述宾词组，后一部分是一个动词性成分或形容词性成分，但前一部分述宾词组的宾语兼做后一部分的主语，即前一部分述宾词组的宾语在语义上是后一部分中主要动词或形容词的主语。如：

派小李/去　　　请你/提意见　　　让老人/先上

推荐他/考研究生　　　嫌屋子/乱　　　夸孩子/聪明

怪服务员/动作慢　　　羡慕她/有一个好丈夫

“派小李去”是一个兼语词组，前面“派小李”是一个述宾词组，后面的“去”是谁去呢？是“小李”。“小李”既做“派”的宾语，又在语义上是“去”的主语。同样，“夸孩子聪明”也是兼语词组，“夸孩子”是一个述宾词组，后

面的“聪明”是形容词，那谁聪明呢？是“孩子”聪明。“孩子”既是“夸”的宾语，在意思上又是“聪明”的主语。

连谓词组和兼语词组的主要作用都是在主谓词组或句子中做谓语。如：

咱们 || 下了课打篮球　　　　李飞 || 有病没有参加

一家人 || 坐飞机去三亚度假　　　　老板 || 派小李去

朋友 || 夸孩子聪明　　　　老师 || 推荐他考研究生

汉语词组类型总结见表 4-1。

表 4-1　汉语词组类型小结

<table>
<tr><td rowspan="14">词组</td><td rowspan="6">基本词组</td><td>1. 偏正词组</td><td>好朋友、我们家、借的书、非常漂亮、快走</td></tr>
<tr><td>2. 主谓词组</td><td>飞机降落、作业交了、成绩优秀、身体健康</td></tr>
<tr><td>3. 述宾词组</td><td>打电话、看电影、去上海、写大字</td></tr>
<tr><td>4. 中补词组</td><td>晒黑、站起来、疼得很、等一会儿</td></tr>
<tr><td>5. 联合词组</td><td>美丽大方、又急又气、讨论并且通过、去还是留</td></tr>
<tr><td>6. 复指词组</td><td>首都北京、他们夫妻、春节那天、作家鲁迅</td></tr>
<tr><td rowspan="6">有标志的词组</td><td>7. 量词词组</td><td>三本、一双、哪个、一小块、一大堆</td></tr>
<tr><td>8. 方位词组</td><td>桌子上、床下面、校园东边、讲台左右</td></tr>
<tr><td>9. 介词词组</td><td>在今年、从四点、向大家、朝大海、把桌子</td></tr>
<tr><td>10. 比况词组</td><td>真的一样、天堂一般、做梦似的</td></tr>
<tr><td>11. “的”字词组</td><td>大的、干净的、买的、我们的、他借来的</td></tr>
<tr><td>12. “所”字词组</td><td>所听、所想、所读、所接受、所反对</td></tr>
<tr><td rowspan="2">特殊词组</td><td>13. 连谓词组</td><td>去图书馆学习、躺着看书、转身出去</td></tr>
<tr><td>14. 兼语词组</td><td>让她走、请您过去、派他出差</td></tr>
</table>

扩展阅读内容

词组的功能类型

词组是由两个或两个以上的词构成的，词组和词都是造句单位，所以在句子中每个词组充当语法成分时，有着和词类似的语法功能。所以可以按照词组能充当什么样的语法成分，和哪一类词的语法功能相似，分为名词性词组和谓词性词组。

一、名词性词组

语法功能基本相当于名词，经常充当主语、宾语，或者和介词组合构成介词词组。包括定中词组、由名词构成的联合词组、复指词组、方位词组、“的”字词组、数词、指示代词和名量词组合成的量词词组等。如：

① 每到端午节，我||就想起|**奶奶包的粽子**。

【定中词组做宾语】

② **最难忘的**||是去年冬天去看黄河壶口瀑布。

【“的”字词组做主语】

③ **窗台上**||落满了灰。

【方位词组做主语】

④ **掌声和欢呼声**||持续了好几分钟。

【名词组成的联合词组做主语】

⑤ 我||就要|**这两件**，你帮我包起来吧。

【量词词组做宾语】

⑥ 黄龙风景区||只在**春夏秋三季**对外开放。

【复指词组做介词“在”的宾语】

二、动词性词组

语法功能基本上相当于动词，经常充当谓语或谓语中心语。包括以动词为

中心的状中词组和中补词组、述宾词组、连谓词组、兼语词组、由动词构成的联合词组等。如：

⑦ 第一季度的销售计划||**顺利完成**。

【动词为中心语的状中词组做谓语】

⑧ 即使困难，我们||［也］［一定］**坚持下去**。

【动词为中心语的中补词组做谓语中心语】

⑨ 我||还没有**翻译这篇论文**。

【述宾词组做谓语】

⑩ 你||**催他快点儿来**。

【兼语词组做谓语】

⑪ 她和同学||**去教室准备小组报告**了。

【连谓词组做谓语】

⑫ 他们||**又配音又做视频**，花了很多时间。

【动词构成的联合词组做谓语】

三、形容词性词组

语法功能基本上相当于形容词，经常充当谓语、定语、状语或补语。包括以形容词为中心语的偏正词组和中补词组、由形容词构成的联合词组、比况词组等。如：

⑬ 雨后的空气||**清新、湿润**。

【形容词构成的联合词组做谓语】

⑭（**熟透了的**）柿子||晶莹透亮。

【形容词为中心语的中补词组做定语】

⑮ 他||［**飞似的**］冲过终点线。

【比况词组做状语】

⑯ 她||变得〈**更加美丽**〉了。

【形容词为中心语的状中词组做补语】

由于动词和形容词都经常做谓语，所以**动词性词组和形容词性词组**也被合称为**谓词性词组**。

【复习与练习（十三）】

第二节　复杂词组和层次分析法

学习要点

· 了解简单词组和复杂词组的概念

· 掌握复杂词组的分析方法——层次分析法

一、复杂词组

简单词组是指由两个或几个词直接构成的词组。如：

(黑)牛	【定中词组】	仔细｜看	【状中词组】
吃｜水果	【述宾词组】	做〈完〉	【中补词组】
他‖来	【主谓词组】	鸡蛋、牛奶、面包	【联合词组】
去/参观	【连谓词组】	我们/大家	【复指词组】

复杂词组是指它的组成成分本身就是词组，或者内部又包含小的词组。在实际的语言交际中，我们很少见到或听到只包含两个词的词组，一般都是复杂词组。例如“努力学习汉语语法”，这是个述宾词组，而它的述语“努力学习”是个以动词“学习”为中心语的状中词组，宾语“汉语语法”是个以名词“语法”为中心语的定中词组。显然，“努力学习汉语语法”这个述宾词组内部又包含不同的词组，所以它是一个复杂词组。

二、层次分析法

（一）什么是层次

复杂词组实际上是由词先组合成简单词组，再由简单词组组合而成的。上面我们举复杂词组“努力学习汉语语法”这个例子，“努力”和“学习”进行组合，构成简单的状中词组；“汉语”和“语法”组合，构成简单的定中词组；最后两个简单词组再进行组合，构成整个复杂的述宾词组。**这种词组内部词语组合的先后次序，就叫“层次”**。简单词组只有一个结构层次，复杂词组包括两个或两个以上结构层次。比如“努力学习汉语语法”包括两个结构层次，“努力学习”和“汉语语法”是第一个结构层次，之间是述宾关系；“努力”和“学习”、“汉语”和“语法”是第二个结构层次，“努力”和“学习”之间是状中关系，“汉语”和“语法”之间是定中关系。

（二）层次分析法

1. 什么是层次分析法

对于复杂词组，既要了解它的结构层次，又要了解每个层次的结构类型。我们可以**采取从大到小、逐层解剖的方法，分析出每一层次上的直接组成成分，一直到分析到词为止。这种分析方法就叫作层次分析法**。例如上面举过的“努力学习汉语语法”，按照层次分析法可以显示如下：

① 努力　学习　汉语　语法

述　　　宾

状　中　定　中

又如“一瓶鲜花摆在窗台上”：

② 一　瓶　鲜花　摆　在　窗台　上

主　　　谓

定　中　中　补

量　词　　介　词

方　位

"一瓶鲜花摆在窗台上"整个是主谓词组，由主语"一瓶鲜花"和谓语"摆在窗台上"构成。主语"一瓶鲜花"又是由定语"一瓶"和中心语"鲜花"构成，而定语"一瓶"又是由数词"一"和量词"瓶"组成的量词词组。谓语"摆在窗台上"是由动词中心语"摆"和补语"在窗台上"构成，补语"在窗台上"又是一个介词词组，由介词"在"和方位词组"窗台上"组成。从例①和例②可以看到，从上往下，每一个结构层次都可以切分出两个成分，这两个成分就是构成这一层次的直接成分。层次分析法就是找出每一个层次的直接组成成分。除了联合词组、连谓词组、兼语词组外，大部分的词组在切分过程中都分析出两个直接成分，所以层次分析法还称"二分法"。

2. 运用层次分析法需要注意的问题

（1）切分出来的两个部分都必须是符合语法的结构体，或者是词，或者是词组。例如：

③ 一　张　红　纸

a. ＿　＿＿＿＿＿

b. ＿＿＿　＿＿＿

c. ＿＿＿＿＿　＿

从理论上讲，"一张红纸"可以有上述三种切分方法。但是按照 a 的方法，虽然"一"是一个合语法的词，但是"*张红纸"不是一个合语法的词组，汉语里没有这种说法；按照 c 的方法，"纸"虽然是一个合语法的词，但"*一张红"也不是一个合语法的词组，汉语里"一张"不可以说明形容词的数量。所以只有 b 的切分方法是正确的。

（2）切分出来的结构体不能是某个词组独有的，必须能在别的词组类型中重复出现。也就是说直接成分之间的组合规则在汉语中应该具有普遍性。例如：

④ 最　大　的　书包

a. ＿　＿＿＿＿＿＿

b. ＿＿＿＿＿　＿＿

按照 a 的切分，"最"是一个合语法的词，"大的书包"也是一个合语法的名词词组，但是根据汉语的语法组合规律，"最"不能修饰名词性成分，所以 a

是不正确的切分；按照 b 的切分，“最大的”是个“的”字词组，是汉语一个普遍的词组类型，“书包”是合语法的词，所以 b 的切分是正确的。

（3）切分出来的直接组成成分，都必须有意义，应该能够搭配。如：

⑤ 新上市的　电脑　功能

a. ＿＿＿＿　＿＿＿＿＿

b. ＿＿＿＿＿＿＿　＿＿

进行第一层切分时，a 和 b 两种方法切分出来的成分都是合语法的词组，但是到底 a 对还是 b 对，就要看直接组合成分是否有意义，在意义上能否搭配。“新上市的”在意义上可以搭配“电脑”，但不能修饰“功能”，所以 a 的切分不对，b 的切分才是合适的。如果把“上市”换成“开发”，那么 a 的切分就是正确的，因为“新开发的”可以修饰“功能”。

（4）切分出来的直接成分搭配起来的意义要符合整个结构的原意。如：

⑥ 飞快地　站起来　跑出去

a. ＿＿＿　＿＿＿＿＿＿＿

b. ＿＿＿＿＿＿＿　＿＿＿

同样，a 和 b 切分出来的成分都是合语法的词组，并且符合我们上面说的前三个条件。但是 a 的切分才是更合理的，因为“飞快地”应该不仅修饰“站起来”还继续修饰“跑出去”，也就是说“站起来”“跑出去”是一连串的动作，这些动作都是“飞快地”进行。很难想象，“飞快地站起来”，再慢慢地或用其他方式“跑出去”。所以，a 的切分要比 b 更加准确。

3. 层次分析法的步骤和图解

层次分析法的步骤：

（1）必须逐层分析，不能随意跳过某个层次。

（2）切分出结构层次，再确定结构关系。

（3）切分的终点是分析出每个词，但不需要分析助词、连词、语气词、叹词。

（4）为避免切分过程中的遗漏，一般采用从左到右、从上到下、逐块切分的分析过程。

下面我们再来分析几个复杂词组。

⑦ 孩子 大概 已经 睡 醒 了

主 谓

状 中

状 中

中 补

⑧ 调查 和 分析 了 留学生 的 学习 目的

述 宾

联 合 定 中

定 中

⑨ 我 马上 通知 大家 集合

主 谓

状 中

兼 语

述 宾

主 谓

⑩ 老师 走 上 讲台 在 黑板 上 写 了 一 行 字

主 谓

连 谓

述 宾 状 中

中 补 介 词 述 宾

方 位 定 中

量 词

扩展阅读内容

由简单词组扩展到复杂词组

简单词组只有一个结构层次，而复杂词组则是由两个或两个以上的层次组成的。复杂词组其实就是对简单词组的扩展。那么怎么由简单词组扩展到复杂词组？一般有三种方法。

一、在原有词组中间加入其他词语

例如述宾词组，在宾语的前面加上定语：

看小说—看一本小说
—看一本中国小说
—看一本中国当代小说
—看一本畅销的中国当代小说
—看一本年轻人喜欢看的畅销的中国当代小说

又如中补词组，可以在补语前添加不同词语：

染红—染得红
—染得很红
—染得颜色很红
—染得裙子颜色很红

二、在原有词组前面加上别的词语

例如述宾词组，在述语前面添加状语和主语：

喝咖啡—想喝咖啡
—不想喝咖啡
—也不想喝咖啡
—一点儿也不想喝咖啡
—我一点儿也不想喝咖啡

又如在“的”字词组的前面，还可以添加不同词语：

借的—向同学借的
—刚向同学借的
—昨天刚向同学借的
—他昨天刚向同学借的

三、在原有的短语后面加上其他的词语

例如主谓词组，在谓语中心语的后面添加不同词语：

大家喜欢—大家喜欢她
—大家喜欢她的性格
—大家喜欢她的性格、相貌
—大家喜欢她的性格、相貌以及她的为人

又如述宾词组，在宾语的后面添加不同词语：

邀请同学—邀请同学来我家
—邀请同学来我家庆祝
—邀请同学来我家庆祝新年

当然，以上三种方法也可以综合使用：

看电影—看完一部电影
—刚看完一部中国电影
—我昨天刚看完一部中国动画电影《哪吒》

洗得干净—衣服洗得干净
—这些衣服洗得干净
—她把这些衣服洗得干净得像新的一样

【复习与练习（十四）】

课程延伸内容

多义词组

只有一个意义的词组叫单义词组，如“吃饭、走回去、很干净”等。**如果一个词组表示不止一个意义，就叫多义词组。**例如“出租汽车”就有两个意思，一个意思是名词性词组，是一种乘坐的交通工具；另一个意思是动词性词组，向别人出租一辆或一些汽车。造成词组多义的原因有很多，这里我们主要介绍三种情况。

一、结构关系不同造成的多义词组

上面我们举到的“出租汽车”就是由于结构关系不同造成的多义词组，因为它的名词性词组意义可以分析为修饰语与中心语关系的定中词组，动词性词组的意义可以分析为述语和宾语关系的述宾词组。如：

① 出租　汽车

定　中　【名词性词组】

出租　汽车

述　宾　【动词性词组】

像这样的多义词组，还有：

② 修改　方案

定　中　【名词性词组】

修改　方案

述　宾　【动词性词组】

③ 奶油　面包

定　中　【名词性词组】

奶油　面包

联　合　【名词性词组】

④ 经济　困难

定　中　【名词性词组】

经济　困难

主　谓　【谓词性词组】

二、结构层次不同造成的多义词组

复杂词组在进行层次分析时，有些词组因为可以有不同的切分层次，就会造成有多种理解，形成词组多义现象。如“中国语言研究”，第一层次既可以切分在“中国语言”和“研究”中间，意思是“关于中国境内语言的研究”；也可以切分在“中国”和“语言研究”之间，那意思就可以是“中国的语言研究”，研究的语言不一定是中国语言，还可以是外语，只是这些研究都是中国学者做的。这样的多义词组也可以用层次分析法分析，如：

⑤ 中国　语言　研究

定　中　【名词性词组】

定　中

中国　语言　研究

定　中　【名词性词组】

定　中

像这样的多义词组还有：

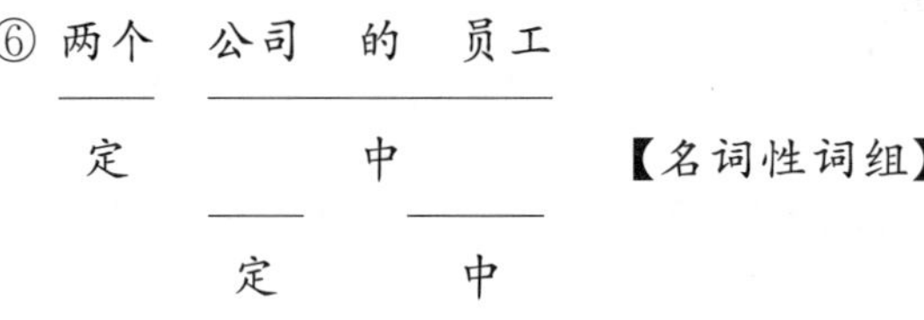

两个 公司 的 员工

定 中 【名词性词组】

定 中

一般的结构层次不同了，结构关系也会不同。如：

⑦ 我们 五个 一组

主 谓 【谓词性词组】

主 谓

我们 五个 一组

主 谓 【谓词性词组】

复 指

⑧ 我 和 哥哥 的 朋友

联 合 【名词性词组】

定 中

我 和 哥哥 的 朋友

定 中 【名词性词组】

联 合

三、词语多义造成的多义词组

有的词组结构层次和结构关系都没有发生变化，但仍然会有多义。有些是因为一词多义或者兼类词造成的多义词组。

先看一词多义造成词组多义的现象。如：

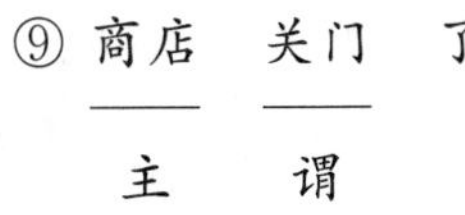

“关门”是一个离合动词，既可以表示停业、不再营业了的意思，也表示日常的下班时间到了的意思。

⑩ 我　昨天　没　上课

主　谓

状　中

状　中

“上课”既可以表示教师讲课，也可以表示学生听课。所以在没有上下文、没有谈话背景的时候，以上两个词组都是多义词组。

再来看兼类词造成的词组多义现象。如：

⑪ 粥　不　热　了

主　谓

状　中

“热”既可以是动词，意思是加热，整个词组的意思是“不需要加热粥”；“热”也可以是形容词，意思是温度高，整个词组的意思就是“粥凉了”。

也有一些兼类词不会影响结构层次的切分，但会改变一些小的结构关系。如：

⑫ 这辆　自行车　没　锁

主　谓

定　中　述　宾

这辆　自行车　没　锁

主　谓

定　中　状　中

“锁”是名词，用来锁闭门窗或其他事物的工具；也是动词，用锁把门窗或其他事物关住。“没”也有两个词性，一个是动词，是“有”的反义词；另一个是副词，表示动作没有完成。“锁”和“没”组合时，如果是名词义，则是述宾关系，意思是“这辆自行车没有自行车锁”；如果是动词义，“没锁”就是状中关系，意思则是“这辆自行车还没有锁住”。

第五章

单句的结构

句子是汉语中最大的语法单位。我们在第一章就提到，句子可以分为单句和复句。本章主要讲解单句的结构。

汉语的词组和单句的结构构造基本一致，大多数词组加上一定的语调，前后有停顿，就成为句子。如“自行车没有锁”这个主谓词组，加上不同的语调就可以变成单句。如“自行车没有锁?”“自行车没有锁。”单句也可以划分出不同的语法成分，和词组相同的是，**单句的成分一般有八个：主语、谓语、述语、宾语、定语、状语、补语以及中心语**；和词组不同的是，**有的单句还有一种特殊成分——独立语**，如“哎呀，我们要迟到了。”“嗯，我马上就到。”这里的“哎呀”“嗯”就是独立语。所以为了与词组结构的语法成分区别，我们把**句子的语法组成成分叫作句子成分**。

我们在第一章已经简单介绍了主语、谓语、宾语等八种语法成分，并且在前几章介绍汉语的实词、虚词以及词组时，经常讲到词或词组可以充当什么语法成分。本章则从句子成分的角度，进一步详细说明各种句子成分由哪类词或哪类词组构成，句子成分内部还可分为哪些类型，以及不同的句子成分可以构成哪些句子类型。

第一节　主语和谓语

学习要点

· 了解主语和谓语主要由哪些成分构成

· 掌握主谓谓语句的类型和特点

· 熟悉汉语句子的结构分类

一、主语的构成

汉语句子的主语大多数放在句子的开头，是整句话被陈述的部分，也常常是整句话围绕讨论的话题。汉语句子的主语一般由两大类词语成分构成。

（一）主语通常是由名词或名词性词组充当

如（主语和谓语用“||”隔开，主语部分下面用“＝”标记）：

① 刘老师 || 教他们班听力。　　【名词】

② 上星期她 || 去黄山旅游了。　　【代词】

③ 掌声和欢呼声 || 不断在会场中响起。　　【名词组成的联合词组】

④ 青色的群山 || 环绕在四周。　　【定中词组】

⑤ 咱们两个 || 还是好朋友。　　【复指词组】

⑥ 吃的 || 都买好了。　　【“的”字词组】

⑦ 三斤 || 足够了。　　【数量词组】

⑧ 教室里 || 坐满了学生。　　【方位词组】

（二）在一定条件下，动词、形容词或谓词性词组也可以做主语

如：

⑨ 锻炼 || 有助于身心健康。　　【动词】

⑩ 虚心 || 使人进步。　　【形容词】

⑪ 掌握一定的语法知识 || 对学习和使用汉语很有必要。　　【述宾词组】

⑫ 吃得太快 || 不容易消化。　　【中补词组】

⑬ 晚睡晚起 || 对身体没有好处。　　【动词性词语构成的联合词组】

⑭ 去广场跳舞 || 是她每天晚上都做的事情。　　【连谓词组】

⑮ 把所有屋子都打扫干净 || 真是太不容易了。　　【状中词组】

⑯ 女儿考上理想的大学 || 是我最大的愿望。　　【主谓词组】

动词、形容词和谓词性词组做主语时，后面的谓语部分一般不是动作动词，而是经常由判断动词或形容词充当。

二、谓语的构成

汉语句子的谓语紧跟在主语的后面，是整句话的陈述部分，陈述主语做什么、怎么样或者说明主语是谁、是什么。句子的谓语一般由四类词语成分构成。

（一）动词或动词性词组经常做谓语

由动词或动词性词组构成谓语的句子，也叫作动词谓语句。如（“||”后面的是谓语）：

⑰ 孩子 || 睡了。　　【动词】

⑱ 一个学生 || 偷偷从后门走了。　　【动词为中心语的状中词组】

⑲ 国家主席 || 访问日本。　　【述宾词组】

⑳ 父亲 || 喝醉了。　　【动词为中心语的中补词组】

㉑ 我们 || 冒着雨踢足球。　　　　　　【连谓词组】

㉒ 我妈 || 让我哥订票了。　　　　　　【兼语词组】

㉓ 大家 || 又唱又跳。　　　　　　　　【动词组成的联合词组】

（二）形容词或形容词词组做谓语

由形容词或形容词词组构成谓语的句子，也叫作形容词谓语句。如：

㉔ 秋天 || 凉爽。　　　　　　　　　　【性质形容词】

㉕ 这个人 || 糊里糊涂的。　　　　　　【状态形容词】

㉖ 这间卧室 || 最大。　　　　　　　　【形容词为中心语的状中词组】

㉗ 海边 || 凉爽得很。　　　　　　　　【形容词为中心语的中补词组】

㉘ 她男朋友 || 又高又帅。　　　　　　【形容词构成的联合词组】

（三）在一定条件下，名词或名词性词组也可以做谓语

由名词或名词性词组构成谓语的句子，也叫作名词谓语句。

名词谓语句主要用在说明人的国籍、籍贯、相貌特征、年龄，或者说明天气、节日、时间、地点，或者说明事物的数量、价值等。如：

㉙ 马力 || 德国人。　　　　　　　　　【定中词组，说明国籍】

㉚ 小李 || 大圆脸。　　　　　　　　　【定中词组，说明相貌特征】

㉛ 我 || 二十五岁。　　　　　　　　　【量词词组，说明年龄】

㉜ 明天 || 雷阵雨。　　　　　　　　　【名词，说明天气】

㉝ 下周五 || 中秋节。　　　　　　　　【名词，说明节日】

㉞ 下一站 || 天安门。　　　　　　　　【名词，说明地点】

㉟ 这条鱼 || 两斤。　　　　　　　　　【量词词组，说明数量】

㊱ 西瓜 || 八块五。　　　　　　　　　【量词词组，说明价值】

部分名词谓语句，在谓语前面可以补出“是”、“有”等动词，如“明天有雷阵雨，下周五是中秋节，下一站是天安门”。但在汉语口语中，不补出动词的名词谓语句是很自然的、地道的表达方式。而且有的名词谓语句补出动词反而不自然，如“这条鱼是两斤，西瓜是八块五。”这种说法是没有的。

（四）主谓词组做谓语

由主谓词组构成谓语的句子，也叫作主谓谓语句。如：

㊲ 我||头很疼。

【“头”和“很疼”组成主谓词组】

㊳ 这件事||我们都不知道。

【“我们”和“都不知道”组成主谓词组】

为了叙述方便，一般我们把全句的主语叫作大主语，做谓语的主谓词组的主语叫作小主语，全句的谓语叫作大谓语，主谓词组中的谓语叫作小谓语。大主语可以看作全句的话题。

根据大主语和小主语以及它们和小谓语的语义关系，我们还可以把主谓谓语句分成以下几种情况：

1. 大主语和小主语之间有领属关系，或是整体与部分的关系

如：

㊴ 她||**性格**十分温顺。

【领属关系】

㊵ **我们班**||**多数同学**来自亚洲国家。

【整体部分关系】

上面例㊲也是这种情况。在这类主谓谓语句中，可以在大小主语之间插入“的”或“中的”，但是加了之后就不再是主谓谓语句。

㊴′ **她的性格**||十分温顺。

㊵′ **我们班中的多数同学**||来自亚洲国家。

2. 大主语是大谓语讨论涉及的某个方面

如：

㊶ **这个问题**||我们的意见是一致的。

【“意见”是关于“这个问题”的】

㊷ **中国古典小说**||王老师做过一些研究。

【“研究”是涉及“中国古典小说”的】

上面的例㊳也是这种情况。在这类主谓谓语句中，可以在大主语前面加上“关于、对于、针对”等，或大主语前后加上“在……上”，这样原来的大主语和介词构成介词词组，就变成了句首状语。如：

㊶′[在这个问题上]，我们的意见||是统一的。

㊷′[关于中国古典小说]，王老师||做过一些研究。

3. 大主语是小谓语的支配或影响的对象

㊸ **上海**||她几乎每周**去**。

【“上海”是“去”的目的地。】

㊹ **这辆车**||我**骑**了很多年。

【“这辆车”是“骑”支配、影响的对象。】

这类主谓谓语句，有的大主语可以直接移动到谓语的后面，变成动词谓语句，有的则还需要在结构上做一些变动。

㊸′她||几乎每周去**上海**。　　　　【直接移动】

㊹′我||骑**这辆车**骑了很多年。　　　【结构变动】[①]

4. 大主语或小主语是疑问代词的任指用法，或者是表示周遍性意义的词语如：

㊺ **谁**||我也不告诉。/ 我||**谁**也不告诉。

㊻ **任何困难**||我们都不怕。/ 我们||**任何困难**都不怕。

这类主谓谓语句中，谓语中常常有“也、都”一起出现。这类主谓谓语句一般不变换成其他谓语句。如“* 我也不告诉谁”、“* 我们都不怕任何困难[②]”是不合语法的。

三、主谓句和非主谓句

上面我们举的例子都是可以分成主语和谓句两个部分。**具备主语和谓语两**

---

① 例㊹的“这辆车”为什么不能直接移动到“骑了很多年”的后面？是因为“骑了很多年”是一个中补词组，很多中补词组的后面不能直接带宾语。这个我们到本章第四节“补语”部分再进一步说明。

② “* 我们都不怕任何困难”，如果去掉“都”，变成“我们不怕任何困难”是可以说的。但是有“都”就不可以说。因为表示总括意义的副词“都”，要求总括的部分一定在它的前面。

部分的句子就叫主谓句。

但是句子不一定总是包含主语和谓语。例如：

⑰ 出太阳了。　　　　　　　　　　【述宾词组】

⑱ 别说话！　　　　　　　　　　　【状中词组】

⑲ A：陈校长回来了吗？

B：回来了。　　　　　　　　　　【中补词组】

⑳ A：你去书店买什么了？

B：一套汉语阅读教材。　　　　　【定中词组】

以上**不具有主语和谓语的句子就叫作非主谓句**。有时甚至一个词也能加上句调形成句子。如：

㉑（下台阶时）小心！

㉒（听见敲门声）A：谁？

B：我。

由一个词构成的句子就叫作独词句。独词句属于非主谓句中特殊的一类。

非主谓句没有主语有两种情况：第一种是虽然没有主语，但因为说话场景明确，所以不依靠上下文也可以表达完整的意思。如例⑰⑱和例㉑㉒的情况。第二种是需要在一定上下文里才能表达一个比较明确、完整的意思，其实是一种省略了主语的句子。如例⑲和例⑳的情况。

综合本节的内容，句子的结构分类可见表 5-1。**根据句子整体结构划分出来的类，也叫句型。**

表 5-1　句子的结构分类

<table>
<tr><th></th><th></th><th colspan="2">句型</th><th>例句</th></tr>
<tr><td rowspan="6">句子</td><td rowspan="5">单句</td><td rowspan="4">主谓句</td><td>动词谓语句</td><td>汽车开走了。/我们回家做饭吃。</td></tr>
<tr><td>形容词谓语句</td><td>那件衣服漂亮。/外面凉快极了。</td></tr>
<tr><td>名词谓语句</td><td>今天星期三。/玛丽黄头发。</td></tr>
<tr><td>主谓谓语句</td><td>那棵树叶子掉光了。/饺子我吃了。</td></tr>
<tr><td colspan="2">非主谓句（包括独词句）</td><td>下雨了。/进来！/他呢？/小心！</td></tr>
<tr><td colspan="3">复句（还可以进一步分类，详见第七章）</td><td>因为闹了矛盾，他们俩彼此不说话了。</td></tr>
</table>

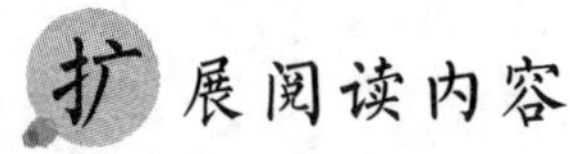

主语的语义类型

主语和谓语之间不仅有结构关系，也有语义关系。根据它们之间的语义关系，可以把主语分成三大种类型。

一、施事主语

主语表示发出动作、行为的主体（the doer of the action in a sentence），语言学术语一般称为“施事”（agent）。主语可以是人，也可以是动物，还可以是具有影响力的自然现象。做谓语中心语的动词，可以是动作动词，也可以是心理动词。主谓之间是“施事＋动作”的语义关系。如（为显示更为清楚，谓语中心语用“·”标记）：

① 他们 || 正在讨论明天的小组报告。

【主语是表人的代词，谓语中心语是动作动词。】

② 妹妹 || 特别喜欢男演员胡歌。

【主语是表人的名词，谓语中心语是心理动词。】

③ 几只白天鹅 || 在湖面上游来游去。

【主语是表示动物的定中词组，谓语中心语是动作动词。】

④ 大风 || 吹倒了院子里的一棵树。

【主语是表示自然现象的名词，谓语中心语是动作动词。】

主语是施事的句子，也被称为施事主语句。

二、受事主语

主语表示承受动作、行为影响的客体（the object of the action in a sentence），语言学术语一般称为“受事”（object）。主语一般是具体事物，也可以是抽象事物或人。谓语中心语一般是动作动词。主谓之间是“受事＋动作”的语义关系。如：

⑤ 报名材料||准备齐了。

【主语是表示具体事物的定中词组。】

⑥ 鸡||已经炖好了。

【主语是表动物的名词。】

⑦ 你提的那个方案||主任批复同意了。

【主语是表示抽象事物的定中词组。】

⑧ 所有的对手都被我们战胜了。

【主语是表人的定中词组。】

受事主语经常出现在主谓谓语句（如例⑦）和“被”字句（如例⑧）中。像例⑤⑥的句子，常被称为意念上的被动句，也称为“受事主语句”。

三、中性主语

主语既不是施事，也不是受事。主语可以是人或物，也可以是事件。谓语中心语可以是关系**动词、形容词，也可以是动作动词。主语和谓语之间形成多种语义关系**。如：

⑨ 我丈夫||是北京人。

【主语表示判断的对象。】

⑩ 墙上的画||掉下来了。

【主语表示动作的当事，“掉”可能是自然脱落，不是被刮掉的，也不是被什么人或什么东西碰掉的。】

⑪ 晚上的工作效率||并不一定很高。

【主语是评价的对象。】

⑫ 这片乡村||寂静又安宁。

【主语是描写的对象。】

⑬ 黑板上||写着今天老师留的作业。

【主语是处所。】

⑭ 出国留学 || 花了父母很多钱。

【主语是行为的原因。】

⑮ 这个碟子 || 盛鱼吧。

【主语是行为动作的终点。】

【复习与练习（十五）】

第二节　述语和宾语

学习要点

- 了解述语和宾语的成分构成
- 掌握双宾语句的类型和特点

一、述语的构成

述语是能够带宾语的成分，它支配、影响或关涉宾语。

（一）述语可以是由单个及物动词充当

如（述语和宾语之间用“｜”隔开，“｜”之前是述语）：

① 我‖画了｜一幅水彩画。　　【及物动作动词】

② 荣誉‖属于｜整个班级。　　【及物关系动词】

③ 在外打工的人们‖想念｜家乡。　　【及物心理动词】

④ 妈妈‖希望｜她能找到一个真正对她好的人。　　【及物心理动词】

（二）述语也可以是动词性词组，主要是中补词组和动词构成的联合词组

如：

⑤ 我‖烘干｜这些衣服了。　　【中补词组】

⑥ 这个人||拿出了|自己的证件。【中补词组】

⑦ 主席团||讨论并通过了|三项决议。【联合词组】

(三)形容词很少做述语,但兼属动词的形容词可以做述语

如:

⑧ 你||要端正|自己的工作态度。

⑨ 阅读||可以丰富|人们的知识。

二、宾语的构成

宾语是被述语支配、影响或关涉的部分。宾语的构成和主语的构成非常近似。

(一)宾语经常由名词或名词性词组构成

如(宾语部分的下面用“﹏”标记):

⑩ 哥哥||一个人去|西藏了。【名词】

⑪ 老同学||很快认出了|我。【代词】

⑫ 这点儿钱||买不了|几个。【量词词组】

⑬ 大家||要关心|新来的同学。【定中词组】

⑭ 今天咱们||吃|清淡点儿的吧。【“的”字词组】

⑮ 在熊猫馆的游客们||纷纷拿出了|手机、照相机和摄像机。

【名词构成的联合词组】

(二)当述语是动词时,宾语也可以由动词、形容词或谓词性词组构成

如:

⑯ 小芳||很喜欢|唱歌。【动词】

⑰ 妹妹||小小年纪就爱|漂亮了。【形容词】

⑱ 她的心里 || 充满了 | 失望和绝望。【形容词构成的联合词组】

⑲ 我 || 赞成 | 去德国慕尼黑大学留学。【连谓词组】

⑳ 班长 || 通知 | 在 3201 教室开班会。【状中词组】

㉑ 父亲 || 建议 | 他学习人工智能技术。【主谓词组】

㉒ 下课后咱们 || 再继续 | 讨论这个问题吧。【述宾词组】

我们在第二章第四节讲及物动词，有一部分是带谓词性宾语的及物动词，也称谓宾动词。这些谓宾动词从意义上看，主要可分为三类：

（1）表示心理或感知活动的动词，如“喜欢、爱、讨厌、希望、后悔、相信、看见、发现、认为、觉得、估计、打算、同意、赞成、反对”等。

（2）表示言谈或告知活动的动词，如“通知、问、说、告诉、建议、研究、讨论”等。

（3）表示动作行为起止的动词，如“继续、开始、停止、进行”等。

三、双宾语句

有的述语动词后面可以有两个宾语，这样的句子就叫双宾语句。如：

㉓ 生日的时候我 || 送 | 朋友 一辆自行车。

㉔ 学校 || 奖励 | 她 两千元奖金。

在双宾语句中，**离述语动词近的宾语并不直接受动词的支配，一般叫间接宾语，又称近宾语**。近宾语主要由名词或代词充当，如例㉓的“朋友”和例㉔的“她”。**离述语动词远的宾语直接受动词的支配，叫直接宾语，又称远宾语**。远宾语可以由名词或名词性词组充当，如例㉓㉔的“一辆自行车”和“两千元奖金”，也可以由谓词性词组充当。如：

㉕ 你 || 教 | 他 怎样处理类似的问题。【述宾词组】

㉖ 班长 || 通知 | 我们 去二楼会议室听讲座。【连谓词组】

㉗ 妈妈 || 告诉 | 我 奶奶来了。【主谓词组】

按照述语动词的意义特点，双宾语句可以分为以下五类。

(一)“给予”类双宾语句

远宾语是所给的事物，近宾语则是事物的接受者，往往是指人的名词或代词。动词都是表示“给予”义的，主要有“给、送、赠、奖励、教、派、卖、还、付、赔、输、分配”等，并且后面常常可以添加介词“给”。

㉘ 邻居||赔|我们家孩子 一个新玩具。→ 邻居||赔给|我们家孩子 一个新玩具。

㉙ 老师||教|我们 很多知识。→ 老师||教给|我们 很多知识。

㉚ 公司||捐|福利院 一辆汽车。→公司||捐给|福利院 一辆汽车。

(二)“取得”类双宾语句

远宾语是所获得的事物，近宾语和远宾语之间往往在意义上有领属关系，近宾语是指人的代词或名词。动词都是表示“取得”义的，主要有“买、拿、罚、收、骗、偷、抢、赢”等。如：

㉛ 我||买了|朋友 那辆捷达车。

【相当于：我买了朋友的捷达车。】

㉜ 谁||拿了|我 那张猴年的邮票?

【相当于：谁拿走了我的猴年邮票?】

“取得”类双宾语句，述语动词后不能添加介词“给”，否则意义会发生改变：

㉛′* 我||买给了|朋友 那辆捷达车。

【如果可说相当于：我买了捷达车给朋友的。】

㉜′* 谁||拿给了|我 那张猴年邮票?

【如果可说相当于：谁拿猴年邮票给我了?】

另外“租、借”等动词既表示给予，又表示取得，有时会产生歧义。如：

㉝ 小张||借|我 一千块。→小张||借给|我 一千块。

→小张||借了|我的一千块。

㉞ 同事||租|她 一套二居室房子。→同事||租给|她 一套二居室房子。
→同事||租了|她的一套二居室房子。

(三)“称呼”类双宾语句

远宾语是近宾语的某种属性、称号等，近宾语可以是人，也可以是事物。动词都是表示“称呼”义的，主要有“叫、称、唤、当、骂、喊”等。

㉟ 小胜||喊|我 二叔。

㊱ 我们||称|这种现象 静电。

近宾语和远宾语之间还可添加“为、做、是”等动词，不过添加后就变成兼语句，不是双宾语句了。如：

㉟′ 小胜||喊我是二叔。

㊱′ 我们||称这种现象为静电。

其中“当、叫、喊”不表示“称呼”义时，句子不是双宾语。如：

㊲ 我||当|你最好的朋友。

【“当”是“成为”的意思，句子相当于：我成为你的最好的朋友。】

㊳ 小胜||叫（喊）|我二叔。

【“叫、喊”是“呼叫、呼喊”的意思，句子相当于：小胜叫（喊）我的二叔。】

(四)“告知”类双宾语句

近宾语往往是指人的名词或代词，远宾语是所告知的内容、信息。动词主要有“问、告诉、嘱咐、回答、答复、报告、打听、请教、通知”等。如：

㊴ 妈妈||嘱咐|孩子 下学后按时回家。

㊵ 他||回答了|评委 很多问题。

"告知"类双宾语句中，有些动词类似于"给予"义，有些类似于"取得"义。如：

㊶ 老师||通知|我们 考试地点。

【相当于：老师给予我们关于考试地点的信息。】

㊷ 我||打听|您 一件事儿。

【相当于：我从您那儿取得关于一件事儿的信息。】

(五)"放置"类双宾语句

远宾语是所放置的事物，近宾语是处所，是远宾语最后到达或附着的处所。动词都是表示"放置"义的，主要有"摆、放、堆、搁、插、晾、晒、倒(dào)、存、扔、吐"等。

㊸ 父母||存|银行 一笔养老金。

【相当于：养老金存在银行里。】

㊹ 孩子||吐|妈妈身上 一口奶。

【相当于：奶吐到妈妈身上。】

综上所述，我们把双宾语句的类型进行整理如表 5-2 所示。

表 5-2　双宾语句类型小结

	类型	主语	述语	近宾语（间接宾语）	远宾语（直接宾语）
双宾语句	"给予"类	学校	奖励	她	两千元奖金
	"取得"类	她	买下	朋友	一套房子
	"称呼"类	孩子	叫	小丽	姐姐
	"告知"类	老师	通知	我们	下周考试
	"放置"类	奶奶	挂	墙上	很多照片

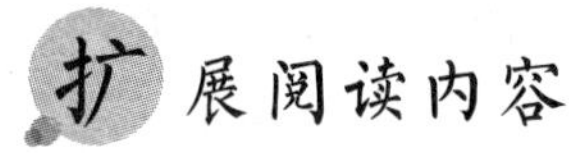

宾语的语义类型

主语和谓语之间存在多种语义关系，述语和宾语之间也同样存在多种语义关系。根据与述语不同的语义关系，宾语也可以分为三大种类型。

一、受事宾语

宾语表示承受动作、行为的客体，即受事。主语、述语动词和宾语之间的语义关系为“施事＋动作＋受事”。这是宾语最常见的语义类型和语义关系。动词一般是动作动词或心理动词。如：

① 在新疆的旅途中她||写满了|一整本旅行日记。

【宾语是表事物的定中词组，述语动词是动作动词，主语是表人的代词。】

② 大风||吹倒了|院子里的一棵树。

【宾语是表事物的定中词组，述语动词是动作动词，主语是有影响作用的自然现象。】

③ 妹妹||特别喜欢|男演员胡歌。

【宾语是表人的复指词组，述语动词是心理动词，主语是表人的名词。】

④ 他||在国外很思念|家人和家乡的饭菜。

【宾语是表人和物的联合词组，述语动词是心理动词，主语是表人的代词。】

我们在第二章第四节动词部分讲及物动词时，说及物动词是可带宾语的动词，但准确来说，**及物动词是能带受事宾语的动词**。

二、施事宾语

宾语也可以是表示发出动作、行为的主体，即施事。但这种情况的句子并不太多，主要出现在存现句[1]、数量分配句式[2]。动词往往是不及物动作动词，多数表示存在、出现、消失、姿态等。主语多数表示处所。如：

⑤ 门口 || 站着 | 两个保安。

【宾语是表人的定中词组，述语动词表示存在的姿态动词，主语是方位词组。】

⑥ 拐弯处 || 突然跑出来 | 一条狗。

【宾语是表动物的定中词组，述语是表示出现的中补词组，主语是表处所的定中词组。】

⑦ 去年这条河 || 淹死了 | 一个男孩。

【宾语是表人的定中词组，述语是表示消失的中补词组，主语是表处所的定中词组。】

⑧ 外面 || 刮 | 大风了。

【宾语是自然现象，述语动词是动作动词，主语是方位词组。】

⑨ 一张桌子 || 最多坐 | 十二个人。

【宾语是表人的定中词组，述语动词是表存在的姿态动词，主语是表处所的定中词组。】

三、中性宾语

宾语表示非施事、非受事的人或事物，和述语动词之间呈现多种语义关系。述语动词多数是及物的动作动词。主语也因此表现出多种语义类型。如：

⑩ 我们 || 经常吃 | 楼下的那家炸酱面馆。

【宾语表示动作的处所，述语动词是动作动词，主语是施事。】

① 存现句是指某个处所存在或出现、消失某个人或事物的句子，一般由“处所词/方位词组+动词（了、着）+人或事物”组成。我们将在第六章再进一步讲解。

② 数量分配句式指由“数量词组+动词+数量词组”构成的句子，如“一间教室摆四十张桌椅、一桌饭吃十个人、一匹马骑两个人”，常常表示多少人分配了多少东西，或者某个/些处所容纳多少人或多少东西。这种句式的特点是主语和宾语的位置可以互换，可以说“四十张桌椅摆一间教室、十个人吃一桌饭、两个人骑一匹马”。

⑪ 56度的白酒||还是喝|小杯吧。

【宾语表示动作的工具，述语动词是动作动词，主语是受事。】

⑫ 这份文件||寄|加急快递。

【宾语表示动作的方式，述语动词是动作动词，主语是受事。】

⑬ 明年他们俩||都考|北大研究生。

【宾语表示行为的目的，述语动词是动作动词，主语是施事。】

⑭ 李杰||是|新加坡华人。

【宾语是判断的类别，述语动词是关系动词，主语是当事。】

⑮ 孩子们||度过了|一个快乐的暑假。

【宾语表示动作的时间，述语动词是动作动词，主语是施事。】

⑯ 我||听说|王芳从法国留学回来了。

【宾语表示内容，述语动词是动作动词，主语是施事。】

汉语的宾语和述语的语义关系是非常丰富的，有的宾语语义类型在其他语言中需要用介词或助词引导才能和动词组合在一起，但在汉语中则可以直接放在动词中，如“工具宾语、处所宾语”等。

【复习与练习（十六）】

第三节　定语和状语

学习要点

• 了解定语和状语的成分构成

• 掌握定语标记“的”和状语标记“地”的使用规律

• 熟悉多层定语和多层状语的排列规律

• 能够划分多层定语、多层状语的层次

一、定语

定语是修饰成分，修饰或限制名词或名词性词组，经常出现在主语、宾语中。

（一）定语的构成

1. 定语可以由实词构成

如（定语用圆括号“（　）”进行标记）：

①（衣服）的颜色||不太好看。　　【普通名词】

② 这||是|（去年）的照片。　　【时间名词】

③ 我||带了|（北京）特产。【处所名词、专有名词】

④（左边）座位||空出来。【方位名词】

其中，名词是做定语能力最强的，其次是形容词，包括性质形容词、状态形容词和区别词，区别词的主要功能就是做定语。如：

⑤（美好）的东西||总是瞬间而逝。【性质形容词】

⑥ 远处||全是|（黄灿灿）的稻田。【状态形容词】

⑦ 这只||是|（公）猫，那只||是|（母）猫。【区别词】

代词中人称代词和指示代词也经常做定语，疑问代词做定语的主要是"谁"和"什么"。如：

⑧（我们）班主任||是|张老师。【人称代词】

⑨（这）地方||我来过几次了。【指示代词】

⑩ 你||在看|（什么）书呢？【疑问代词】

动词也可以做定语，但必须加上"的"。如：

⑪（喜欢的）玩偶||都摆在第一层。

⑫（签订的）合同||他们终于协商定了。

注意：如果没有"的"，"喜欢玩偶、签订合同"就会变成述宾词组。

2. 几乎各类词组也可以充当定语

如（为了看清楚定语的词组类型，这里标记时暂时将"的"排除在圆括号"（ ）"以外）：

⑬ 这两排||都是|（语言和文学）的书籍。【联合词组】

⑭ 她||穿了|（妈妈织）的毛衣。【主谓词组】

⑮（做报告）的嘉宾||是|从中国人民大学邀请来的。【述宾词组】

⑯ 孩子||想吃|（炖得烂烂）的排骨。【中补词组】

⑰（即将到站）的列车||是|D106次。【状中词组】

⑱ 她||是|（我哥哥）的同学。【定中词组】

⑲ 我||已经给了|你（三次）机会。【量词词组】

⑳（桌子上）的文件||不要动。【方位词组】

㉑ 孩子||露出|（花儿一般）的笑容。【比况词组】

㉒ 你||跟父母谈过|（出国留学）的计划吗？【连谓词组】

㉓（安排她当销售经理）的人||是|公司董事长。【兼语词组】

（二）定语和结构助词“的”

我们在第三章“助词”那节已经讲到结构助词“的”是定语的标记。那么定语和中心语之间什么时候带“的”，什么时候不带“的”呢？这是一个比较复杂的问题，但是其中也仍然有一些规律，如：

1. 除量词词组外，其他词组做定语都必须带“的”

如上面的例子，除例⑲是量词词组做定语不带“的”外，其余的例⑬—例㉓其他词组做定语都带“的”。

2. 动词做定语，一般情况下都要带“的”，特别是单音节动词做定语。一些双音节动词（包括兼名词的双音节动词），当所修饰的中心语不是承受动作的客体（受事）时，可以不带“的”做定语

如：

㉔（吃的）东西||都准备好了。

【不能说：*吃东西都准备好了。】

㉕（生产的）葡萄酒销往世界各地。

【不能说：*生产葡萄酒销往世界各地。这样“生产葡萄酒”会被理解为述宾词组，句子变成连谓句，“生产葡萄酒，然后销往世界各地”，句义发生改变。】

㉖（生产）原料||都运到厂里了。

【可以不带“的”，因为“原料”可以理解为“生产所用”的，不是“生产”的客体，不会引起误解。】

㉗ 机器||筛选|（压榨的）花生。

【不能说：* 机器筛选压榨花生。这样“压榨”和“筛选”并被理解为联合词组，一起做“花生”的述语，句义会变成“机器筛选并压榨花生”。】

㉘ 这些||是|（压榨）花生油。

【可以不带“的”，因为“花生油”是“压榨”出来的结果，不是“压榨”的客体，不会造成误解。】

3. 形容词做定语时，首先要看是哪类形容词，状态形容词必须带“的”，区别词不需要带“的”。性质形容词其次看单音节还是双音节，双音节性质形容词要带“的”，单音节性质形容词一般不带“的”，但重叠之后需要带“的”

如：

㉙（冰冷的）雨点||打在脸上。

【状态形容词，不能说“* 冰冷雨点”。】

㉚ 这||是|（中式）建筑。

【区别词，不用说“中式的建筑”，除非强调“中式”。】

㉛（短）裙||更适合|你的风格。

【单音节性质形容词，不说“* 短的裙”。】

㉜ 我||不喜欢|（复杂的）图案。

【双音节性质形容词，不说“* 复杂图案”。】

㉝（红红的）灯笼||挂起来了。

【单音节性质形容词重叠，不说“红红灯笼”。】

4. 名词做定语，带不带“的”情况比较复杂。名词表示中心语的质地、用途、属性等，具有对中心语分类的作用，不用带“的”；表示时间、处所，一般要带“的”

如：

㉞ 我||买了|一套（玻璃）酒杯。

【表示酒杯的质地，不用说“玻璃的酒杯”，除非强调“玻璃”。】

㉟ 她||为了婚礼精心挑选了|一件（晚宴）礼服。

【表示礼服的用途，不能说“*晚宴的礼服”。】

㊱ 龙||是|中华民族的（文化）符号。

【表示符号的属性，不能说“*文化的符号”。】

㊲ 我||买了|（上午的）票。

【表示时间，不能说“*上午票”。】

㊳（北京的）道路||修得越来越方便。

【表示处所，不能说“*北京道路”。】

注意：有些名词做相同中心语的定语时，既可以带“的”，也可以不带“的”，但是意思会不同。

㊴（北京）姑娘||说话做事都很干脆。

【“北京”表示籍贯，根据籍贯对人进行分类。】

㊵（北京）的姑娘||穿着打扮越来越时髦了。

【“北京”表示处所，指在北京这个城市范围生活、工作的女性，籍贯不一定都是北京。】

5. 代词作定语，一般表示领属关。表示亲属等关系亲近的人，不用带“的”，关系远的人，带“的”；领属的事物，一般带“的”，但如果领属的事物是大家都熟知的，不用带“的”。不管是人还是物，当强调领属关系时，需要带“的”

如：

㊶（我）爸爸||昨天来学校看我了。

【不用说“我的爸爸”。】

㊷ 他||是|（我的）司机。

【不说“我司机”，除非说话人认为和司机的关系很亲近。】

㊸ 谁||看见|（我）自行车了？

【大家都知道“我自行车”是什么样子。】

㊹（我的）自行车||是|红色的。

【大家还不知道“我的自行车”什么样子。】

㊺ 她||是|（我）女朋友。

【不带“的”，说明“我”和“女朋友”的关系亲密。】

㊻ 她||是|（我的）女朋友。

【带“的”，强调“她”和“我”之间的关系。】

（三）多层定语

中心语的定语可以不止一个，如上面举过的例㉟“一件晚宴礼服”中“一件、晚宴”都是中心语“礼服”的定语，这样就存在定语排序的问题。从构成定语的词语性质来看，一般有以下几条规律：

1. 除量词词组外，带“的”的定语都要放在不带“的”的定语前面

如：

㊼ 他||娶了|（一个）（**漂亮的**）（北京）姑娘。

㊽ 这||是|（**刚买的**）（玻璃）酒杯。

2. 如果都是不带“的”的定语，那么一般为：领属性定语>量词词组>形容词定语>动词定语/名词定语

如：

㊾ 你||看见|（我）（那双）（旧）（篮球）鞋了吗?

【“我”代词（表示领属关系）、“那双”量词词组、“旧”形容词、“篮球”名词做定语。】

㊿ 我们||可以借一下|（小王）（这辆）（老款）（越野）车。

【“小王”指人名词（表示领属关系）、“这辆”量词词组、“老款”区别词、“越野”动词做定语。】

3. 如果是有几项带“的”的定语，那么语序一般是① 领属性词语（谁的）>② 表示时间或处所的词语（什么时候、什么地方）>③ 量词词组（多少）>④ 动词性词组（怎么样的）>⑤ 形容词或形容词词组（什么样的）>⑥名词（什么，表示属性、类别等）

如：

⑤1（你）（客厅的）（那盏）（亮闪闪的）（水晶）灯||是|在哪家店买的？

① ② ③ ⑤ ⑥

⑤2（那个）（咱们早上在食堂门口看见的）（高高瘦瘦的）（外国）小伙儿||来找你了。

③ ④ ⑤ ⑥

多层定语排列的一般规律可以简化为：**定语跟中心词的语义关系越密切，就越靠近中心语**。如例⑤1"水晶"是"灯"的质地材料，来区别这种灯与其他灯，是"灯"固有的属性；"亮闪闪"是形容"水晶灯"的状态，可能在不开灯的情况下，"亮闪闪"的样子就会消失，所以这是临时的状态；至于领属者"你"和处所"客厅"则和"灯"更加疏远，因为"灯"也可以属于其他人，也可以挂在其他位置，所以形式上离得更远。

汉语多层定语的顺序也不是完全固定的，也有一定的灵活性，这往往和说话人要强调什么有关系。如例⑤2量词词组"那个"可以有多个位置：

⑤3（咱们早上在食堂门口看见的）（那个）（高高瘦瘦的）（外国）小伙儿||来找你了。

【更强调认识"外国小伙儿"的方式，在什么时间什么地点遇到的。】

⑤4（咱们早上在食堂门口看见的）（高高瘦瘦的）（那个）（外国）小伙儿||来找你了。

【除了强调认识的方式，还强调了"外国小伙儿"的外貌特征。】

（四）定语的层次

我们在上面分析多层定语时，一直采取划线法的方式，即用圆括号"（）"的方式标记定语。但是这样的方法会被误以为多层定语是以并列的方式修饰中心语。其实不是这样，多层定语修饰中心语是有层次的。下面我们用第四章第二节讲过的"层次分析法"来分析一下多层定语。为简略起见，我们只分析上面所举例子中由定中词组构成的主语或宾语部分。

我们从简单一点儿的多层定语开始分析，先把最远的定语切分出来，然后逐次切分。如：

⑤ a. 一个　漂亮的　北京　姑娘

定　　　　中

　　定　　　中

　　　　　定　　中

为什么不用下面例 b 这种方式切分呢？

*b. 一个　漂亮的　北京　姑娘

　　　　定　　　　　中

定　　中　　定　　中

是因为“一个”与“漂亮的”“北京”之间无法构成联合词组的关系，它们彼此都不是相同词性的短语。如下面的定中词组，定语就是由联合词组构成的。如：

56 漂亮　大方　的　姑娘

　　定　　　　　中

联　　合

我们再来分析稍微复杂一点儿的定语。如：

57 小王　这辆　老款　越野　车

定　　　　中

　　定　　　　中

　　　　定　　　中

　　　　　　定　　中

我们最后来分析一下复杂的定语。如：

⑱ 那个 咱们 早上 在 食堂门口 看见 的 高高瘦瘦的 外国 小伙儿

定 中

定 中

主 谓 定 中

状 中 定 中

状 中

我们注意定中词组本身也可以再做定语，切分层次时，要分清楚哪个定语修饰哪个中心语。如：

⑲ a. 我 哥哥 的 同学

定 中

定 中

*b. 我 哥哥 的 同学

定 中

定 中

例⑲a 的切分是正确的，b 是错误的。因为“同学”不是“我”的同学，“我”和“同学”之间没有领属关系，“我”只和“哥哥”存在领属关系。如果按照 b 的方式切分，就会理解为“我”和“同学”之间有领属关系。

二、状语

定语和状语都是修饰语，不同的是，**状语修饰动词、形容词或谓词性词组，主要出现在谓语中，或者做整个句子的状语。**

（一）状语的构成

1. 充当状语的词主要包括副词、时间名词、处所名词、形容词（特别是状态形容词和双音节性质形容词）、拟声词

状语用划线法标记时，一般用方括号“［］”。

副词都能做状语。汉语副词的语法功能就是做状语，部分情态副词还可以做句子的状语。如：

⑥⓪ 作业 || ［已经］做了。

【“已经”时间副词。】

⑥① 小李 || ［最近］［总是］迟到。

【“总是”频率副词，“最近”时间名词。】

⑥② 教室 || ［非常］整洁。

【“非常”程度副词。】

⑥③［居然］他 || ［没］参加 | （新生）联欢会。

【“居然”语气副词，“没”否定副词。】

时间名词在主语后面时，做谓语中的状语；在主语前面时，做整个句子的状语。处所名词一般放在主语后，做谓语中的状语。如：

⑥④［过去］北京 || ［也］叫 | 北平。/ 北京 || ［过去］［也］叫 | 北平。

【“过去”时间名词。】

⑥⑤ 咱们 || ［咖啡馆］见吧。

【“咖啡馆”处所名词。】

一部分形容词可以做状语，能做状语的形容词多数是状态形容词和双音节性质形容词。部分单音节形容词可以直接做状语，但更多的是以形容词词组的方式做状语。如：

⑥⑥ 大家 || ［仔细］观察 | （这个铜鼎的）底部。

【“仔细”双音节性质形容词。】

⑥⑦ 车子 || ［慢悠悠］| 开过来。

【“慢悠悠”状态形容词。】

⑥⑧ 你 || ［快］说啊！

【“快”单音节性质形容词。】

⑥⑨ 你 || ［慢慢］说。/ 你 || ［慢点儿］说。

【“慢慢”重叠形式，“慢点儿”中补词组。】

拟声词也可以做状语。如：

⑦⓪ 外面‖[呼呼地]刮着|大风。

【"呼呼"模仿大风刮的声音。】

⑦① 他‖[扑通][就]跳了下来。

【"扑通"一般模仿跳进水里的声音。】

代词中"怎样、怎么、多么"也可以做状语。如：

⑦② "窈窕"这两个字‖[怎么]读啊?

⑦③ 你瞧，这个金瓶‖[多么]精致啊!

2. 介词词组、部分量词词组（主要由动量词构成或重叠的量词词组）和比况词组也经常做状语

介词词组主要功能之一就是做状语。介词短语做状语可以表示时间、处所、工具、材料或引进比较对象、引进与动作行为相关的施事、受事等。

⑦④ (国庆)假期‖[从1号]开始。

【表示时间。】

⑦⑤ 我‖[在东区饭馆]吃了|早饭。

【表示处所。】

⑦⑥ 他‖[用竹子和草]搭起了|(一个)(简易)小屋。

【表示材料。】

⑦⑦ 今年夏天‖[比去年]热多了。

【引入比较对象。】

⑦⑧ 她‖[被网络骗子]骗去了|5万块钱。

【引入施事。】

⑦⑨ (我)同学‖[在国外][不小心][把护照]丢了。

【"在国外"表示处所，"把护照"引入受事。】

介词词组也可以做句子的状语。如：

⑧⓪ [关于你的提案]，主席团‖讨论并通过了。

⑧① [根据调查走访的结果]，警察‖[最终]锁定了|犯罪嫌疑人。

比况词组可以做谓语中的状语，也可以做句子的状语。

⑧② [如雕像一般]，他 || [一直] 静默着。

⑧③ 她 || [像阵风似的] 跑了进来。

由动量词构成的量词词组一般做谓语中的状语。如：

⑧④ 妈妈 || [一巴掌] 打醒了 | 他。

⑧⑤ (成批的) 货物 || [一箱一箱地] 搬上 | 船。

另外，由形容词或动词构成的联合词组也可以做状语。如：

⑧⑥ 孩子们 || [连蹦带跳地] 做着课间操。

⑧⑦ 他们小组 || [又快又好地] 完成了 | (布置的) 任务。

3. 成语、惯用语等固定词组也可以做状语

如：

⑧⑧ 同学们 || [聚精会神地] 听着 | 讲座。

⑧⑨ 敌人 || [屁滚尿流地] 被打跑了。

(二) 状语和助词“地”

助词“地”是状语的标记，但是状语后带不带“地”也是个复杂的问题，不过也存在一定的规律。

1. 单音节副词、单音节形容词、时间名词、处所名词、代词、介词短语做状语时，不带“地”

具体如上面的例⑥④⑥⑤⑥⑧以及例⑦②至例⑦⑨。

2. 要带“地”做状语的情况比较少，主要是联合词组、固定词组、形容词的重叠形式以及部分双音节形容词

如上例⑧⑥⑧⑦，又如：

⑨⓪ 那人 || [慌慌张张地] 溜了出去。

⑨① 爸爸 || [得意地] [向邻居] 炫耀着 | 儿子的奖状。

3. 很多双音节副词、双音词形容词做状语，可带“地”也可不带“地”。但加了“地”后描写的意思更明显一些

如：

⑫ 妈妈||［特别地］叮嘱了|我们。/ 妈妈||［特别］叮嘱了|我们。

⑬ 我||［仔细地］检查了一遍。/ 我||［仔细］检查了一遍。

4. “程度副词＋单音节形容词”可带可不带“地”，“程度副词＋双音节形容词”一般要带“地”

如：

⑭ 他||［很快地］抄写下来。/他［很快］抄写下来。

⑮ 他||［很认真地］抄写下来。/* 他很认真抄写下来。

总之，做状语的词语或词组并不一定带“地”，但带了“地”的一定是状语。

（三）多层状语

和定语一样，谓语中心语也可有不止一个状语。如上面的例⑪“得意地向邻居炫耀”就有两个状语“得意地”和“向邻居”。这也涉及状语排序的问题，不过和多层定语相比，多层状语的数量要少一些。

多层状语的一般语序是：① **表示目的、原因或根由的介词词组**＞② **表示时间、处所的名词或介词词组**＞③ **副词（语气、范围、频度、否定）**＞④ **表示关涉对象的介词词组**＞⑤ **描写动作方式、动作者情态的副词或形容词词组**＞⑥ **表示数量**。如：

⑯ 工作人员||［为了节省时间］［昨天］［在入口处］［确实］［没］［对参观的人们］［一一］进行|证件检查。

（①［为了节省时间］ ②［昨天］ ②［在入口处］ ③［确实］ ③［没］ ④［对参观的人们］ ⑤［一一］）

⑰ 这些事情||［似乎］［已经］［被人们］［慢慢地］［一件一件地］淡忘了。

（③［似乎］ ③［已经］ ④［被人们］ ⑤［慢慢地］ ⑥［一件一件地］）

但这个语序不是固定的，相对来说，**状语的语序要更加灵活一些**。如表示

处所、方向、路线的介词短语和表示动作方式、动作者情态的副词或形容词词组，彼此的位置可以互换。但是语义重点不同，**越靠近谓语中心语的状语，越是语义表达的重心**。如：

⑱ a. [上课的时候] 他 || [从教室后门] [**偷偷**] 溜出去了。
②　②　⑤

b. [上课的时候] 他 || [偷偷] [**从教室后门**] 溜出去了。
②　⑤　②

⑲ a. [周末] 我 || [在家] [**舒舒服服地**] 休息了一整天。
②　②　⑤

b. [周末] 我 || [舒舒服服地] [**在家**] 休息了一整天。
②　⑤　②

有多个描写动作方式、动作者情态的状语一起出现时，一般音节多的放在音节少的前面。如：

⑳ 一到上海，他们几个 || [就] [**马不停蹄地**] [**直**] 奔 | 迪斯尼乐园。

⑳ [论文写完了以后]，你 || [再] [**一行一行**] [**仔细**] 检查。

(四) 状语的层次

我们在上面分析每个句子的状语时，一直采用划线法以“[]”的方式标记状语。同样这种方法会被误以为多层状语是以并列的方式修饰谓语中心语。其实多层状语修饰中心语也是有层次的。我们仍用层次分析法来进行分析。

首先要区别状语是句子的状语还是谓语中的状语，如果是句子的状语，首先要将它划分出去。如例⑲（为简便起见，状语内部不再做层次分析）：

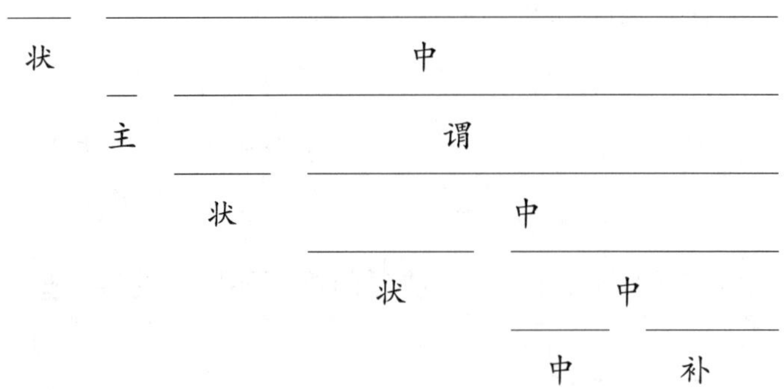

对于谓语中的状语，则先把最远的状语切分出去，然后逐次切分。如上面的例⑨（为简便起见，状语内部不再做层次分析）：

⑨′这些事情 似乎 已经 被 人们 慢慢地 一件一件地 淡忘了。

主 谓

状 中

状 中

状 中

状 中

状 中

注意要区分联合词组做状语的情况。如：

⑩ 老师 耐心、认真地 听取了 同学们的 意见。

主 谓

状 中

联 合 述 宾

定 中

⑩ 你 这么 做 对 自己、对 别人 都 没有 好处。

主 谓

主 谓 状 中

状 中 联 合 状 中

介 词 介 词 述 宾

扩展阅读内容

定语和状语的语义类型

一、定语的语义类型

定语和中心语在语义上的联系是多种多样的。一般它们之间有以下这些联系：

（一）定语表示中心语的性质

① 这‖［只］是｜（我的）（粗浅）想法。

② （传统）文化‖［潜移默化地］影响着‖每个人。

（二）定语表示中心语现在的状态

③ （这）孩子‖长着｜（一双）（大大的）眼睛。

④ （饿了两天的）狮子‖［迫不及待地］寻找着｜猎物。

（三）定语和中心语之间有领属关系

⑤ 这些‖［都］是｜（教工）宿舍。

⑥ （上衣的）扣子‖掉了｜一颗。

（四）定语表示中心语的质地或使用的材料

⑦ （他们）家‖［全］是｜（原木）家具。

⑧ 炖汤‖［就］用｜（这个）（陶瓷）锅吧。

（五）定语表示中心语的用途

⑨ 妈妈‖买来了｜（一些）（包书的）纸。

⑩ （每层）楼‖［都］配备了｜（灭火）设备。

（六）定语表示中心语的数量

⑪ 我们 || ［一共］看了 | （三场）演出。

⑫ 脑子里 || ［突然］萌发了 | （一个）（奇怪的）念头。

（七）定语表示中心语所在的处所或时间

⑬（山上的）果树 || ［都］成熟了。

⑭（今年的）（小麦）产量 || ［比去年］增加了12%。

（八）定语表示中心语的内容

⑮ 办公室 || ［刚刚］贴出了 | （关于申请北京市奖学金的）通知。

⑯（他们小两口吵架的）事儿 || 你也管啊？

（九）定语表示跟中心语相关的行为

⑰（正在做报告的）嘉宾 || 是 | （一位）（知名）教授。

⑱（妈妈寄给我的）衣服 || ［已经］收到了。

二、状语的语义类型

根据与中心语的语义关系，状语也可以分为多种语义类型：

（一）状语表示谓语中心语的原因、目的或根由

⑲ 咱们 || ［还是］［按以前的合同］发 | 货。

⑳ 你 | ［别］［因为这事］［老］埋怨 | 他。

（二）状语表示谓语中心语的时间、处所、方向、路径

㉑ 院长 || ［现在］［在二层会议室］开会。

㉒ 那辆车 || ［朝北］［沿着河边］开走了。

(三) 状语表示说话人或动作主体(施事)的语气、态度

㉓(华为手机)(拍照)功能||[确实]不错。

㉔他||[硬是][冒着生命危险]救下了|(落水的)孩子。

(四) 状语表示涉及的范围或动作的频度

㉕(这些文件夹里的)文件||[都]恢复了。

㉖[小时候]我||[常常][跟着奶奶][一起]包|粽子。

(五) 状语表示否定

㉗你||[别]想|(那些)(烦心的)事情了。

㉘[这些天](全班)同学||[都][没]迟到、[没]旷课。

(六) 状语表示动作关涉的对象

㉙[关于学院的人事安排],组织部||开展了|(调研)工作。

㉚(海关)人员||[对船上的货物]进行了|(仔细的)检查。

(七) 状语表示动作方式或动作者的情状

㉛孩子们||[放学后][高高兴兴地]回家了。

㉜她们俩||[耳对耳地][互相]说着|悄悄话。

(八) 状语表示数量

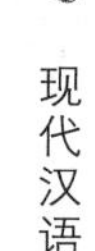

㉝军人们||[每天早上][都][围着操场][一圈一圈地]跑步、训练。

㉞(这些)货物||[都][一箱箱]检查了。

(九) 状语表示程度

㉟(那位)(一头银发的)老妇人||[特别]优雅。

㊱ 我||感觉|［有点儿］累了。

需要提醒的是，状语在语法上都是修饰谓语中心语或者整个句子，但在语义上，它有时却与主语或宾语有着语义联系，即语义上指向主语或宾语，而不是指向谓语中心语。如：

㊲ 运动员||［充满自信地］站在领奖台上。

【“充满自信”语义指向主语“运动员”】

㊳ 老板||［给我］［浓浓地］冲了|（一杯）咖啡。

【“浓浓”语义指向宾语“一杯咖啡”】

【复习与练习（十七）】

第四节　补　　语

学习要点

· 掌握补语的类型，并了解各类补语构成的特点

· 熟悉多层补语的排列规律，能够划分补语的层次

· 掌握动词带补语又带宾语时的语序规律

补语位于动词、形容词的后面，用来补充谓语中心语，表示结果、趋向、程度等语法意义。补语的中心语往往是单个儿的动词和形容词，即单个儿的动词、形容词才能带补语。如（中心语下面用“·”标记，补语用尖括号“〈〉”标出来）：

① 你||［把那个椅子］抬〈出去〉。

【“抬”动词，“出去”是补语，表示趋向。】

② 听到这个消息，他||高兴得〈跳了起来〉了。

【“高兴”形容词，“跳了起来”是补语。】

③（那）孩子||机灵得〈不得了〉。

【“机灵”形容词，“不得了”是补语，表示程度。】

由单个动词或形容词构成的联合词组，也可以带补语，但是使用不

多。如：

④ 老师||［把问题］分析、说明得〈很清楚〉。

【“分析、说明”动词构成的联合词组。】

⑤（她的）房间||整齐、干净得〈没法形容〉。

【“整齐、干净”形容词构成的联合词组。】

一、补语的类型和构成

补语是对中心语从不同角度进行补充、说明。根据说明的角度和补语的构成可以把汉语的补语分成七小类，如表 5-3 所示。

表 5-3　汉语补语类型及构成表

	类型	是否带“得”	补语的构成	例句
补语	结果补语	不带“得”	单个儿动词或形容词	杯子摔**碎**了。/衣服洗**干净**了。
	趋向补语	不带“得”	趋向动词	我们走**回**家。/抬**起**头**来**。
	可能补语	肯定式带“得” 否定式不带“得”	单个儿动词或形容词	一个人搬**得动**吗？/我看**不清楚**黑板上的字。
	程度补语	一部分带“得” 一部分不带“得”	单个儿形容词、动词和个别副词	天气热**得慌**。/快累**死**了。/中餐好吃**极**了。
	情态补语	必须带“得”	动词或动词性词组、形容词或形容词性词组	她气**得跳脚**。/文章写**得很生动**。
	数量补语	不带“得”	动量词或时量词构成的量词词组	香港我去过**两次**。/大家再等**一会儿**。
	时地补语	不带“得”	介词词组	这本书写**于 1902 年**。/衣服晾**在阳台**了。

（一）结果补语

结果补语补充说明动作行为产生的结果，一般由单个儿的形容词和少数动词充当，和中心语之间结合得比较紧密，中间没有“得”。如：

⑥（大红的）灯笼||挂〈满〉了|（街道）两旁。　　【形容词做补语】

⑦ 同学们‖［全部］回答〈正确〉。　　【形容词做补语】

⑧（琉璃）花瓶‖［不小心］［被弟弟］打〈碎〉了。　　【动词做补语】

⑨（这套）家具‖［用黄梨木］做〈成〉的。　　【动词做补语】

带结果补语的中心语一般是动词，少数单音节的形容词，如表示身体感受的“热、饿、累”也可做中心语带结果补语，但做补语的只限于“死、病、垮”少数单音节动词。如：

⑩［去年］（加拿大）（罕见的）高温‖热〈死〉了｜七十多人。

⑪（多年的）劳碌‖［把她的身体］［也］累〈垮〉了。

结果补语的否定形式，是添加“没（有）”的方式，或者放在中补词组前，有“被”字介词词组或“把”字介词词组的话，则放在“被”“把”的前面。如：

⑫ 同学们‖［全部］［没有］回答〈正确〉。

⑬（多年的）劳碌‖［没］［把她的身体］累〈垮〉。

（二）趋向补语

趋向补语其实是一类特殊的结果补语。和结果补语一样，趋向补语和中心语之间结合紧密，不用“得”进行连接，但补语只限趋向动词充当。

趋向补语表示的意义有两种：

1. 表示事物实际的运动、位移的走向，这时做中心语的成分只限于动作动词

如：

⑭ 仪仗队‖［正］［大步］［向我们］走〈来〉。

⑮（这些）（没用的）盒子‖扔〈出去〉吧。

⑯ 孩子‖拣〈起〉｜地上的空瓶子，［把它］丢〈进〉垃圾箱〈去〉。

⑰ 你‖［把椅子］搬〈过来〉，我‖踩〈上去〉，［把书柜顶上的箱子］取〈下来〉。

2. 在表示趋向义的基础上发展出来的引申义，表示某种动作行为或性质状态的变化。这时，做中心语的可以不只是动作动词，还可以是形容词

(1)"上"表示动作行为的完成。如：

⑱［直到两点］我||［才］吃〈上〉|午饭。

【相当于：吃到】

⑲ 花了三天时间，她||［终于］买〈上〉(过年回家的）火车票了。

【相当于：买到】

(2)"起来"用在动词后表示动作开始，并还在继续进行；或者用在形容词后表示某种状态开始，而且继续发展。如：

⑳ 大家||［一起］唱〈起来〉吧。

【开始唱，并且唱这个行为一直延续】

㉑ 一拿到试卷，我||［不由自主地］紧张〈起来〉。

【开始紧张，并且紧张这个状态一直延续】

(3)"下去"用在动词后表示动作已经进行，从现在继续到将来；或者用在形容词后表示某种状态已经存在，并继续发展。

㉒ 我们||［再］唱〈下去〉吧。

【唱已经进行，但是中间因某种原因中止，现在再继续唱】

㉓ 吃了退烧药以后，(孩子的）体温||低〈下去〉了吗？

【已经降低，低的这个状态还会继续】

(4)"下来"用在动词后，表示动作行为从过去进行到现在，或从开始继续到将来；用在形容词后，表示某种状态已经开始，并程度继续加深。

㉔（许多）（神话）（传说）故事||［都］是|［从古代］流传〈下来〉的。

【从过去一直流传到现在，将来还会继续流传】

㉕［七点以后］，天色||［渐渐］暗了〈下来〉。

【七点以后，天色开始暗，然后继续更暗】

"下来"和"起来"都可以用在形容词后，表示某种状态已经开始并延续。

但“下来”一般多用在消极义的形容词后，“起来”用在积极义的形容词后。如：

冷下来　安静下来　瘦下来　暗淡下来　低落下来　衰老下来

热起来　热闹起来　胖起来　明亮起来　兴奋起来　年轻起来

(5)“过来”表示从不好或不正常的状态变成好的、正常的状态；“过去”表示从好的或正常的状态变成不好的或不正常的状态。如：

㉖（爷爷的）身体||［一天天］好〈起来〉了。

㉗她||［下车的时候］摔了〈一跤〉，［一下子］昏了〈过去〉。

趋向补语的否定式，是添加“没（有）”的方式，或者放在中补词组前，有“被”字介词词组或“把”字介词词组的话，则放在“被”“把”的前面。如：

㉘（这些）（没用的）盒子||［没］丢〈出去〉吧。

㉙孩子||拣〈起〉|地上的空瓶子，［没有］［把它］丢〈进〉垃圾箱〈去〉。

㉚［直到两点］我||［还］［没］吃〈上〉|午饭。

㉛（爷爷的）身体||［一天天］［没］好〈起来〉。

（三）可能补语

可能补语从形式上看，可以分为三种：

1. 由表示能或不能的“得”和“不得”充当补语，放在动词后面，表示动作实现的可能性

如：

㉜（野外的）蘑菇||［轻易］吃〈不得〉。

【相当于：不能吃】

㉝（丝绸）衣服||［用洗衣机］洗〈得〉吗？

【相当于：能洗、可以洗】

2. 由表示能或不能的“得了（liǎo）”和“不了（liǎo）”充当补语，放在动词或形容词后面，表示动作能否完成或状态能否实现

如：

㉞ 你||［一个人］吃〈得了〉（这么多）菜吗？

【相当于：能吃完】

㉟（这首）歌||［真］［不］好听，它||红〈不了〉。

【相当于：不可能红】

3. 在结果补语或趋向补语和中心语之间加上“得/不”，表示结果或趋向可能或不可能实现

这是最常见的一种可能补语类型。如：

㊱（塑料）杯子||摔得〈碎〉摔〈不碎〉？

㊲（这道）题||回答得〈正确〉吗？

㊳ 这么高的山||爬得〈上去〉吗？

㊴ 已经十月了，天气||热〈不起来〉了。

这三种可能补语的语义，我们可以通过下面的例子进行比较：

㊵ a. 洗衣机||洗〈不得〉|（丝绸）衣服。

【相当于：洗衣机不可以洗丝绸衣服】

b. 洗衣机||［一次］洗〈不了〉|（这么多）衣服。

【相当于：洗衣机一次不能洗完这么多衣服】

c. 洗衣机||洗〈不干净〉|（这些）油点。

【相当于：洗衣机不能洗干净这些油点】

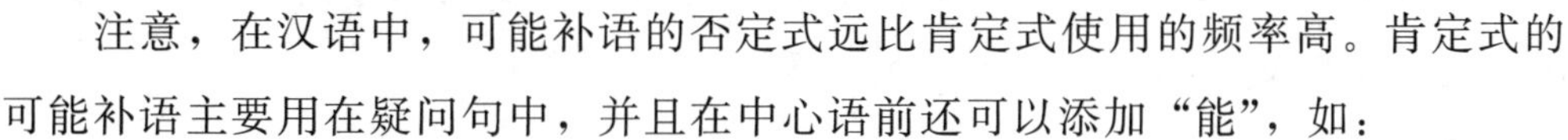

注意，在汉语中，可能补语的否定式远比肯定式使用的频率高。肯定式的可能补语主要用在疑问句中，并且在中心语前还可以添加“能”，如：

㊶ 丝绸衣服**能**用洗衣机**洗得**吗？

㊷ 你一个人**能吃得了**这么多菜吗？

㊸ 这么高的山**能爬得上去**吗？

(四）程度补语

程度补语主要用在性质形容词或心理动词后面，表示性质或状态的程度。程度补语有两种形式：

1．“形容词/心理动词＋程度补语＋了”

充当程度补语的词语主要是副词“极”、形容词“多、远、坏”和动词“死、透”等。因为这类程度补语必须带“了”，没有“了”，句子就是错误的。所以也可以把“极了、死了、坏了、透了、多了、远了”整体看作补语。如：

㊹ 今天||热〈极了〉。/冷〈极了〉。/累〈极了〉。/高兴〈极了〉。

【“极了”搭配的中心语最广泛，不受限制】

㊺ 老师||气〈坏了〉。/累〈坏了〉。/高兴〈坏了〉。/兴奋〈坏了〉。

【“坏了”搭配表示感受的形容词】

㊻ 他||［快］气〈死了〉。/累〈死了〉。/脏〈死了〉。/讨厌〈死了〉。

【“死了”搭配消极义的动词或形容词】

㊼ 心情||糟〈透了〉。/坏〈透了〉。/烦〈透了〉。/恶心〈透了〉。

【“透了”搭配表示感受的消极义的动词或形容词】

“多、远”用在比较句或暗含比较义的句子中，但“远”主要和“差”进行搭配，表示相差很大。如：

㊽ 这件羽绒服||［比那件］贵〈多了〉。

㊾ 爷爷的身体||［比以前］差〈远了〉。

注意：“死了、坏了、透了”做程度补语时是虚义，它们还有实义的用法，即“真的死了、真的坏了、真的穿透了”，这时结构是结果补语，不是程度补语。试比较下列的句子：

㊿ a.（这）天气||［快］［把人］热〈死〉了。

b. 今天||［真是］热〈死了〉。

(51) a. 暴雨||［把她的全身］［都］淋〈透〉了。

b. 我||烦〈透了〉|（这种）（闷热无雨的）天气。

2．“形容词/动词＋得＋程度补语”

充当程度补语的主要是副词“很”、形容词“慌、多”和动词或动词词组“要死、要命、不行、可以、不得了、了不得、够呛”等。如：

(52) 孩子||好得〈很〉。/调皮得〈很〉。/冷得〈很〉。/喜欢得〈很〉。

(53) 游人||多得〈要命〉。/拥挤得〈要命〉。/喜爱得〈要命〉。/无聊得〈要命〉。

(54) 手机||好用得〈不行〉。/便宜得〈不行〉。/方便得〈不行〉。/喜欢得〈不行〉。

(55) 东西||好得〈不得了〉。/贵得〈不得了〉。/多得〈不得了〉。/喜欢得〈不得了〉。

除“慌”外，别的程度补语不管是哪一类，做中心语的成分不受限制。但“慌”做补语，做中心语的成分只能是表示感受的形容词或动词，而且整体表示不如意的消极义。如：

(56) 牙||疼得〈慌〉。　头||胀得〈慌〉。　车上||挤得〈慌〉。
我||想|家想得〈慌〉。

而且除“慌”外，别的程度补语不管是哪一类，都是强调程度很深。“慌”只表示程度比较深，带“慌”的中补词组前面还可以添加程度副词，如：

(57) a. 我||［最近］［挺］闷得〈慌〉的。
b. 我||［最近］［非常］闷得〈慌〉。

同样“多”用在带“得”程度补语中，也是有比较含义。如：

(58) （马拉松）比赛||［比其他比赛］［都］难得〈多〉。

(59) （湖水的）水位||［比往年］低得〈多〉。

程度补语一般没有否定形式，不能在程度补语的前面加上“不”或“没”等否定副词。

（五）情态补语

情态补语是评价事物的行为、状态或说明动作行为导致的结果的补语，它

可以由单个形容词或形容词性词组、动词词组、主谓词组等构成，和中心语之间必须用“得”连接。

根据补语的语法意义和补语的构成，情态补语又可分为两类：

1. 评判性情态补语

补语一般由形容词性词语充当，表示说话人根据自己预期的评判标准，对动作或事物做出性质、状态上的评价。如：

⑥⓪ (你) 女儿 || 长得〈好漂亮〉。

【说话人认为在“长得如何”方面“你女儿”超过了预期的漂亮标准，所以评判为“好漂亮”】

⑥① (这笔) 字 || 写得〈真好〉。

【说话人认为“这笔字”在完成的状态上达到了预期的“好”的心理标准，所以是评判为“真好”】

⑥② (那匹) 马 || 跑得〈比猎狗还快〉。

【说话人没有想到“那匹马”跑的速度超过了猎狗的速度，所以评判那匹马“比猎狗还快”】

评判性情态补语的中心语一般是动词，评判性补语语义也指向动词，表达说话人对动作行为的评判。但当人或事物的某种属性（如速度、外貌等）天然地与某个动作行为相关，在实际表达中“动词＋得”可以省略，而其他带“得”补语不可以这样。

⑥⓪′ 你女儿长得好漂亮。→你女儿好漂亮。

⑥①′ 这笔字写得真好。→这笔字真好。

⑥②′ 那匹马跑得比猎狗还快。→那匹马比猎狗还快。

⑥③ 今年夏天真是热得不得了。→* 今年夏天真是不得了。

⑥④ 最近工作累得要命。→* 最近工作要命。

评判性情态补语有针对补语的否定形式，是用“不”否定。如：

⑥⓪″ 你女儿长得好漂亮。→你女儿长得不漂亮。

⑥①″ 这笔字写得真好。→这笔字写得不好。

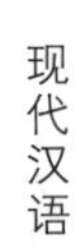

⑥②″那匹马跑得比猎狗还快。→那匹马跑得不如猎狗快。

不说“*你女儿没长得漂亮、*这笔字没写得好、*那匹马没跑得比猎狗快”。

评判性情态补语也可以用“怎么样”进行提问，如“你女儿长得怎么样?”“这笔字写得怎么样?”“那匹马跑得怎么样?”

2. 结果性情态补语

结果性情态补语主要补充说明因动作行为导致或产生了某种结果或状态，结果性情态补语主要由动词性词语和主谓结构充当，也可以是表示人的心理、生理感受以及描写事物形状的形容词性词语。如：

⑥⑤ 我||累得〈走不动〉了。

【中补词组做结果性情态补语】

⑥⑥ 他||看得〈忘记吃饭〉。

【述宾词组做结果性情态补语】

⑥⑦ 大风||吹得〈我站不住脚〉。

【主谓词组做结果性情态补语】

⑥⑧ 大家||笑得〈肚子疼〉。

【主谓词组做结果性情态补语】

⑥⑨（台下的）观众||激动得〈又拍手又跺脚〉。

【联合词组做结果性情态补语】

⑦⓪ 孩子||［中午］吃得〈很饱〉。

【状中词组做结果性情态补语】

⑦① 后背||晒得〈通红〉。

【状态形容词做结果性情态补语】

从语义上看，结果性情态补语和中心语表达的是一个复杂事件，由两个事件表述组成，而且这两个事件一般具有因果关系，即中心语所代表的事件A，会造成情态补语所代表的事件B这个结果。如例⑥⑤“我累得走不动了”相当于“我累了，导致现在我走不动了”，例⑥⑦“大风吹得我站不住脚”相当于“大风吹我，使我站不住脚”，例⑦①“后背晒得通红”相当于“后背晒了，所以后背变得通红”。而程度补语和评判性情态补语句表达的是一个事件结构，都是围绕单一事件主体和行为进行程度上或其他方面的评判。如“我累得要命”，“要命”就是说明“我很累，累的程度很高”，“那匹马跑得比猎狗还快”，“比猎狗还快”就是对“那匹马”跑的速度的评价，不是“因为我累，所以我累得要命”“那匹马跑，使那匹马跑得比猎狗快”。这是结果性情态补语和其他补语最大的不同。

另外，结果性情态补语可以用“怎么了”对补语进行提问，而且还可以用“为什么、怎么”对中心语提问。而程度补语和评判性情态补语不可以这样。如：

⑲′ A：台下的观众激动得怎么了？

B：激动得又跺脚又拍手。

A：台下的观众为什么又跺脚又拍手？

B：激动得。

⑪′ A：后背晒得怎么了？

B：晒得通红。

A：后背怎么通红了？

B：晒得。

⑫ A：今天热得怎么了？

B：* 热得不得了。

（比较：今天热得游泳池的人爆满。）

A：今天为什么不得了？

B：* 热得。

⑬ A：他的毛笔字写得怎么了？

B：* 写得真漂亮。

（比较：他写得毛笔都秃了。）

A：他的毛笔字为什么漂亮？

B：* 写得。

因为结果性情态补语表示的结果是由中心语的动作行为导致的，所以如果这个结果在语境中是听话人和说话人都知晓的或是显而易见的，那么“得”后的结果性情态补语可以省略。程度补语和评判性情态补语不可以有这样的省

略。如：

⑭ 看你着急得！坐下，慢慢说。

【说话人可以看见“你着急”导致的结果，这结果可能是“着急得满头大汗”“着急得快哭了”等。】

⑮ 弟弟太不听话了，把妈气得啊。

【说话人认为听话人应该知道“妈妈生气”后的行为，这结果可能是“气得打了弟弟一顿”“气得吃不下饭”等。】

⑫′ 今天热得不得了。→*今天热得。

⑬′ 他的毛笔字写得真漂亮。→*他的毛笔字写得。

由形容词性词语构成的结果性情态补语，有针对补语的否定形式，是用“不”否定。除此之外，其他词语构成的结果性情态补语没有针对补语的否定形式。如：

⑩′ 孩子中午吃得很饱。→孩子吃得不太饱。

⑯′ 他看得忘记吃饭。→*他看得不忘记吃饭。/*他看得没忘记吃饭。

⑱′ 大家笑得肚子疼。→*大家笑得肚子不疼。/*大家笑得肚子没疼。

（六）数量补语

数量补语指做补语的词语是量词词组，表示动作或状态变化的次数，或者时间的长度。数量补语一般用在动词的后面，前面不加“得”。如：

⑯ 这本书||你看过〈几遍〉?

【动量词构成的数量补语】

⑰ 他||［朝小偷］［狠狠地］踢了〈一脚〉。

【动量词构成的数量补语】

⑱ 他||［在中国南方］旅游了〈两个月〉。

【时量词构成的数量补语】

⑲［到今年］，我们||［已经］毕业〈二十五年〉了。

【时量词构成的数量补语】

注意：由量词词组做数量补语和由量词词组做宾语的区别。试比较下面的例子：

⑧⓪ a. 这本书 || 看了 | 三页。

【“三页”做宾语】

b. 这本书 || 看了〈三遍〉。

【“三遍”做补语】

⑧① a. 因为下雨，路冲断了，我们 || 耽搁了 | 两天。

【“两天”做宾语】

b. 因为下雨，路冲断了，我们 || 等了〈两天〉。

【“两天”做补语】

区分的办法：一种是看量词是否为名量词，如果是名量词构成的量词词组，那么是宾语，不是补语。另一种看法是看能否变成“把”字句，宾语可以用“把”引导放在谓语动词前面，补语不可以这样变换。如：

⑧⓪′ a. 我把三页看完了。

b. *我把三遍看完了。

⑧①′ a. 我们把两天（路程）给耽搁了。

b. *我们把两天（路程）给等了。

（七）时地补语

时地补语由介词词组充当，表示动作行为的发生时间或所在的处所、移动的方向。做中心语的都是动词，和中心语之间不用“得”连接。如：

⑧② 恐龙 || 生活〈在中生代〉。

⑧③（活字）印刷术 || 发明〈于宋代〉。

⑧④ 大学毕业后，我们这班同学 || 走〈向天南海北〉，再也没有机会聚在一起。

⑧⑤ 禽流感 || ［已经］出现〈在世界各地〉。

注意：能带时地补语的动词也不多，并且动词后带时地补语时，动词后不

再出现“了、着、过”。不能说“*禽流感已经出现了在世界各地”这样的句子，这点和介词词组做状语有很大不同。如：

⑧5′ 禽流感 || ［已经］［在世界各地］出现了。

【状中词组做谓语，“在世界各地”放在“出现”前做状语，“出现”后可以出现“了”】

二、多层补语

像定语、状语一样，一个中心语也有可能带多个补语。不过和多层定语、多层状语相比，多层补语的数量要少一些，并且多层补语的语序也更加固定，不像多层定语、多层状语那样有一定的灵活性。

多层补语一般只出现在不带“得”的补语中，语序一般是：① **结果补语**＞② **时地补语或数量补语**＞③ **趋向补语“来”或“去”**。如：

⑧6 一辆大客车 || 翻〈倒〉〈在石太公路的一处山沟里〉了。

【结果补语、时地补语】

⑧7 那个小偷 || 逃〈向前面那个胡同〉〈去〉了。

【时地补语、趋向补语】

⑧8 我们 || ［把树上的枣］［一一］打〈落〉〈到地上〉〈来〉了。

【结果补语、时地补语、趋向补语】

注意：补语除了有多层补语，补语内部也可内嵌补语，即补语也是由中补词组构成的。这种现象多出现在带“得”的情态补语中。如：

⑧9 他的毛笔字 || 写得〈漂亮〈极了〉〉。

⑨0 我 || 头晕得〈坐〈不住〉〉。

⑨1 屋子里 || 乱得〈找〈不着〉〉。

三、补语的语义联系与带“宾语”的问题

（一）补语的语义联系

在语法上，补语都是补充说明谓词性中心语的。但是语义上，它并不总是和谓

语中心语发生联系，它也可以与句子的主语、宾语或其他句中的成分发生语义联系。也就是说，补语可以指向中心语，也可以指向主语、宾语或其他成分。如：

⑨② 爸爸 || 喝〈醉〉了。

【结果补语“醉”指向主语“爸爸”】

⑨③ 我 || 冷得〈发抖〉。

【结果性情态补语“发抖”指向主语“我”】

⑨④ 爸爸 || 喝〈光〉了 | 两瓶酒。

【结果补语“光”指向宾语“两瓶酒”】

⑨⑤ 牧羊犬 || [从羊圈里] 赶〈出来〉| 一群羊。

【趋向补语“出来”指向宾语“一群羊”】

⑨⑥ 大家 || 〈把小偷〉追得〈四处乱窜〉。

【结果性情态补语“四处乱窜”指向介词“把”后面的“小偷”】

⑨⑦ 我们 || [把这批书籍和电脑] 运〈到几个贫困乡〉〈去〉。

【时地补语“到几个贫困乡”指向介词“把”后面的“这批书籍和电脑”】

程度补语、评判性情态补语和数量补语都只与谓语中心语发生语义联系。

（二）补语和宾语的语序问题

1. 动词后面同时出现补语和宾语时，一般是补语在前，宾语在后。这类补语都是不带“得”的补语，像结果补语、趋向补语、数量补语

如：

⑨⑧ [在成都的几年]，他 || 尝〈尽〉了 | （那里的）美食小吃。

【动词＋结果补语＋宾语】

⑨⑨ 他 || [从隔壁教室] 搬〈过来〉| （两把）椅子。

【动词＋趋向补语＋宾语】

⑩⓪ 咱们 || [再] 看〈一遍〉| （这部）电影吧。

【动词＋数量补语＋宾语】

2. 在一定条件下，宾语可在数量补语的前面。当宾语是人称代词时，或者当数量补语是借用名词充当动量词构成的，或者数量补语表示动作结束后的时间，也可以宾语在前，数量补语在后

如：

⑩ 我||［在这儿］等了你〈一个小时〉了。

【动词＋人称代词宾语＋数量补语】

⑩ （对方）（那个）（13号）球员||［趁裁判没有看见］［狠狠］踢了（我们的）球员〈一脚〉。

【动词＋宾语＋借用名词充当动量词构成的数量补语】

⑩ （她家）女儿||去美国〈一年〉了。

【动词＋宾语＋表示动作结束时间的数量补语】

3. 趋向补语也可以将宾语放在补语前面，而复合趋向补语还有中间插入宾语的情况

如：

⑩ 我||［给那位客人］送（一杯）咖啡〈去〉。

⑩ a. 他||［从隔壁教室］搬（两把）椅子〈过来〉。

b. 他||［从隔壁教室］搬〈过〉（两把）椅子〈来〉。

但复合趋向补语再带宾语的情况还受到一些条件的限制：

（1）如果宾语是处所宾语，那么只能插入复合趋向补语之间，顺序只能是：动词＋趋向补语（上、下、过、起、出等）＋处所宾语＋趋向补语（来/去）。如：

⑩ 我们||［终于］爬〈上〉泰山〈来〉。

不能说：*我们终于爬上来泰山。

⑩ ［五一假期］我||飞〈回〉家〈去〉。

不能说：*五一假期我飞回去家。

（2）如果宾语表示确定的人或事物，即定指宾语，也只能插入复合趋向补语之间，顺序也只能是：动词＋趋向补语（上、下、过、起、出等）＋定指宾语＋趋向补语（来/去）。

(108) 快到生日了，她||想〈起〉自己的妈妈〈来〉。

*她想起来自己的妈妈。

(109) 新郎||［为新娘］献〈上〉结婚戒指〈来〉。

*新郎为新娘献上来结婚戒指。

（3）如果宾语的意义比较抽象，不是具体的人、东西，那么宾语只能放最后，顺序只能是：动词＋趋向补语（来/去）＋抽象的宾语。如：

(110) 联欢会||［给大家］带〈来〉了|友谊和快乐。

*联欢会给大家带友谊和快乐来了。

(111) 我们||［为边疆人民］带〈去〉了|书籍和种子，也送〈去〉了|内地人民的美好愿望。

*我们为边疆人民带了书籍和种子去，也送了内地人民的美好愿望去。

4. 可能补语，如果是结果补语、趋向补语变成的可能补语，以及“动词＋得了/不了”的可能补语，宾语的位置按照结果补语、趋向补语带宾语的规律。“动词＋得/不得”的可能补语则不带宾语

如：

(112) a. 你||［一个人］拿得〈动〉|这些东西吗？

b. 你||［一个人］拿得〈起〉这些东西〈来〉吗？

c. 你||［一个人］拿〈得了〉|这些东西吗？

d. *你一个人拿得这些东西吗？

【比较：这些东西||你一个人拿〈得〉吗？】

5. 程度补语和情态补语再出现宾语的话，宾语不能直接放在补语后，而是要将动词重复，变成“重动句”：动词＋宾语＋动词＋程度补语/情态补语

如：

(113) 大福||喜欢打篮球喜欢得〈不得了〉。

(114) 妹妹||迷恋王源迷恋〈极了〉[①]。

(115) 我们班的李海||写作业写得〈最仔细〉。

① “像极了”后面可以直接带宾语，如“她像极了她的母亲”。

⑯ 她 || 看《归去来兮》这部电影看得〈大哭一场〉。

注意：动词带情态补语又带宾语，需要变成重动句，是在情态补语语义指向动词或指向主语的情况下。像上面例⑮表示评判的情态补语“最仔细”指向动词“写”，例⑯表示结果的情态补语“大哭一场”指向主语“她”。如果情态补语指向动词的宾语（受事），可以不用重动句，而是像下面的句子：

⑰ 大风 || 吹得〈叶子都掉光了〉。

【“叶子都掉光了”是主谓词组做情态补语，“都掉光了”语义指向“叶子”，“叶子”是“吹”的受事（语义上的宾语）】

⑱ 老师 || 夸得〈他不好意思了〉。

【“他不好意思了”是主谓词组做情态补语，“不好意思了”语义指向“他”，“他”是“夸”的受事（语义上的宾语）】

数量补语如果是表示时间的，那么除了后面可以直接带宾语或动词后带宾语外，也可以采取这种重复动词的方式。如：

⑲ a. 我 || 等你等了〈两个钟头〉啊！

b. 我 || 等了你〈两个钟头〉啊！

⑳ a. 他 || 看《哈利·波特》看了〈一晚上〉。

b. 他 || 看了〈一晚上〉《哈利·波特》。

6. 带时地补语的动词，如果再带宾语，宾语不能直接放在动词后或时地补语后面，而是用“把”字句的方式，将宾语提前

如：

㉑ 爸爸 || ［把花］［都］摆〈在阳台的架子上〉。

*爸爸摆花在阳台的架子上。

*爸爸摆在阳台的架子上花。

㉒ 我们 || ［把赠送的书］运〈往几个贫困乡〉。

*我们运赠送的书往几个贫困乡。

*我们运往几个贫困乡赠送的书。

四、补语的层次分析

这里我们主要讲讲多层补语以及同时带补语和宾语的句子的层次分析。

多层补语的层次分析，在切分完主语、谓语、状语等部分后，仍然是先将最远的补语切分出去，然后再切分较近的补语。拿例⑱进行分析，这个句子还包括了多层状语：

我们 把 树上 的 枣 一一 打 落 到 地上 来 了。

主 谓

状 中

介 词 状 中

定 中 中 补

中 补

中 补

而内嵌补语则是在补语内部再进行切分。拿例⑲进行分析，这个句子还包括了多层定语：

他 的 毛笔 字 写 得 漂亮 极了。

主 谓

定 中 中 补

定 中 中 补

同时带补语和宾语的句子，仍然遵循哪个成分距离谓语中心语远就先切分出去的原则，即宾语离谓语中心语远，就先切分宾语，补语离谓语中心语远，就先切分补语。我们先拿例⑲进行分析，这是宾语在补语后面的句子：

他 从 隔壁 教室 搬 过来 两 把 椅子。

主 谓

状 中

介 词 述 宾

定 中 中 补 定 中

量 词

再拿例⑩进行分析：

我　在　这儿　等了　你　一个　小时了。

主　　谓

状　　中

介　词　　中　　补

述　宾

对于重动句（一个动词带宾语、一个动词带补语）的句子，层次分析是这样的，拿例⑮进行分析：

我们　班　的　李海　写　作业　写得　最　仔细。

主　　谓

定　　中　　连　　谓

定　中　　述　宾　　中　补

状　中

扩展阅读内容

留学生容易犯的补语错误

一、结果补语常犯的错误

外国留学生在学习汉语结果补语时，很容易犯两类错误：

（一）遗漏了应该有的结果补语

先看这些留学生的例子：

① *有一天，一个老人在回家的路上，看了一条蛇。

【应该改成：看到了一条蛇。】

② *听这样的话，姑娘的脸都红了。

【应该改成：听到这样的话。】

③ *医生们紧张地工作，他们一定会救他。

【应该改成：他们一定会救活他。】

④ *我把母亲的话记了。

【应该改成：我把母亲的话记住了。】

汉语动词单用时，不像其他语言既可以表示动作行为本身，又可以表示该动作影响产生的结果，汉语的动词大多只表示动作的方式，不能表示动作的结果。如英语“My ball broke the window.”翻译成汉语：“我的球打破了窗户。”需要在动词“打”后面加上补语“破”。所以需要记住，如果要表达一个动作行为做了，并且产生了一定结果，在汉语中是用“动词+结果补语”表示的。

（二）把应该做补语的词错误地当成谓语中心语使用

再来看下面这些留学生的错误：

⑤ *妈妈今天早上六点醒了我。

【改成：妈妈今天早上六点叫醒了我。】

⑥ *坏了这个杯子的人不是他就是你。

【改成：弄坏这个杯子的人不是他就是你。】

⑦ *没想到熟土豆的时间这么长。

【改成：没想到煮熟土豆的时间这么长。】

⑧ *我三天以前就完了那个工作。

【改成：我三天以前就做完了那个工作。】

"醒"在汉语中是不及物动词，只表示醒着的状态，不能表示"使……醒"的意思，它不可以带宾语。如果要带宾语，"醒"只能作为补语，前面必须加上其他及物动词，所以例⑤要改成"叫醒"。"坏、熟"都是形容词，形容词是不可以带宾语的。如果要带宾语，它们只能作为补语，前面加上动词。在动作方式不明确的情况下，可以使用"弄、搞"这样的泛义动词（可代替其他动词），所以例⑥可以改成"弄坏"，也可以改成"搞坏"。如果动作方式明确，还可以改成"摔坏、打坏、碰坏"等。"完"虽然表示"完成"的意思，但是"完"是一个不及物动词，不能带宾语。如果带宾语，则只能充当补语，前面加上其他及物动词，所以例⑧改为"做完"。

二、趋向补语的错误

外国留学生在学习汉语结果补语时，很容易犯三类错误：

（一）遗漏了应该使用的趋向补语

在汉语中，表示动作的方向或状态发展的趋势，动词后应当使用趋向补语。但在别的语言，很可能是用一个词就可以表示动作的方向。因此，留学生在表达动作方向时，有时会漏掉趋向补语。

⑨ 一月一日我的朋友给我寄一封信。

【改成：一月一日我的朋友给我寄来一封信。】

⑩ *我们把那张桌子搬吧。

【改成：我们把那张桌子搬过去/过来吧。】

⑪ *我被他们抬了。

【改成：我被他们抬了起来。】

"寄、搬、抬"都是涉及人或事物位置上的改变，在汉语中一般都要添加趋向补语表示动作的方向。

（二）丢掉了"来"或"去"

在汉语中，当宾语是非处所宾语时，"上、下、进、出、回、过、起"等必须和"来、去"一起组成复合趋向补语，才能完整地表示动作方向。所以像下面的句子都是错误的。

⑫ *我在外边晾的衣服都被风**吹下**了。

【改成：我在外边晾的衣服都被风**吹下来**了。】

⑬ *他划船的时候，几乎**掉下**水。

【改成：几乎**掉下**水**去**。】

（三）宾语和趋向补语的位置错误

汉语中，趋向补语和宾语之间的关系最为复杂。不同性质的宾语，和趋向补语之间的位置也会不同。特别是处所宾语，不能像其他宾语一样放在整个趋向补语后面，而是要放在"来"和"去"的前面。看下面留学生的错误：

⑭ *大家等了半天，她还没有**下来山**。

【改成：她还没有**下山来**。】

⑮ *我看见他们**进去图书馆**了。

【改成：我看见他们**进图书馆去**了。】

⑯ *三个月以后，我应该**回去英国**了。

【改成：我应该**回英国去**了。】

⑰ *鸽子**飞上去天**了。

【改成：鸽子**飞上天去**了。】

⑱ *外边下大雨了，操场上的人都**跑进来体育馆**了。

【改成：操场上的人都**跑进体育馆来**了。】

三、程度补语的错误

程度补语的错误主要有三类：

（一）不能用程度补语表达的词，错误地使用了程度补语

在汉语中，除形容词外，可以带程度补语的动词都是表示心理活动或感受的动词，其他动词或名词都不可以带程度补语。留学生有时会错误地使用了程度补语，如：

⑲ *他的妻子病得很。

【改成：他的妻子病得很严重/不轻/很厉害。】

⑳ *他每天锻炼得多。

【改成：他每天锻炼很长时间。】

㉑ *在北京，人们的服装这几年变得不行。

【改成：人们的服装这几年变化很大。】

㉒ *弟弟虽然很小，却比我勇气很多。

【改成：却比我勇敢得多。】

例⑲“病”不是表示心理活动或感受的动词，它本身没有程度的变化，汉语可以用评判性情态补语来表达“病”是否严重，但不能使用程度补语。例⑳“锻炼”也不是表示心理或感受的动词，并且“动词＋得＋多”一般用在比较句中，原句的意思应该是想说锻炼的时间很多，所以也应该改成数量补语的形式：锻炼很长时间。例㉑“变”也不是一个心理或感受的动词，汉语里没有“很变、非常变”的说法，所以改成“变化很大”就可以了。如果还想使用补语的形式，也只能改成情态补语“变化得很大”。例㉒“勇气”是一个名词，名词不可能带补语，所以应该改成形容词“勇敢”——“勇敢得多”。

（二）将含有比较的程度补语形式与不含有比较的程度补语形式混淆了

“形容词/动词＋得＋多”要用于比较的句式，而“形容词/动词＋得＋很”则没有比较的意义，留学生有时会搞混了这两个形式。如：

㉓ *中国的电视频道比日本的多得很。

【改成：中国的电视频道比日本的多得多。】

㉔ *下星期六我要参加马拉松，我听说这个跑步比赛难得多。

【改成：我听说这个跑步比赛难得很。】

（三）将补语标记“得”写成定语标记“的”

㉕ *我认为和外国人一起住比和同国家的人住**舒适的多**。

【改成：**舒适得多**。】

㉖ *但**可惜的很**，造物主不作美。

【改成：**可惜得很**。】

四、情态补语的错误

情态补语的错误主要有两类：

（一）将补语标记“得”写成定语标记“的”或状语标记“地”

汉语的情态补语是一类必须带“得”的补语，并且可以充当情态补语的词语和形式最为丰富。但留学生容易把“得”写成“的”或“地”。如：

㉗ *我们的中文水平提高**的**很快。

【改成：我们的中文水平提高**得**很快。】

㉘ *他每天起**的**很早，睡**的**很晚。

【改成：他每天起**得**很早，睡**得**很晚。】

㉙ *小朋友们听了口令，**走地**很整齐。

【改成：**走得**很整齐。】

㉚ *住在帐篷里的时候，我们**过地**也不错。

【改成：我们**过得**也不错。】

（二）宾语的位置错了

既有情态补语，又有宾语时，一般要重复动词，变成“重动句”：动词＋宾语＋动词＋得＋情态补语。但留学生或者错误地将宾语放在动词后面，或者错误地将宾语放在情态补语的后面。如：

㉛ *最近**找工作得很不容易**。

【改成：最近**找工作找得很不容易**。】

㉜ * 谁跳舞得最好唱歌得最清楚？

【改成：谁跳舞跳得最好唱歌唱得最清楚？】

㉝ * 他吃饭得太少，喝酒得太多。

【改成：他吃饭吃得太少，喝酒喝得太多。】

㉞ * 我听得很清楚他们的声音。

【改成：我听他们的声音听得很清楚。】

五、多层补语的错误

汉语的多层补语比较有规律，一般只能是：① 结果补语＋时地补语；② 时地补语＋趋向补语“来”或“去”；③ 结果补语＋时地补语＋趋向补语“来”或“去”。但是留学生容易出现趋向补语后面再带时地补语的错误情况。如：

㉟ * 他刚躺下在床上，突然有人敲门了。

【改成：他刚躺下/他刚躺在床上。】

㊱ * 她把书包放下在旁边。

【改成：她把书包放下/她把书包放在旁边。】

【复习与练习（十八）】

第五节 独 立 语

学习要点

- 了解汉语独立语的类型和特点
- 了解汉语省略和倒装现象

独立语也叫独立成分，是句子的特殊成分。它独立于句子成分之外，既不是句子的主语、谓语、宾语，也不是句子的定语、状语、补语，更不是中心语，也不与这些句子成分发生语法关系。它可以出现在句首、句中，也可以出现在句尾，有插入语、称呼语、感叹语和拟声语四种，它们具有一些共同的特点：**①不参加句子的结构组合，也不影响句子的结构分析；②附属于句子，不能独立成句；③在语义表达上具有特殊作用**。独立语用划线法，用“△”标记。

一、插入语

插入语常常由一些特定的词语如习惯用语充当，目的是增强语言的表达色彩。

根据插入语的表达作用，可以分为以下几类：

(一) 为了引起听话人的注意

常见的有“你（们）看、你（们）想、你（们）瞧、瞧、看”等。如：

① 打人就是不应该，你看，我们能眼看着不管吗？

② 你们想，机会难得，谁不想争取一下啊？

（二）表示对情况的估计、推测

常见的有“看起来、看上去、看来、看样子、算起来、少说、充其量”等。如：

③ 这天看来要下雨了。

④ 充其量，他也就是一米七高。

（三）表明说话人的态度、想法，或者征求对方的态度、想法

常见的有“我看、我想、我觉得、依我看、依我说、照我说、说真的、不瞒你说、你看、你说说、依你看、依你说”等。如：

⑤ 依你看，孩子结婚的事情怎么办？

⑥ 不瞒你说，我是真的不想去。

（四）表示消息的来源

常见的有“据说、听说、据……说、听……说”。如：

⑦ 听说你买彩票中奖了？

⑧ 据老人说，以前这口井的水很深、很清澈。

（五）表示总结、概括

常见的有“总之、总而言之、综上所述、总的来说、综合来看、一般来说”等。如：

⑨ 总而言之，我认为你的观点是错误的。

⑩ 一般来说，南方人喜欢吃米饭，爱吃甜的口味。

（六）表示举例、补充、注释等

如“例如、比如、譬如、像、拿……来说、此外、除此以外、换句话说、

换而言之”等。如：

⑪ 我喜欢吃中国菜，比如麻婆豆腐、京酱肉丝、宫保鸡丁、红烧肉，我都爱吃。

⑫ 除此之外，辣子鸡丁、腰果虾仁、糖醋鱼，也很好吃。

⑬ 每小时用电应当是二十分之一度，换句话说，就是二十小时用一度电。

（七）表示强调

常用的有“毫无疑问、不可否认、确定地说”等。如：

⑭ 不可否认，你的看法是有一定道理的。

⑮ 毫无疑问，今天中国的经济成就是改革开放带来的。

二、称呼语

称呼语是用来呼唤对方，出于尊敬或引起听话人的注意。称呼语有很多，既可以是亲属称呼，也可以是非亲属的称呼。如：

⑯ 大爷，您慢点儿！　　【非亲属称呼】

⑰ 妈，我回来啦！　　【亲属称呼】

⑱ 警察同志，去天安门怎么走？　　【非亲属称呼】

⑲ 我去机场，能快点儿吗？师傅。　　【非亲属称呼】

三、感叹语

感叹语用叹词表达惊讶、感慨、喜怒等感情，也用于应对。如：

⑳ 咦，怎么是你来了？　　【表示惊讶】

㉑ 啊，这里好壮观啊！　　【表示感慨】

㉒ 哎呀，你就少说两句吧！　　【表示埋怨】

㉓ 唉，我有什么办法呀。　　【表示为难】

㉔ 嗯，我知道了。　　【表示应答】

四、拟声语

拟声语是用拟声词来模拟事物的声音，来增强语言的真实感。如：

㉕ 咚咚咚，锣鼓响起来了。

㉖ 咕咚咕咚，他一口气把一瓶啤酒全喝完了。

㉗ 噼里啪啦，轰隆轰隆，鞭炮声此起彼伏。

㉘ 飕，飕，外面的风声一阵比一阵紧。

扩展阅读内容

句子成分的省略与倒装

一、句子成分的省略

在一定的语境中，根据语用需要，说话时往往会省略一些听说双方都清楚的成分。在汉语中，省略是一种常见的语法现象，尤其是在口语中。例如下面一段电影《洗澡》中的父子对话，对话的背景是儿子大明好几年没回北京的家了，这次回来后和父亲老刘一起吃晚饭，晚饭吃的是北京传统的炸酱面。下面省略的部分用“□”表示。

① 老刘：□出差啊？

【省略了“你”】

大明：嗯，啊，不，□回来看看。

【省略了“我”】

老刘：□还吃得惯吧？

【省略了“你”或“炸酱面”】

大明：□还好，□挺香的。

【前一句省略了“我”，后一句省略了“面”。】

老刘：□不常吃吧，那边？

【省略了“你”】

大明：□偶尔也吃，不过没这么好吃的酱。您身体还好吧？

【省略了“我”】

老刘：嗯，□还好。□能吃能睡，能干活儿。

【前后省略了“我”】

因为对话的双方都知道彼此，而且是父子，所以第一人称代词和第二人称代词在指代自己或对方时经常是省略的。而炸酱面是他们的晚饭，所以谈论是否吃得惯、经常吃等内容时，都是不言而喻的，也不需要明确地指出来。当然“你、我”的省略在对话中是很容易理解的，“炸酱面”如果不是看电影，只是从书面上看，是不容易理解的。像这种在对话中的省略，我们称为“对话省”。

书面语中也会出现省略，特别是在一段话中，后面的句子都是围绕着同一个陈述对象或话题展开，那么后面的句子的主语就会出现省略。如：

② 孔乙己刚用指甲蘸了酒，□想在柜台上写字，□见我毫不热心，□便又叹一口气，□显出极惋惜的样子。

【后面的句子都省略了主语，因为所有的句子都是在说“孔乙己”这个人的行为。】

这种前面已经出现的成分，后面省略的现象，叫“承前省”。在书面语中有的承前省情况还比较复杂，被省略的主语不仅和整个谈论的对象有关，有的还和前一句的宾语有关。又如（这里我们把省略的部分编号显示）：

③ 他脸上黑而且瘦，a 已经不成样子；b 穿一件破夹袄，c 盘着两腿，d 下面垫一个蒲包，e 用草绳在肩上挂住；f 见了我，g 又说道，“温一碗酒。”

【b、c、f、g 省略了“他”，d 省略的是“腿”，e 省略的是“蒲包”，a 省略的可能是“他”，也可能是“脸”。】

除了承前省外，汉语中还有“蒙后省”的现象，即因后面的句子就要说到，所以前面的句子出现成分的省略。如：

④ □快到村口时，□回头再看一眼自己住了十多年的老屋，刘华生的心里一阵酸楚。

【前面两句省略了“刘华生”】

注意：省略不等于隐含。在某些句子中，有些成分无法准确补出或者补出的可能性不止一种，但是听说双方都能感觉到这个成分的存在，这种现象叫作“隐含”。例如：“小心地滑”，谁需要小心地滑呢？又如“禁止吸烟”，“禁止”前后都隐含了某种语义成分，谁禁止谁吸烟呢？看到、听到这两句话的人其实都明白提示的内容，但都无法准确地补出没有出现的成分，或者可以补出的成分有很多可能性，这种现象不是省略。

二、句子成分的倒装

汉语语法的特点是语序比较固定，一般主语在前、谓语在后，定语、状语在前，中心语在后。但是有时为了语用的需要，在句子中可以特意改变句子成分的次序，如把主语放在谓语的后面，定语、状语放在中心语的后面。这种语用手段就叫作倒装，倒装的句子也叫倒装句。在口语中更为常见。如：

⑤ 钥匙忘带了，我。

⑥ 多无聊啊，这人。

⑦ 上哪儿了，你们这是？

上面的句子属于主谓倒装，这种倒装是为了让谓语更加突出，放在后面的主语一般读得比较轻，更像是怕人误解而追加上的成分。还有：

⑧ 什么味儿啊，臭烘烘的？

⑨ 你们去哪儿了，刚才？

⑩ 大家走了，已经。

上面的例子属于定语、状语和中心语之间的倒装，作用是为了让中心语更加突出，定语、状语在这里也更像是怕听话人理解不清而补充的信息。

在书写时，倒装的成分之间一般用逗号分开，说明这不是正常的语序。

【复习与练习（十九）】

第六节　单句的分析方法

学习要点

·掌握层次分析法，能分析汉语单句的主要类型

·掌握核心成分分析法，能分析出汉语单句的各类句子成分

一、层次分析法

句子是语言的使用单位，词和词组是造句单位。一个语言单位是不是句子，关键是看它有没有完整的句调。而句调在书面上是用句末标点符号（如句号、叹号、问号）标出。因此，只要是一个大于词的语言单位，没有句末标点符号的话，其实就是词组。词组和句子都是有结构的，有多个结构就会有层次。所以，层次分析法不仅可用于词组的分析，也可以用于单句的分析。我们在第三节“定语和状语”、第四节“补语”中已经在用层次分析法分析了一些句子成分和整个句子。本节我们再用层次分析法分析一些有特点的句子。

（一）主谓谓语句的层次分析

主谓谓语句在第一节已经讲过，就是谓语由主谓词组充当的句子。主谓谓语句的层次分析，要注意以下的步骤：

（1）先把大主语和大谓语分开。

（2）看大主语是词还是词组，如果是词组，就继续分析大主语的层次。

（3）如果不是词组，就继续把大谓语中的小主语和小谓语切分开。

（4）分别看小主语和小谓语是词还是词组，是词组就分别再分析小主语和小谓语的结构和层次。

我们以一些句子为例进行层次分析。

① 我们 班 多数 同学 来自 亚洲 国家。

主 谓

定 中 主 谓

定 中 述 宾

定 中

② 中国 古典 小说 王老师 做过 一 些 研究。

主 谓

定 中 主 谓

定 中 述 宾

定 中

数 量

③ 上海 她 几乎 每 周 去。

主 谓

主 谓

状 中

状 中

量 词

④ 任何　困难　我们　都　不　怕。

主　　　　谓

定　中　主　谓

　　　　　状　中

　　　　　　　状　中

在分析大主语、小主语以及小谓语的结构和层次时，还要注意多层定语和多层状语的问题。例②的大主语“中国古典小说”是先将“中国”切分出去，然后剩下“古典小说”，再继续将“古典”和“小说”切分开来，因为“中国古典小说”相当于“中国的古典小说”这个意思。我们没有办法将“中国古典”组合在一起，因为并没有“中国的古典”这种说法。例③中小谓语“几乎每周去”中，“几乎”是副词，“每周”是表示时间的数量成分，都可以做状语的成分。但是我们在层次分析时，是把“几乎”和“每周”组合在一起做“去”的状语，这是因为“几乎”表示十分接近、差不多的意思，特别是句子中有数量成分出现时，它的语义总是和数量成分相关，“几乎”不修饰单个动词。所以例③里没有将“几乎”处理为做“每周去”的状语，而是只做“每周”的状语。而例④的小谓语“都不怕”，则是先将“都”切分出去，剩下“不怕”，然后再切分“不”和“怕”。不能把“都不”组合在一起，因为范围副词“都”要包括它后面所有的部分。

（二）谓语是复杂谓语的句子

也就是说，谓语是由连谓词组或兼语词组充当的句子。由连谓词组或兼语词组充当谓语的句子，主要特点就是谓语中会出现多个主要动词，而且连谓词组中包含兼语词组，或者兼语词组中再包含连谓词组。如：

⑤ 她坐在小溪旁的石头上拿出手帕擦脸上的汗。

【连谓词组充当谓语。】

⑥ 王老师去上海邀请校友们回学校参加校庆。

【连谓词组充当谓语，又包含兼语词组。】

⑦ 班主任通知同学们在东门集合去国家博物馆参观。

【兼语词组充当谓语，又包含连谓词组。】

例⑤谓语是由三个动词词组构成的连谓词组，所以层次分析时，这三个动词词组要在同一层次上切分开，然后在分别进行层次分析。

⑤ 她 坐 在 小溪 旁 的 石头 上 拿 出 手帕 擦 脸 上 的 汗。

主　谓

①　连　②　谓③

中　补　述　宾　述　宾

介　词　中　补　定　中

方　位　方　位

定　中

方　位

对于例⑥和例⑦这样连谓中包含兼语、兼语中包含连谓的，则要先分清楚主要层次是连谓还是兼语，然后再逐层分别分析。例⑥谓语的主要层次是连谓结构，例⑦谓语的主要层次是兼语结构。

⑥ 王老师　去　上海　邀请　校友们　回　学校　参加　校庆。

主　谓

连　谓

兼　语

述　宾

主　谓

连　谓

述　宾　述　宾

⑦ 班主任 通知 同学们 在 东门 集合 去 国家 博物馆 参观。

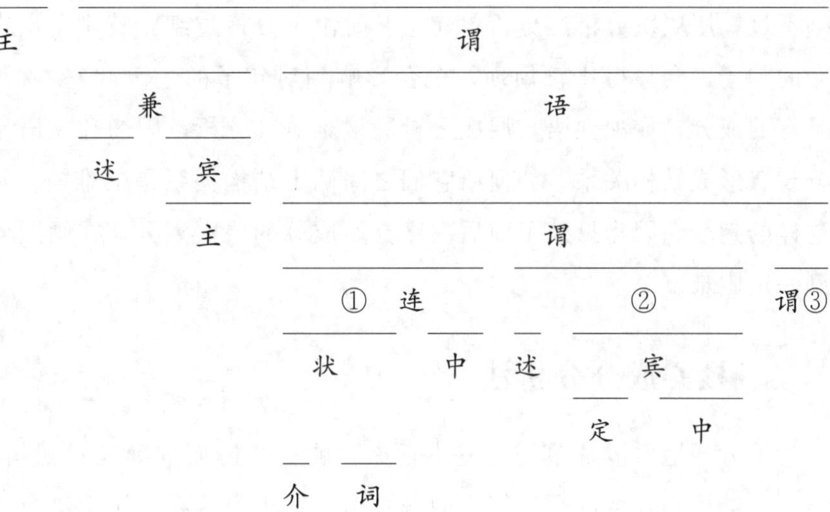

(三) 双宾语句

双宾语句用层次分析法较难处理，因为涉及如何分析动词后面两个宾语层次的问题。层次分析法在划分同一层次的直接组成成分时，往往是一分为二。只有由三个以上词语构成的联合词组、连谓词组才会出现同一层次上有不止两个直接成分，如上面的例⑤⑦都出现过这样的情况。那么双宾语句到底是一个层次上划分出三个成分还是两个成分呢？我们先试着分析比较一下。

⑧ 朋友 送 我 一辆 自行车。

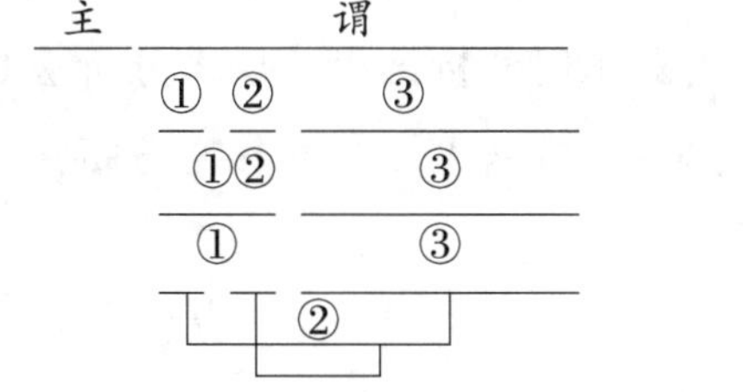

【A：①+②+③=述+宾+宾】

【B：①②+③=（述宾）+宾】

【C：①③+②=（述宾）+宾】

上面我们给出了三种分析选择。A 的分析是将动词和两个宾语划分在同一层次；B 的分析是将动词和近宾语（间接宾语）合在一起先组成述宾词组，然后再与远宾语（直接宾语）组合；C 的分析是跨越间接宾语，将动词和直接宾语先组合，再与间接宾语组合。从语义的角度，C 的分析更为合理，因为动词“送”直接作用的应该是所送的东西“一辆自行车”，然后再是把“一辆自行车”送给“我”。这种分析无论是给予类的双宾语句还是取得类、称呼类、告知类、放置类的双宾语句都适用。

不过，用层次分析法分析单句，有时由于分得过细，特别是层次多、结构复杂的句子，会显得比较烦琐，也会影响到对句子的主干和基本构造的把握。而且有的成分，如独立语，层次分析法很难对其分析，因为独立语与句子其他部分没有形成结构关系，如何给它们之间确定结构关系是个难题。并且像双宾语这样的句子，因为打破了前后次序自然成分的层次划分，在画图分析时也会遇到一定困难。

二、核心成分分析法

为了方便地看清楚单句的基本框架，能更快捷而准确地找到句子的主干，确定句子的核心，可以通过特定的符号用划线法直接在句子上进行标记，标记出句子的核心成分。这样分析出来的结果简洁、明了、实用。所以被称为“核心成分分析法”，简称“核心分析法”[①]。如：

⑨（食堂）师傅 || ［给　我们］准备〈好〉了 |（可口　的）饭菜。【核心分析法】

主　　　　谓

定　中　　状　　中

介　词　　述　　宾

中　补　　定　中

从例⑨的分析可以看出，核心分析法和层次分析法的区别在于：（1）核心分析法是横向的，是用符号和划线的方式来体现分析结果；层次分析法是纵向立体的，是用阶梯式的有层次的图示来体现分析结果。（2）核心分析法不一定分析到词，而层次分析法一般都分析到词。

（一）核心分析法的符号

核心分析法有一整套符号，标记相应的句子成分。本书在第一章就对此有过粗浅的介绍，并在之前各章中都不断地重复使用。这里我们再集中、明确地说明一下。

① 核心成分分析法，也被称为句子成分分析法或中心词分析法。

主语 ══
全句核心 ·
宾语 ～～
定语 （ ）
状语 [ ]
补语 〈 〉
兼语 ～～ ══
独立语 △

其中，在主谓句中，全句核心是谓语动词或谓语的中心语，如“我看了”“我正在看”“我看完了”“我看过这本书”中，“看”是全句核心。在非主谓句中，标记词组的中心语，如“下雨了”是述宾词组，“下”是全句核心；“一直下呢”是状中词组，“下”也是全句核心；“下得真大”是中补词组，“下”还是全句核心；“好大的雨啊”是定中词组，“雨”是全句核心。

（二）核心分析法的步骤和图解

1. 分析步骤

（1）首先判断句子是主谓句还是非主谓句。主谓句则先把句子分成主语部分和谓语部分两大块。非主谓句则判断是由哪种类型的词组构成。

（2）谓语部分再找出谓语中心词以及后面跟着的宾语或补语。

（3）在主语部分找出主语中心语及它的修饰语——定语，在谓语部分找出谓语中心语及它的修饰语——状语，如果宾语有定语修饰，也标示出来。

（4）如果主语或宾语的修饰语有好几个，那么一一标明。如果谓语中心词的修饰语有好几个，也一一标明。

2. 核心词分析法的图解

⑩ 生活在城市中的我还是第一次看到了这么明亮的天空。

（1）第一步：分出主语和谓语。

生活在城市中的我 || 还是第一次看到了这么明亮的天空。

【用竖两道线表示前面是主语部分，后面是谓语部分，划双线部分是主语。】

(2) 第二步：找出谓语中心词以及后面跟着的宾语或补语。

生活在城市中的我 || 还是第一次看〈到〉了这么明亮的天空。

【下面有黑点部分是谓语的中心语，画波浪线部分是宾语，划尖括号部分是补语。】

(3) 第三步：找出主语、宾语和谓语的修饰成分。

（生活在城市中）的我 || ［还是］［第一次］看〈到〉了（这么明亮）的天空。

【划方括号部分是状语，划圆括号部分是定语。】

注意：核心分析法不对“得、了、着、过、呢、吗”等助词和语气词做分析。

下面我们再举一些用核心分析法分析的句子实例：

⑪［台风来临之前］，（所有的）渔船 || ［都］回〈到港口〉。

【有句子状语的句子。】

⑫ 我 || ［已经］知道孩子考上北京大学了。

【谓词性词组做宾语的句子。】

⑬ 这条鱼 || 两斤。

【名词谓语句】

⑭ 售票员 || 扶着老人坐〈下〉。

【兼语句】

⑮ 李老师 || 捧着（一叠）试卷走〈进〉教室〈来〉。

【连谓句】

⑯ 这么破的书包，说真的，［可以］丢〈掉〉换（个）新的了。

【有独立语的句子。】

⑰ 走〈开〉！

【中补结构的非主谓句】

⑱ 小心车！

【述宾结构的非主谓句】

⑲［真］美啊！

【状中结构的非主谓句】

⑳（好可爱的）孩子啊！

【定中结构的非主谓句】

核心成分分析法的长处在于：方法简便，易于操作，并且分析完后的句子格局清晰，易于归纳句型。但是缺点在于忽视了句子的构造层次，特别是有多个定语、状语时，定语和中心语之间的关系并不完全相同。总之，层次分析法和核心成分分析法是相互补充的句子分析方法。

扩展阅读内容

句子的语义关系分析

不管是层次分析法还是核心成分分析法都有一定的局限性。如遇到下面的存在多种理解的句子，这两种分析方法都没办法解决。

① 他 || 谁 也 不 认识。

主 谓

主 谓

状 中

状 中

例①“他谁也不认识”可以有两种理解：第一种是“他不认识任何人”，第二种是“任何人不认识他”。这个句子之所以有多种理解，是因为“他”“谁”和“认识”之间的语义关系存在不同理解：“他”可以做“认识”的行为主体（施事），那么句子就构成施事主语句；“他”也可以做“认识”的客体对象（受事），那么句子就是受事主语句。但是核心分析法和层次分析法都只能分析出这是主谓谓语句，“他”做大主语，“谁”做小主语，“认识”是全句核心。

又如下面的句子：

② 她 || 是 去年 生 的。

主 谓

述 宾

“的” 字

状 中

例②也有两种理解：第一种是“她是去年出生的孩子”，第二种是“她是去年生育了孩子”。这个句子有两种理解也在于“她”和“生”之间存在不同语义关系：第一种“她”是被出生的对象（受事），是孩子的角色，；第二种“她”是生育这个行为的主体（施事），是妈妈。同样，核心分析法和层次分析法都无法区别，都只能分析出“她”是主语，“去年生的”是“的”字结构做宾语。因此，在对句子分析时，还离不开语义关系分析。

那么，什么是语义关系呢？语义关系是隐藏在句法结构后面由词语的语义范畴所建立起来的关系。例如“妈妈在厨房用大锅炖牛肉”，“炖”这个动词和“妈妈、厨房、大锅、牛肉”都发生了语义关系：“妈妈”是“炖”的动作主体——施事；“牛肉”是“炖”的动作客体对象——受事；“厨房”是“炖”的动作发生地点——处所；“大锅”是“炖”的动作凭借物——工具。因此，“妈妈在厨房用大锅炖牛肉”也可以语义描写为“施事＋场所＋工具＋动作＋受事”。像例①“他谁也不认识”有两种意思，就可以分别描写为：①施事＋受事＋动作；②受事＋施事＋动作。像这样动词和名词性词语产生了各种语义关系，名词性词语在其中充当了一定的语义角色（如“施事”“受事”“处所”“工具”等）。因此，分析名词的语义角色其实也就是分析了动词和名词性词语之间的语义关系。

在现代汉语中，名词性词语经常担任的语义角色有：

（1）**施事**(agent)：动作行为的发出者。经常出现在主语位置，也可由介词“被、叫、让”等引介。如：妈妈在厨房炖牛肉、大树被风刮倒了。

（2）**当事**(experiencer)：性质、状态或变化性事件的经历者。经常出现在主语位置上。如：弟弟比哥哥高、孩子醒了、妈妈当了老师。

（3）**受事**(patient)：动作行为的承受者。经常出现在宾语位置上，也可由介词“把”引介。如：妈妈在厨房炖牛肉、他把手机丢了。

（4）**与事**(dative)：动作行为的间接承受者。经常出现在近宾语的位置上，也可由介词“给”等引介。如：学生送我一束鲜花、老师把苹果分给小朋友们。

（5）**结果**(result)：动作行为产生的结果物。经常出现在宾语位置上。如：妈妈为我织了一件毛衣、东门附近新建了一栋留学生宿舍楼。结果和受事的区别是，结果是动作完成后才出现的事物，受事则在动作之前就已经存在。如“树上结了很多苹果”和“我买了很多苹果”，前一句“苹果”是结果，后一句“苹果”是受事。

（6）**系事**(relevant)：在事件中与当事相对的事物。经常出现在宾语位置上。如：妈妈当了老师、老王有两个女儿。

(7) **工具**(instrument):动作行为的凭借物。经常由介词“用”引介,也可出现在主、宾语位置上。如:妈妈用大锅炖牛肉、这把刀专门切牛排。

(8) **方式**(manner):动作行为进行的方法、形式。经常由介词“用”引介,也可出现在宾语位置上。如:妈妈用元宝针织了毛衣领子、明天下午考口试。

(9) **材料**(material):动作行为所使用的材料。经常由介词“把、用”引介,也可以做主语、宾语。如:工人把瓷砖铺满地板、这些剩下的毛线妈妈织了顶帽子。

(10) **对象**(object):动作行为针对或涉及的对象。经常由介词“对、向”等引介,也可做宾语。如:妈妈最近对韩剧很感兴趣、姐姐告别了父母。

(11) **处所**(location):动作行为发生的场所,或动作行为的起点、终点。可以做主语、宾语,也可以由介词“在、从、到”等引介。如:空中飞着一群燕子、奶奶在院子里种了很多花、有几个亲戚从老家来家里了。

(12) **时间**(time):动作行为发生的时间。可以做主语、状语,也经常由介词“在、从、到”等引介。如:每周四上“现代汉语”课、他从10号开始休年假。

(13) **目的**(purpose):动作行为发生的目的。可以做宾语,也经常由介词“为、为了”等引介。如:这些人都在排演唱会的门票、他为了孩子的事跑了好几所学校。

(14) **原因**(reason):动作行为发生的原因。可以做宾语,也经常由介词“因、因为”等引介。如:他从10号开始休年假、我因病没有参加期末考试。

【复习与练习(二十)】

课程延伸内容

主语和话题、有定与不定

一、主语和话题

主语是语法学的概念，话题（topic，theme）是语用学的概念。**话题又被称为“主题”，是话语的起点，是一句话或一段话叙述或讨论的对象。**

话题通常出现在句首，多为名词性成分，所以常和主语重合。如“老师推开教室门走了起来”，“老师”既是主语又是话题。但话题还可以是位于句首的表时间、处所的状语。如（话题部分用粗体标记）：

① **大家**||［九点］［图书馆门口］集合。

【“大家”既是主语，又是话题。】

② ［**九点**］大家||［图书馆门口］集合。

【“大家”是主语，状语“九点”是话题。】

③ ［**图书馆门口**］大家||集合。

【“大家”是主语，状语“图书馆门口”是话题。】

话题在形式上与主语有所不同，从形式上看，话题后面常常可以直接停顿，也可以用语气词“吧、嘛、啊、呢”等表示停顿。如：

④ **我**，||［不过］是（一名）（普通的）（汉语）教师。

【“我”是话题，也是主语。】

⑤ **宝梅**嘛，［待人］热情，又［特别］上进。

【“宝梅”是话题，也是主语。】

⑥ ［**昨天**］吧，我||［就］发现他上班迟到了。

【“昨天”是话题，也是状语；“我”是主语。】

⑦ ［**关于报哪所学校**］呢，孩子和我们||［还］［没］商量〈好〉。

【“关于报哪所学校”是话题，也是状语；“孩子和我们”是主语。】

汉语句首名词性成分基本都是话题，有的时候甚至很难找到句首名词性成分和谓语动词之间是否存在清晰的语义关系，只能把它看作话题才能理解句意。如：

⑧ **这场火**幸亏消防车来得及时。

⑨ **那碗炸酱面**没付钱就走了。

⑩ **卧铺票**不能延长。

例⑧从结构层次分析来看是主谓谓语句结构，“那场火”是大主语，“消防车”是小主语，但是“这场火”和“来”是什么关系？例⑨“没付钱就走了”一定有一个施事，只是句中没有出现，但“那碗炸酱面”和“付钱”“走”都没有直接的语义关系。例⑩“延长”只能是延长里程，与车票有直接语义关系的动词应该是“改签、取消、购买”等。所以如果将句中唯一的名词性成分或句首名词性成分当作主语的话，那么也可以说汉语的主语其实就是话题。

二、有定和不定

有定和不定是指名词性词语在句子中的指称性质。“有定”（也称“定指”）是指某个名词性词语所指称的是语境中的特定事物，一般来说它是言谈双方共知的事物；“不定”（也称“不定指”）是指某个名词性词语所指称的是语境中不能确定的事物，一般来说它是听话人人（或言谈双方）未知的事物。

汉语有定、不定名词性词语，可以按照强弱等级排列为下列顺序：

A 组 **人称代词或人称代词（＋的）＋名词**：他、你们老师、我的笔等。

B 组 **专有名词**：北京、中国、香山、颐和园、巴黎圣母院等。

C 组 **“这、那”（＋量词）＋名词**：这孩子、这本词典、那批货物等。

D 组 **光杆普通名词**：老师、学生、书包、教室、图书馆、火车站等。

E 组 **数词（＋量词）＋名词**：俩客人、三本笔记、五套教材等。

F 组 **一（＋量词）＋名词**：一人、一老太太、一个本子等。

G 组 **量词＋名词**：（来了）个陌生人、（住了）个学生、（种）棵树等。

有定 ↕ 不定

其中，A、B、C三组是有定的名词性词语，F、G两组是不定的名词性词语，而D、E两组可以是有定的名词性成分，也可以是不定的名词性成分，需要在具体的语境中进行判断。

汉语中主语往往是有定名词，宾语是不定名词。例如：

⑪ a. **你的客人他**来家里了。

b. *家里来了**你的客人他**。

⑫ a. **那位客人**来家里了。

b. *家里来了**那位客人**。

⑬ a. **客人**来家里了。

b. 家里来**客人**了。

⑭ a. **两位客人**来家里了。

b. 家里来了**两位客人**。

⑮ a. ***一位客人**来家里了。

b. 家里来了**一位客人**。

⑯ a. ***位客人**来家里了。

b. 家里来了**位客人**。

通常来说，“客人”出现在主语位置上，这个客人一般是言谈双方特别是听话人已知的信息，即听话人事先就知道会来什么客人；“客人”出现在宾语位置上，则是言谈双方特别是听话人事先不知道的信息，即事先不知道会来客人，更不知道来的是什么客人。所以典型的有定名词性词语——人称代词和“‘这、那’+量词+名词”做主语，句子是可接受的，但做宾语，句子就显得别扭。同理，“‘一’+量词+名词”和“量词+名词”是典型的不定名词性词语，它们在宾语位置上是很自然的句子，但出现在主语位置上，句子则不能接受。至于光杆普通名词和“数词+量词+名词”既可以表示有定也可以表示不定，所以在主语位置上就是有定名词性词语，表示是言谈双方已知的信息，在宾语位置上就是不定名词性词语，表示言谈双方特别是听话人未知的信息。

“把”字句中，“把”后名词性词语也一般要求是有定的。如：

⑰ 请你把**我的杯子**帮我递过来。

⑱ 请你把**那个杯子**帮我递过来。

⑲ *请你把**一个杯子**帮我递过来。

⑳ *请你把**个杯子**帮我递过来。

第六章

单句的表达与运用

第一节　句类系统

学习要点

· 熟知句类的概念，能够区分不同句类

· 重点掌握陈述句中的双重否定句

· 重点掌握疑问句的各种类型：是非问句、特指问句、选择问句和反问句

· 重点掌握祈使句的各种类型：命令句、建议句、请求句、禁止句和劝阻句

句类是按照不同语气功能及用途划分出来的句子类型，一般分为陈述句、疑问句、祈使句和感叹句四类。句类是描述句子构造的一个重要角度，可以从句子使用的角度帮助我们认识句子的功能及用途。如：

A1：我昨天去医院看望了一个朋友。

B1：你的朋友怎么了？

A2：她自己下楼不小心把自己腿摔断啦！

B2：那得提醒她以后下楼梯要千万小心！

这组对话中，先后使用了陈述句、疑问句、感叹句和祈使句。A1 是陈述句，用来陈述一件事情，提供一个信息；B1 是疑问句，在接受 A1 的信息后，想进一步了解情况，以求获得新的信息；A2 是感叹句，进一步传递信息，同时表达说话人 A 的情感，即对朋友“她”下楼梯自己腿摔断这件事情的遗憾；

B2 是祈使句，在获得新信息后，提出自己的建议，要求对方做出相应的行为反应，即让 A 提醒那个朋友以后要小心。

下面我们分别谈谈四种句类。

一、陈述句

陈述句是说话人向听话人叙述或说明一件事情的句子。陈述句的语调平直，在句尾语调稍降，在书面上用句号表示停断。陈述句是实际语言中使用最多的句类。

（一）肯定形式的陈述句

肯定形式的陈述句一般是无标记的，是主语、谓语齐全的主谓句。如：

① 春天 || 来了。

② 折耳猫 || 样子很可爱。

③ 九月十号 || 教师节。

④ 我 || 星期一晚上十点到北京。

但如果显示强调，则常常添加“是”来表示，强调哪个成分，“是”就可以添加到那个成分前面。

⑤ a. 我是星期一乘坐 G150 晚上十点到北京。

b. 我星期一是乘坐 G150 晚上十点到北京。

c. 我星期一乘坐 G150 是晚上十点到北京。

也可以是无主句，如：

⑥ 就剩一个人了。

⑦ 轮到你发言了。

（二）否定形式的陈述句

否定形式一般是在肯定形式上加否定词构成的。否定词通常是副词，如“不、没（有）、未、别、甭”等。

⑧ 这种天气我不想爬山了。

⑨ 昨天我没参加小王的婚礼。

⑩ 到现在她还未来。

⑪ 你别做白日梦了。

⑫ 您甭客气。

（三）双重否定句

双重否定句是以双重否定形式表示肯定，如“不……不……”“没有……不……”等。书面语中还经常使用“无不、无非、不无、未必不”等双重否定词语来表示肯定。一般来说，双重否定表示肯定，语气上会更强烈。如：

⑬ 他不可能不来的！

【意思是他一定来，语气更肯定。】

⑭ 没有一个人不被白芳礼老人捐助学生的事迹所感动。

【意思是所有人都被感动了，语气更肯定。】

⑮ 台风所到之处无不一片狼藉。

【意思是所有的地方都是一片狼藉，语气更加肯定。】

双重否定句也可以表示比较委婉的肯定语气。

⑯ 我不是不想来。

【意思是本来想来，可能是有别的原因导致没来，语气要委婉一些。】

⑰ 他说的话也不无道理。

【意思是他说的话也有一些道理，语气委婉。】

⑱ 她无非是想多占点儿便宜。

【意思是她只是想占些便宜，语气委婉。】

陈述句可以带语气词，也可以不带语气词。常用的陈述语气词有：的、了、呢、啊、嘛、罢了等。

⑲ 她从来都是第一个到教室的。

⑳ 我已经收到你的读书报告了。

㉑ 事情本来就是这个样子嘛。

㉒ 她不过是随口说说罢了。

㉓ 刚才孩子还在这儿呢。

二、疑问句

疑问句包含疑惑和询问的两种意义。通常既有疑惑也有询问，但也可以没有疑惑而问。提问的手段，有语调、疑问词、语气词或疑问格式等，有时只用一种手段，有时兼用两三种，但其中语调是不可缺少的。有疑而问的疑问句可以根据上述表示提问的手段，分成三类：是非问句、特指问句、选择问句。无疑而问的疑问句则分成反问句和设问句。

（一）是非问句

是非问句在结构上和陈述句类似，只是语调变成升调，或者句末带上疑问语气词“吗、吧”等，回答可以用点头、摇头回答，也可以以“是、嗯、对”等或“不、不是、没”等作答。

㉔ 你知道这消息。

【陈述句，语调平直，句末降调。】

㉕ a. 你知道这消息？

【疑问句，语调逐渐上升，句尾语调明显上扬。无疑问词，也无语气词。】

b. 你知道这事吗？

【疑问句，语调逐渐上升，句尾语调明显上扬。无疑问词，有语气词“吗”。】

根据上面的情况，可以看出汉语的是非疑问句一般有两种情况：

（1）用疑问语调表示是非问句。

如例㉕a。只用疑问语调的是非问句，一般是表示感到意外、吃惊而提问。如“你说这东西便宜?”对“便宜”这种说法感到吃惊、难以相信，所以要再次确认信息的真假。也可以是不肯定自己获得的信息是非属实，从而通过提问再次确认。如“现在就出发?”就是对出发的时间不够肯定，所以提问确认信息的真假。

（2）用疑问语气词“吗”表示是非问句。

如例㉕b。我们在第三章第五节语气词中已经讲到了“吗”和“吧”不同，“吗”表示疑问是事先没有预期的答案，是真正在询问；而“吧”表示疑问是

已有预期的答案，但不够肯定，于是推测地问。“吧”是非问句的语调上升不明显，和陈述句的语调近似。如：

㉖ 你知道这件事吧？

【相当于：我认为你很可能知道这件事，但不是百分之百确认。】

表示推测地问，还有一种形式，就是在陈述句后面，附加“是吧”“对吧”。这时，语调是前降后升。如：

㉗ a. 你知道这件事，对吧？

b. 你知道这件事，是吧？

（二）特指问句

特指问句就是用疑问代词（如“谁、什么、哪儿”等）代替未知部分的疑问句，说话人希望对方就未知部分作答，语调是升调。

㉘ 谁要这本古典小说？

㉙ 你要哪本古典小说？

㉚ 你要一本什么样的小说？

（1）特指问句也可以使用疑问语气词，但只能是“呢、啊”，不能是表示是非问句的“吗、吧”。

㉛ 你要哪本古典小说呢？

你要哪本古典小说啊？

㉜ *你要哪本古典小说吗？

*你要哪本古典小说吧？

（2）特指问句还有两种特殊的简略形式，即没有疑问代词出现，但句末出现了疑问语气词。这是一种省问句现象。

a. 名词性成分＋呢？

如果作为首发句，一般是询问处所，相当于问“NP在哪儿?”；如果作为后续句，在一定语境下，也可以询问其他情况。

㉝ 他呢？

【相当于：他在哪儿呢？】

㉞ 你去打扫厨房，我来擦玻璃，那么他呢？

【相当于：他做什么呢？】

b. 谓词性成分＋呢？

谓词性成分可以是动词，可以是形容词，也可以是主谓结构。这种问句一般询问假设性的结果，多出现在后续句中。

㉟ A：你帮我订一下去昆明的飞机票，看看明天最早一班的票还有没有？

B：最早一班的票没有了呢？

【相当于：如果最早一班没票了，那么怎么办？】

㊱ A：你最好还是去一下。

B：我不去呢？

【相当于：如果我不去，那会怎么样？】

（三）选择问句

选择问句常有两个或两个以上的并列的项目、分句，常用“是……还是……”来连接，句末可带“呢、啊”疑问语气词。选择问句的语调，一般前一个问项或分句是升调，后一个问项或分句是降调。

㊲ 你是喝咖啡还是喝红茶？

㊳ 明天要去火车站接新生，是老王带队啊？还是你啊？或者小张呢？

（1）选择问句的回答形式比较多，可以选择回答疑问项中的一个，也可以全部否定，还可以在疑问项之外另选项目回答。

㊴ A：你是喝咖啡还是喝红茶？

B1：我喝茶。

B2：我都不想喝。

B3：我喝橙汁。

（2）还有一种特殊的选择问句，叫“反复问句”，也称“正反问句”，特点是在谓语中谓语中心语用肯定和否定并列的形式（“×不/没（有）×”）来提问。反复问句的语调可以是升调也可以是降调。例如：

㊵ 你买不买这本书？

㊶ 这件衣服合适不合适？

㊷ 你想过没想过这个问题？

㊸ 同学们听懂没听懂刚才讲的内容？

反复问句有多种变换形式，否定形式可以放在句末，也可以只把否定词放在句末。如果是“动词＋过”或“动词＋结果补语”以及部分双音词形容词或动词，还可以是“A＋不/没＋AB”的格式[①]。如：

㊵′ 你买不买这本书？＝你买这本书不买？＝你买这本书不？

㊶′ 这件衣服合适不合适？＝这件衣服合适不？＝这件衣服合不合适？

㊷′ 你想过没想过这个问题？＝你想过这个问题没有？＝你想过这个问题没？＝你想没想过这个问题？

㊸′ 同学们听懂没听懂刚才讲的内容？＝同学们听懂刚才讲的内容没有？＝同学们听懂刚才讲的内容没？＝同学们听没听懂刚才讲的内容？

反复问句句末可以带语气词“呢、啊、吧”，但是否定词在句末的时候，就不能再带语气词了。

㊹ 你买不买这本书呢？

你买不买这本书啊？

你买不买这本书吧？

*你买这本书不吗/呢/吧？

疑问语气词与疑问句的匹配情况如表 6-1 所示。

表 6-1 疑问语气词与疑问句的匹配表

	是非问句	特指问句	选择问句	备注
吗	＋	－	－	
吧	＋	－	＋*	“吧”在选择问句中，是用在反复问句里

① A 相当于动词，或双音节形容词、动词的前一部分，B 相当于“过”“结果补语”或双音节形容词、动词的后一部分。

续表

	是非问句	特指问句	选择问句	备注
呢	—	+	+	
啊	+	+	+	

（四）反问句和设问句

1. 反问句

反问句又叫反诘疑问句，是一种“无疑而问”的问句，即说话人心目中并没有真正的疑问，只是用疑问句的形式表达自己对事情的看法，在语气上多有不满、反驳的意思，或表示催促、提醒的意思。反问句的语调多是降调。反问句如果是肯定形式，那么句义表示否定的意思；反问句是否定的形式，句子则表示肯定的意思。如：

㊺ A：你怎么笑得这么开心啊？

B：赢了比赛，我不笑，难道应该哭吗？

【相当于：我认为不应该哭。语气上有些不满，认为对方的问题问得不合适。】

㊻ A：我好像快要迟到了。

B：那你还不快跑？

【相当于：你应该快点跑。语气上略有不满，催促对方行动。】

反问句可以使用是非问句、特指问句和选择问句的形式，但其中是非问句、特指问句使用最多。是非问句、特指问句的反问句可以根据肯定或否定的形式就能判断最终表达的意思。但如果是选择问句（包括反复问句），句子表示的是肯定意思还是否定意思，或者肯定哪个否定哪个，则要根据具体语境做具体分析。

㊼ 他们还能饶得了你？

【是非问的反问句，意思是“他们不能饶你”。】

㊽ 我怎么会不知道你的心思？

【特指问的反问句，意思是“我知道你的心思”。】

㊾ 你这是夸我呢，还是讽刺我呢？

【选择问的反问句，意思一般是“你是讽刺我”。】

㊿ 这件衣服大减价时买的，才二十块钱，你说便宜不便宜？

【反复问的反问句，意思是“这件衣服便宜”。】

51 我是吃了你的还是喝了你的？你这么对待我！

【选择问的反问句，意思是“我既没吃你的也没喝你的”。】

2. 设问句

设问句又叫自问自答句，说话人心目中实际上已经有了明确的意见，但不直接说出来，而是先用一个问句的形式引起听话人的注意，然后再说出自己的看法。

52 他走了吗？他没有走，他永远活在我们心里。

53 语言是什么？语言不只是人类最重要的交际工具，语言还是人类文明世代相传的载体，是人类相互沟通理解的钥匙，是人类文明交流互鉴的纽带。

三、祈使句

祈使句是说话人向听话人提出要求，希望对方做什么或者不做什么，表示命令、请求或禁止等意义的句子。祈使句的语调都是降调，和陈述句相比，语调整体下降幅度大。

（一）肯定形式的祈使句

1. 命令句

命令对方做某事的句子。语气直接、不容商量，语调短促、快速下降。结构简单，一般不用语气词。

54 站住！

55 你给我出去！

2. 建议句

用来建议对方做某事的句子。语气比较舒缓，和陈述句语调近似。经常出现“最好、该”等词语，也常带语气词“吧、嘛”。如：

(56) 你试试吧。

(57) 你最好过去看一下。

(58) 该睡觉了。

3. 请求句

表示请求对方或与对方商量为自己做某事的句子。语气比较客气，语调比较舒缓，和陈述句的语调近似。常带语气词“吧、啊、嘛”等，句中也经常出现“请、劳驾、麻烦、千万”等祈使性词语。

(59) 帮帮忙嘛！

(60) 请让我进去吧！

(61) 麻烦您千万记着我的事情。

（二）否定形式的祈使句

1. 禁止句

禁止句是命令句的否定形式。结构简单，语调短促、下降幅度大。一般不用语气词，经常使用的否定词语是“禁止、严禁、不准、不得”等。

(62) 禁止吸烟！

(63) 不准随地吐痰！

(64) 衣冠不整者不得入内。

2. 劝阻句

用来劝说对方不要做某种行为，是建议句和请求句的否定形式。语调舒缓，和陈述句语调近似。常带语气词“了、吧、啊”等，经常使用的否定词是“别、不要、甭”等。

(65) 您不要操那么多心了吧。

(66) 早点出发，别迟到了！

祈使句的主语常常省略。不省略的情况下，主语一般由第二人称代词“你、您、你们”和第一人称代词“咱们、我们”充当，“我、他、她、他们”都不能做祈使句的主语。

四、感叹句

感叹句是表达说话人强烈情感的句子，可以用来表示快乐、惊讶、悲哀、厌恶、愤怒、恐惧等浓厚的感情。感叹句的语调一般采取降调。

感叹句从形式上可以分为三类：

（一）直接由叹词构成的感叹句

⑥⑦ 哼！我才不理你呢！　【表示生气】

⑥⑧ 哎呀！原来是你！　【表示惊讶】

（二）有明显标志词的感叹句

句子中使用程度副词“多、多么、好、真、太”或情态副词“简直、幸亏”等，或者句末使用语气词“啊”，包括“啊”的各种音变形式，如“呀、哪、哇、啦”等，或者使用某些特定的词语，如“祝、祝愿”等。

⑥⑨ 简直太美啦！

⑦⓪ 他真是好人哪！

⑦① 祝愿祖国国泰民安！

（三）无明显标志词的感叹句

形式上和一般陈述句一样，但句尾用了感叹号。与陈述句不同的是，这种感叹句的语调一般先升后降，语气比陈述句强烈，音量也大。

⑦② 明天就是大年三十了！

⑦③ 我不想去！

⑦④ 你讨厌！

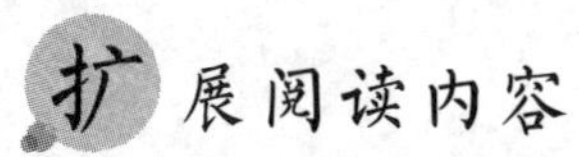

扩展阅读内容

句类之间的联系

每个句类都有自己的特点，但相互之间也有联系，一个句类在形式上也可以包含着其他句类的形式，或者一个句子形式上是一个句类但在用途上则属于另一句类。

一、陈述句包含疑问句的形式

有些陈述句的宾语是一个疑问句的形式，如：

① 奶奶‖［想］知道｜咱们星期天什么时候到家。

② 我‖［真］［不］明白｜她为什么这么做。

③ 老师‖怀疑｜他的成绩是不是真实的。

上面的句子都是陈述句，语调是平直，句末略有下降。谓语中心语是可以带谓词性宾语的动词，只是画波浪线的宾语部分是疑问句形式。这些句子也可以改成意义基本相同的普通陈述句，如：

①′ 奶奶‖［想］知道｜咱们星期天到家的时间。

②′ 我‖［真］［不］明白｜她这么做的原因。

③′ 老师‖怀疑｜他的成绩的真实性。

变化后意义基本不变，这说明疑问句形式做宾语的句子仍然是陈述句。句子不能因为有疑问词或疑问格式，句末标点就标问号，而是要根据实际的语调和用途，因此这些句子都应该是句号结尾。

疑问形式还可以出现在其他位置，如：

④ 谁代表出席‖［已经］决定〈好〉了。

⑤ 妈妈‖［什么时候］［都］穿着〈很整齐〉。

二、疑问句形式表达祈使句意义

（一）疑问句形式的请求句

有的句子在形式上是疑问句，但是从用途上来说，表达的是请求的意义，所以是祈使句的语气。如：

⑥ 你能帮我抬一下这个箱子吗？

⑦ 我借用一下你的手机，可以吗？

⑧ 可以请教您一个问题吗？

和一般的祈使句相比，疑问句形式的祈使句要更加客气，语气也更加委婉，听话人即使拒绝了，自己也不会太丢面子。而一般的祈使句，请求则更加直接，客气程度不如疑问句形式的祈使句。试比较：

⑥′ 你能帮我抬一下这个箱子吗？

【对比：你帮我抬一下箱子。】

⑦′ 我借用一下你的手机，可以吗？

【对比：借用一下你的手机吧。】

⑧′ 可以请教您一个问题吗？

【对比：请问您一个问题。】

（二）疑问句形式的禁止句

疑问句形式表达祈使，还可以表示禁止。主要是“动词＋什么＋（宾语）”或“动词＋什么＋动词”形式，句末往往用叹号。如：

⑨ 买什么新手机呀！

【相当于：不许买新手机。】

⑩ 你怕什么怕！

【相当于：你不要怕。】

这种形式的禁止句，一般用来反对对方意见或行为，语气强烈，态度很不客气。主要用在两种情况下：

1. 对方正在做说话人不喜欢的事情

如：

⑪ 你们吵什么啊！

【话语背景：对方正在吵闹。】

⑫ 砸什么门哪！

【话语背景：对方正在用力砸门。】

2. 对方提出了某种意见或者要求

如：

⑬ A：咱们晚上去看电影吧？

B：看什么电影啊！最近就没有什么好电影。

⑭ A：我们再等一会儿她吧。

B：等什么等！这都等了两个小时了！

在这种形式的禁止句中，出现的一般是单音节动词，有时出现双音节动词时，本来不可以拆分使用的双音节动词，也可以临时地分开。如：

⑮ A：这个问题咱们再讨论一下吧。

B：还讨什么论！都讨论三次了，就这样决定吧！

⑯ A：孩子不学习了啊？

B：学什么习啊！周末了，至少要放松半天！

【复习与练习（二十一）】

第二节　句　　式

学习要点

· 了解存现句的结构和类别，掌握存现句的语法特点

· 掌握“把”字句、“被”字句的语法意义和语法特点

· 了解比较句的类别，掌握各种比较句的语法特点

· 掌握连谓句、兼语句的定义和类别

根据句法结构中的某种共同特征，我们可以把单句归纳成一定的句式。如在第五章“单句的结构”中，第一节和第二节我们分别讲到了“主谓谓语句”和“双宾语句”就是两种不同的句式。在这一节中，我们将再讲解几种汉语常用的句式。

一、存现句

存现句是表示什么地方存在、出现或消失什么人或什么事物的句子。存现句基本结构如图 6-1 所示。

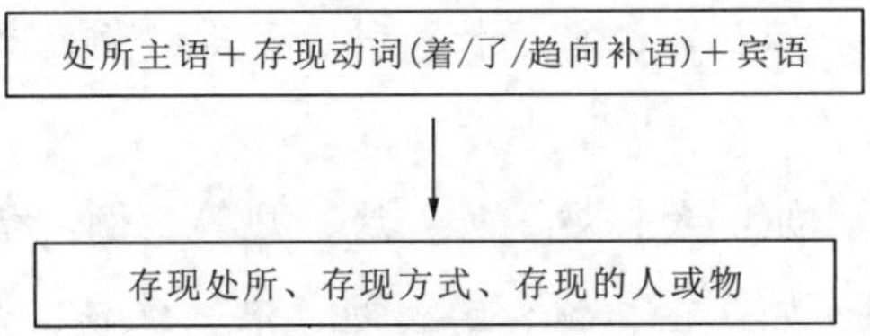

处所主语＋存现动词(着/了/趋向补语)＋宾语

↓

存现处所、存现方式、存现的人或物

图 6-1　存现句基本结构图

存现句常常用来描写、说明环境或景物。

(一) 存现句的类型

存现句可以分为存在句和隐现句两大类。

1. 存在句

存在句表示在什么地方存在什么人或什么事物。如：

① 我卧室的门是粉色的，a **门上挂着一块淡黄色的牌子**，b **房间四面墙壁都贴着樱花墙纸**，c **房间正中摆着我的小床**，d **房间东边是我的衣橱**，e **衣橱上面还有好几个箱子**，f **南边摆放着我的书橱和书桌**，虽说是书桌，却乱糟糟的，g **上面随意地扔着我的储蓄罐、钢笔和各种作业本**。

上面字体加粗的句子都是存在句。

存在句又有静态和动态之分。如：

② 窗台上摆着几盆花。　　　　【静态存在句】

③ 广场上空飞旋着一群鸽子。　【动态存在句】

出现在存在句中的动词有单纯表示存在的“是、有”，如例①中的 d、e，还有除了表示存在，还表示不同存在方式的动词，如例①中的 a、b、c、f、g “挂、贴、摆、摆放、扔”和例③中“飞旋”。在存在句中表示存在方式的动词，根据所表示的意义，可分为六类：

(1) 放置类动词，如：**挂、摆、放、贴、堆、装**等。例：**房间里放着一台空调**。

(2) 姿势类动词，如：**躺、坐、站、趴、蹲、挤**等。例：**教室门口挤着一群人**。

(3) 穿戴类动词，如：**穿、戴、围、别、夹**等。例：**脖子上围着一条淡黄色的丝巾**。

（4）生产类动词，如：**写、画、长、种、开**等。例：**桥的西边种了各种花花草草。**

（5）处理类动词，如：**煮、炒、蒸、烤、炖**等。例：**锅里炖着鸡汤。**

（6）运动类动词，如：**飞、飘、游、跑、滚、飘扬、盘旋**等。例：**池水中游着一群锦鲤。**

以上前五类动词主要用在静态存在句中，最后一类则用在动态存在句中。

2. 隐现句

隐现句表示在什么地方出现或消失了什么人或什么事物。如：

④ 房顶上长了一些青草。 【表示出现】

⑤ 我们班换来了一位新的口语老师。 【表示出现】

⑥ 楼下搬走了一户人家。 【表示消失】

⑦ 监狱里跑了一名犯人。 【表示消失】

隐现句的动词后面经常出现动态助词“了”或趋向补语。

（二）存现句的语法特点

1. 存现句的主语都是表示空间处所的，可以是处所名词、处所代词、方位词或“处所名词＋方位词”

值得注意的是，**存在句中表示空间处所的词前都不应该加“在”**。如：

⑧ **门口**||挂着|两盏红灯笼。

【处所名词】

*在门口挂着两盏红灯笼。

⑨ **那儿**||站着|一排人，不知道是干什么的？

【处所代词】

*在那儿站着一排人，不知道是干什么的？

⑩ **前面**||坐着|一些年长的观众。

【方位名词】

*在前面坐着一些年长的观众。

⑪ 楼上 || [新] 搬〈来〉了 | 一户人家。

【名词＋方位名词】

*在楼上新搬来了一户人家。

2. 存现句的宾语一般表示的是新信息，一般不能是单个名词，前面往往有数量词组或其他形式的定语来修饰这个名词

如：

⑫ 他的头上 || 戴着 | 一顶毡毛帽子，脚上 || 穿了 | 一双长筒靴子。

⑬ 商店的橱窗里 || 摆放着 | 各式各样的商品。

但是，对举时或者例举时，存现句的宾语可以是单个名词。如：

⑭ 屋前 || 养着 | 花，屋后 | 种着 | 菜。

⑮ 书架上 || 摆满了 | 历史书、文学书、地理书、哲学书等等。

二、“把”字句

“把”字句是由介词“把”或“将”构成的一个比较特殊的句式，是把动词支配或涉及的对象提到动词前面做状语的句子。它的基本结构如下：

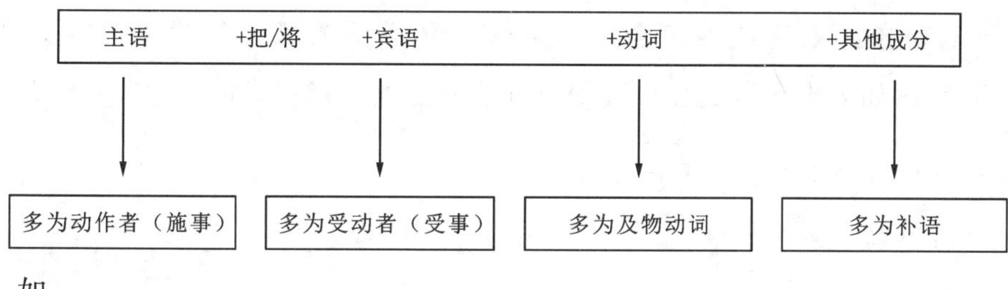

如：

⑯ 屋里太热了，你 || [把空调] 打〈开〉吧。

⑰ 为了庆祝新年，同学们 || [将教室] 布置得〈十分漂亮〉[①]。

（一）“把”字句的语法意义

“把”字句一般表示：动作发出者（主语）对“把”字引介出来的人或事物（“把”的宾语）施加某种动作，通过这个动作影响，使该人或事物而产生

① “将”是古代汉语表达形式的遗留，更多用在书面语化的句子中。

某种结果、发生某种变化或出现某种状态。如：

⑱ 我把衣服洗干净了。

【“我”通过“洗”，使“衣服”变干净了。】

⑲ 邻居把刚出生的小猫送给我了。

【“邻居”通过“送”，使“小猫”转移给“我”。】

有的时候，主语也可以不出现，致使宾语发生改变或出现某种结果的也可以是某个事件。如：

⑳ 接到儿子的录取通知书，可［把他］高兴〈坏了〉。

㉑ 在外面跑了一整天，［把我的脚］［都］走〈酸了〉。

例⑳㉑使“他高兴坏了”“我的脚都走酸了”都不是具体某个人，而是一个具体的事件：“接到儿子的录取通知书”和“在外面跑了一整天”。

（二）“把”字句的语法特点

1. “把”字句的宾语

“把”字句的宾语语义上一般是有定的、确指的，即说话人和听话人都明确知道的对象，不能是不确定的、说话人和听话人都不知道的对象。所以“把”后宾语如果带数量成分，数量成分前面要加上指示代词“这”“那”，如：

㉒ 请你把**那支红色的笔**递给我。

*请你把一支笔递给我。

㉓ 你把**这些试卷**发下去吧。

*你把一些试卷发下去吧。

有的时候，“把”后宾语也可以是“数＋量＋名”形式。如：

㉔ 我刚才看见他把**一位摔倒的老人家**扶起来了。

㉕ 我不小心把**一个杯子**打碎了，真是对不起。

这种情况下，往往是说话人自己也不认识某人是谁或不清楚某物到底归属谁。但是通过“把”字句，听话人能确定“扶起来的人”是“我看到的那位”及“打碎的东西”是什么。

2.“把”字句的动词

“把”字句的核心语义是“通过某种动作行为，致使某人或某物产生某种结果或变化”，因此要求**动词有“处置”和“致使”的作用，所以多数是及物的动作动词**。如：

㉖ 小时工把家里的玻璃都擦了一遍。

㉗ 爸爸生气地把手机摔出了门外。

通过“擦”可以使“玻璃”的干净程度有所变化；通过“摔”可以使“手机”的位置发生改变。

虽然动词本身带有“处置”和“致使”作用，但是该动词以及致使的结果不涉及、影响“把”后宾语，也不可以用“把”字句。如：

㉘ *我已经把饭吃饱了。

【只能说：我已经吃饱了饭。】

㉙ *她现在把游戏玩得入迷了。

【只能说：她现在玩游戏玩得入迷了。】

因为“饱、入迷”的结果是主语“我”的状态，并不是“饭、游戏”的变化，所以不能用“把”字句。

不能用于“把”字的动词有：

（1）表示判断、存在、关系的动词，是、像、在、有、姓、属于、等于等；

（2）表示认知感觉的心理动词，懂、知道、理解、赞成、反对、希望、要求、觉得、以为、认为、相信、害怕、讨厌等；

（3）动作趋向动词，来、去、上、下、进、出、进来、离开、到达等。

这些都没有很明显的“影响”和“致使”作用，因此也都不能出现在“把”字句中。下面的句子都是不可说的：

㉚ *她把孩子像白雪公主。

【可以改成：她把孩子打扮得像白雪公主。】

㉛ *我把这篇文章的意思懂了。

【可以改成：我把这篇文章的意思看懂了。】

㉜ *助教把椅子出教室。

【可以改成：助教把椅子搬出教室。】

3. “把”字句动词后的其他成分

同样因为“把”字句的核心语义是“通过某种动作行为，致使某人或某物产生某种结果或变化”，“把”字句的谓语不能只是表示动作的单个动词（尤其是单音节动词），还应该包含表示动作带来的变化或结果的成分，因此**“把”字句的谓语应该是一个复杂结构**。

（1）**主语＋把＋宾语＋动词＋补语。**

“把”字句动词后面的其他成分大多是补语，“把”字句的补语可以是结果补语、情态补语、趋向补语、程度补语、数量补语、介词结构的补语，但不能是可能补语。如：

㉝ 他 || ［把家里的水果］［都］吃〈完〉了。

㉞ 女儿 || ［把房间］收拾得〈整整齐齐〉。

㉟ 爸爸 || ［把汽车］开〈出去〉了。

㊱ 小孙子出生了，［把爷爷］高兴得〈不得了〉。

㊲ 我 || 又［把孩子的作业］检查了〈一遍〉。

㊳ 她 || ［一直］［把妈妈送的项链］戴〈在脖子上〉。

㊴ *他们把今天的作业做不完。

【改成：他们做不完今天的作业。】

（2）**主语＋把＋宾语$_1$＋动词（＋结果/趋向补语）＋宾语$_2$。**

一些动词所代表的动作影响、致使的不仅是一个对象，还有其他对象也在影响、致使的范围内。这样就会出现“把”后带一个宾语，动词后再带一个宾语的“把”字句，第二个宾语往往是事物的接受者（与事）或处所（出发地或目的地）。如：

㊵ 他 || ［把以前的课本］送〈给〉| 下届师弟师妹们了。

【“以前的课本”发生所属者的变化，“送”使“下届师弟师妹们”成为这些课本的接受者。】

㊶ 爸爸 || ［把汽车］开〈出〉| 地下停车场。

【“汽车”的位置发生变化，“地下停车场”是汽车的出发地。】

㊷ 妈妈‖［把书柜］摆｜客厅了。

【“书柜”的位置发生变化，“客厅”是目的地。】

（3）**主语＋把＋宾语＋动词＋了。**

部分动词后带“了”或者“着”也可以构成“把”字句。一些动词只带“了”，也隐含结果义，表示动作实现后对某人或事物造成了某种影响。如：

㊸ 在幼儿园，小朋友玩闹时把他孩子撞了。

㊹ 她把回家的票买了。

㊺ 你把错字改了吗？

㊻ *我把门推了。

㊼ *她把事情告诉了。

例㊸“撞了”这个动作完成后，在人们的常识中一定知道“撞了”会对被打的人或事物造成一定影响，如产生“伤、肿、破、疼”等多种可能，在说话人不明确是哪种结果或不想说清楚结果时，可以只用“撞了”和“把”字句表达对“他孩子”做了“撞”的行为，并对“他孩子”产生了可能不好的结果；例㊹ ㊺ 的“买了、改了”的动作完成后，结果也是可想而知的。但是例㊻㊼“推了”“告诉了”虽然动作实现了，但结果不明晰，“门”被推了会怎么样？“事情”被告诉了又会怎么样？这些结果不在人们的常识之中，所以必须在“听”“告诉”的后面添加补语或其他句子成分，如“把门推开了、把门推倒了”等。

（4）**主语＋把＋宾语＋动词重叠式。**

一些动词重叠后本身也隐含结果义，即只要尝试或稍微做一下，就会产生相应的结果。这种“把”字句形式往往用在祈使句中，表示命令、建议。如：

㊽ a. 你把这些花摆摆。

【“摆摆”一般隐含着“摆了变整齐”的结果。】

b. *你把这些花放放。

【只是“放放”不能对“花”造成什么影响，“放”的结果一般要知道放在哪里。】

㊾ a. 咱们把钱数数。

【“数数”一般隐含着“数了就知道数量”的结果。】

b. * 咱们把钱挣挣。

【只是“挣挣”很难知道对“钱”产生什么结果，“挣钱”的结果经常是“挣够了、挣到了、挣回来了”。】

可见，无论“把”字句中的谓语是什么形式，都必须是对“把”的宾语所代表的人或事物能造成某种影响，使其出现某种结果或发生某种变化。

4. “把”字句中状语和能愿动词的位置

（1）一般情况，状语和能愿动词都在“把”的前面。

如：

㊿ 他||［已经］［把鞋子］放〈进〉|鞋柜了。

【时间副词作状语】

* 他把鞋子已经放进鞋柜了。

(51) 孩子||［没］［把自行车］弄〈坏〉。

【否定副词作状语】

* 我把自行车没弄坏。

(52) 我们可以把这些问题解决好。

【能愿动词】

* 我们把这些问题可以解决好。

（2）表示方向的状语放在“把”后宾语之后、谓语动词之前。而表示路径的状语可在“把”的前面，也可在动词的前面。

如：

(53) 你||［把门］［往外］推，就可以推开了。

* 你往外把门推。

(54) 你||［把椅子］［向左边］挪挪。

* 你向左边把椅子挪挪。

(55) a. 他||［从书包里］［把手机］拿〈出来〉。

b. 他||［把手机］［从书包里］拿〈出来〉。

（3）“都”“全”类总括副词要放在它总括的范围之后。如果总括的是主语，就放在“把”的前面；如果总括的是“把”后宾语，就放在动词的前面。

如：

(56) 全班同学||［都］［把作业］做〈完〉了。

【“全班同学”是“都”总括的范围。】

(57) 我||［把几门课的作业］［都］做〈完〉了。

【“几门课的作业”是“都”总括的范围。】

三、“被”字句

“被”字句是一种以介词“被”为代表的被动句。它是依靠表示被动的介词“被、叫、让”引入主动者，使“被+动作者”处于谓语动词前做状语，并使动作涉及、影响的对象放在句首主语的一种句式。“被”字句的基本结构如下：

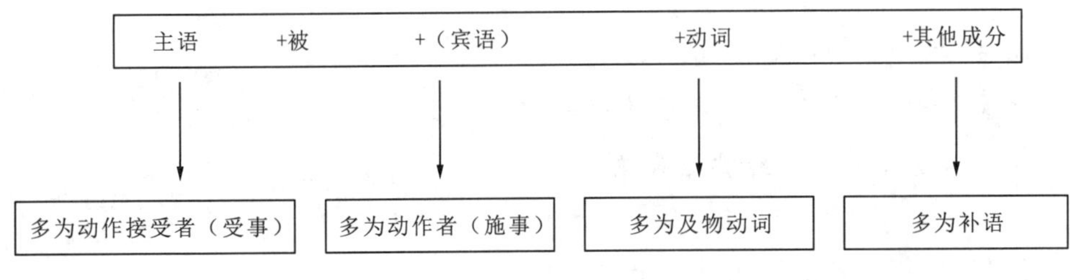

如：

(58) 他||［刚］［被公司］辞退了。

(59) 这次学校足球比赛，数学学院||［被商学院］打〈败〉了。

（一）“被”字句的语法意义

“被”字句表示典型的被动意义，强调动作接受者（主语）遭受“被”引出的动作者（介词宾语）实施的某种行为动作，导致动作接受者产生某种结果或变化。汉语中表示被动，不仅仅是“被”字句，还有第五章第一节在【扩展阅读内容】中提到的“受事主语句”，但是“被”字句的被动义更强，更强调动作接受者遭受了动作者的某种行为，并且产生的结果和变化往往带有不如意、不理想、超出说话人预料的意思。如：

⑥⓪ a. 冰激凌被妹妹吃完了。　　　　【“被”字句】

b. 冰激凌妹妹吃完了。　　　　【受事主语句】

⑥① a. 作业被班长交上去了。　　　　【“被”字句】

b. 作业班长交上去了。　　　　【受事主语句】

例⑥⓪a句使用“被”字句更强调“冰激凌”是被谁吃完的，并且比b句“受事主语句”多了说话人对“冰激凌被妹妹吃了”这件事感到不满的语义。同样，例⑥①a句也是强调“作业”是被谁交上去的信息，而且这句话使用的语境很可能是说话人正在找作业，没想到已经被班长交上去了。

因此，如果被动事件的结果不强调“被什么人导致的”，结果也没有不如意、不理想、没想到的意思，那么汉语多是选择受事主语句表达。如：

⑥② a. 文章我已经改好了。

【“改好”是理想、满意的结果。】

b. 文章被我改好了。

【除非强调文章是被我改好的，否则不使用“被”字句。】

⑥③ a. 这些歌词他已经背熟了。

【“背熟”是说话人希望的结果。】

b. *这些歌词已经被他背熟了。

（二）“被”字句的语法特点

1. “被”字句的主语和“被”后宾语

“被”字句的主语（动作接受者），和“把”字句的“把”后宾语（动作接受者）一样，也是确指的、有定的，是听话人明确知道的，一般不使用“数＋量＋名”的表达。而“被”后的宾语（动作者）可以是确指的，也可以是不定的，听话人知道或不知道都可以，因此如果说话人不想说清楚或者说话人自己也不知道的情况下，还可以“被”后不出现宾语（动作者）。如：

⑥④ a. 踢球时，我的脚||［被对方6号球员］踢〈破〉的。

踢球时，我的脚||［被一名球员］踢〈破〉了。

踢球时，我的脚 || 被踢〈破〉了[1]。

b. *踢球时，一只脚被踢破了。

【除非是指说话人的脚，并且听话人看到脚破了，否则不能用“被”字句。】

㊅ a. 我的笔记本电脑 || ［被小偷］偷了。

我的笔记本电脑 || 被偷了。

b. *一个笔记本电脑被小偷偷了。

2. “被”字句的动词

“被”字句和“把”字句类似，也要求动词有“处置”和“致使”的作用。如：

㊅ 包裹被李明取走了。

【对比：李明把包裹取走了。】

㊆ 旧书被妹妹放到垃圾回收站了。

【对比：妹妹把旧书放到垃圾回收站了。】

㊇ 孩子被你打扮得一点儿也不好看。

【对比：你把孩子打扮得一点儿也不好看。】

和“把”字句的情况一样，表示判断、存在、关系的动词和动作趋向动词也不能出现在“被”字句中。**但是，有些认知感觉动词可以进入“被”字句，这是与“把”字句不同的地方**。如：

㊈ 他恋爱的事情被父母**知道**了。

*父母把他恋爱的事情**知道**了。

㊉ 这位医生的医术一直被大家**认为**是最棒的。

*大家把这位医生的医术**认为**是最棒的。

⑪ 他俩说的悄悄话被我**听见**了。

*我把他俩说的悄悄话**听见**了。

---

① 当“被”后面不出现宾语（动作者）时，有学者认为这时的“被”不再是介词，而是表示被动意义的助词，和助词“给”类似，例如“钱给偷了”“花瓶给摔了”。

可见，能进入到“被”字句动词比“把”字句的动词范围稍微大一些。

3.“被”字句动词后的其他成分

同样和“把”字句一样，“被”字句也要求谓语部分一般是复杂结构，不能只是单个动词，尤其是单音节的动词。

（1）**主语＋被（＋宾语）＋动词＋补语。**

和“把”字句类似，“被”字句中的补语可以是结果补语、情态补语、趋向补语、程度补语、数量补语和介词词组做补语，不能是可能补语。如：

⑫ 我的拖鞋||［被小狗］啃〈烂〉了。

⑬ 桌上的菜||［被他们］吃得〈一干二净〉。

⑭ 游戏机||［被妈妈］藏〈起来〉了。

⑮ 这部电视剧||［只］被播放了〈两天〉，就突然停播了。

⑯ 相册||［被你］放〈在书架的第一层〉，我怎么够得着啊？

⑰ *这些菜被他一个人吃得完。

【改成：这些菜他一个人吃得完。】

（2）**主语＋被＋宾语$_1$＋动词（＋结果/趋向补语）＋宾语$_2$。**

和“把”字句一样，“被”字句也可以出现两个宾语：“被”后宾语和动词后“宾语”。如：

⑱ 他||［被我们］［误］看〈成〉他弟弟了。

⑲ 你小时候的衣服||［被我］送〈给〉邻居的孩子了。

（3）**主语＋被（＋宾语）＋动词＋了/着/过。**

一些动词加上“了、着”自身就表示某个动作的实现、持续或经历对动作的接受者造成了不好的影响。如：

⑳ 老家的房子被山火**烧**了。

【“烧了”这个动作的实现就意味着人或财物受到损失。】

*老家的房子被家人**看**了。

【只是“看了”这个动作，不会对人或物产生直接影响。】

㉛ 他考试的时候，老是东张西望，所以一直被监考老师**盯着**。

【“盯着”本义是“长时间的注视”，在考场这样的环境中“监考老师盯着”还有“监视、看管”的意思，如果某个考生一直被专门监视，肯定对他产生不好的心理影响。】

* 蛋糕被他**吃着**。

【“吃”虽然有“处置”和“致使”的作用，但是持续做“吃着”的行为，并不知道对“蛋糕”产生了哪种后果。】

㉜ 我们被他**骗过**。

【“骗”的行为很容易使人迷惑、上当甚至遭受损失，所以经历过“被骗”，对当时的“我们”以至于现在的“我们”都可能产生影响。】

* 新栽的小树被风**刮过**。

【“刮”虽然有“处置”和“致使”的作用，但是只经历“刮”这个动作，并不清楚“小树”受到了什么影响。可以改成“新栽的小树被刮倒过”。】

(4) **主语＋状语/能愿动词＋被(＋宾语) ＋动词**。

也有一些“被”字句，动词可以是单个的动词，只是一般“被”的前后要有状语，或者“被”的前面有能愿动词。如：

㉝ 小王**总是**被领导**骂**。

㉞ 他夹带的毒品被海关**当场缴获**。

㉟ 你这么说**会**被**误解**。

可见，**不管在动词的类型方面，还是动词后面是否要求有其他成分方面，“被”字句都比“把”字句的范围宽一些。**

4. “被”字句中状语和能愿动词的位置

(1) **和“把”字句相同，一般情况下状语和能愿动词都放在“被”的前面。**

如：

㊱ 玩具球 || ［又］［被小猫］弄到床底下。

【频率副词做状语】

* 玩具球被小猫又弄到床底下了。

⑻ 你们的论文 || [还][没][被我]改〈完〉。

【时间副词和否定副词做状语】

*你们的论文被我还没改完。

⑻ 那位老人可能被人骗了。

【能愿动词】

*那位老人被人可能骗了。

（2）但是表示方向、路径的状语则要放在“被”字句的谓语动词前面。这点与“把”字的路径状语不太相同。

如：

⑼ 她 || 站〈在车厢门口〉，[突然][被人][往外]挤了一下。

【方向状语】

⑽ a. 我的书包 || [被船工][从河里]捞了出来。

【路径状语】

*我的书包从河里被船工捞了出来。

b. 船工把我的书包从河里捞了出来。

船工从河里把我的书包捞了出来。

（3）和“把”字句的情况相同，“都、全”类的总括副词要根据总括的范围，放在总括的范围之后。

如：

⑼ 糖果 || [都][被妈妈]藏起来了。

【“糖果”是“都”总括的范围】

⑼ 你的论文 || [被我们老师][都]打了高分。

【“我们老师”是“都”总括的范围】

（三）“被”字句的变体

口语中，“被”字常用“叫、让、给”来替代。如：

⑼ 家里的花都让我养死了。

⑼ 他上课时看小说，书叫老师收走了。

⑮ 睡觉时，卧室的窗户给风吹开了。

但是，“叫、让”和“给、被”还是有区别的。“被”和“给”后面的宾语可以不说，而“叫、让”的后面必须出现宾语。如：

⑯ 自行车被/给摔坏了。

*自行车让/叫摔坏了。

⑰ 他上课看小说，书被/给收走了。

*他上课看小说，书叫/让收走了。

另外，“被、叫、让”可以和“给”一起构成“主语＋被＋宾语＋给＋动词＋其他成分”的被动句，只是这里的“给”是增强被动意义的助词。如：

⑱ 这棵大树被/叫/让风给刮倒了。

⑲ 孩子被/叫/让老师给训哭了。

四、比较句

汉语的比较句主要有“差比句”和“等比句”两种类型。

（一）差比句

差比句是通过比较，说明人或事物在性质、程度、数量等方面有什么差别的句式。最典型、使用最广泛的差比句是“比”字句。下面我们主要以“比”字句为例，说说差比句的使用特点。

1. “比”字句的结构类型

“比”字句是用介词“比”引介比较对象表示比较差别的句式。从意义上来说，“比”字句可表示为：

比较主体 ＋比 ＋比较对象＋ 比较结果

从形式上，“比”字句经常出现以下几种类型：

（1）**A ＋比＋B ＋形容词**：我比他高，他比我聪明。

（2）**A ＋比＋B ＋动词＋得＋形容词**：我比他长得高，他比我考得好。

（3）**A ＋动词＋得＋比＋B ＋形容词**：我长得比他高，他考得比我好。

（4）**A ＋动词＋宾＋动词＋得＋比＋B ＋形容词**：她写字写得比我好看，他打篮球打得比我好。

形容词前面还可以加上程度副词“更”或“还”，也可以在后面加上程度补语“得多/多了”，表示差别的程度加大、加深；如果形容词的后面带“一点儿/一些”，则表示差别的程度较小、不多；形容词的后面还可以加上具体的数量补语，表示差别有具体的数量。如：

⑩⓪ 我比他更/还高。

【他高，我更高。】

我比他高多了。

【在高度上，我和他差别很大。】

我比他高一点儿/一些。

【在高度上，我和他差别不大。】

我比他高五厘米。

【在高度上，我和他的差别是五厘米。】

但如果要比较做某件事在时间上早晚的差别，则应该用下面这类结构的“比”字句：

（5）A＋**比**＋B＋**早**/**晚**＋**动词**＋**时间补语**（＋**宾语**）：我比他早/晚到三十分钟、他比我早/晚学了一年汉语。

如果要比较动词涉及的对象在数量上的差别，则应该用下面一类结构的“比”字句：

（6）A＋**比**＋B＋**多**/**少**＋**动词**＋**数量定语**（＋**宾语**）：我们队比他们多/少进了一个球、他比我多/少考了一门。

2.“比”字句的否定形式

（1）A＋**没有**/**不如**＋B＋……。

“比”字句典型的否定形式主要是用“没（有）”或“不如”来表达。注意“没有”的后面不要出现“比”。如：

⑩① 我比他聪明。→他**没有**我聪明。

*他没有比我聪明。

⑩② 她跳舞跳得比任何人都好。→任何人跳舞跳得都**不如**她好。

“没有/不如”句中表示比较结果的形容词一般是褒义的、符合人们期望的或程度是正向的。如：

没有我快　　没有那间大　　不如这里亮　　不如那台先进

*没有我慢　　*没有那间小　　*不如这里暗　　*不如那台落后

(2) A＋**不比**＋B＋……。

汉语中还有一个“不比”句，但准确说来，“不比”句不是“比”字句的标准否定形式。因为在语义上，“不比”句和“没有/不如”句不同。如：

⑩③ 今年产量**没有/不如**去年高。

【今年的产量低。】

*今年产量没有/不如去年低。

【如果是今年产量高，不能用“没有/不如”句。】

⑩④ 今年产量**不比**去年高。

【今年的产量低。】

今年产量**不比**去年低。

【今年的产量和去年差不多。】

(3) A＋**比不上/比不了**＋B。

汉语中还有“比不上/比不了”句，单纯表示比较主体差，没办法和比较对象进行相比。如：

⑩⑤ 今年的汽车销售量**比不了**去年。

⑩⑥ 中国西部的发展还**比不上**东部地区。

（二）等比句

等比句，也叫平比句，表示比较主体和比较对象在性质、程度、数量等方面的相近、相同或相似。

1. 等比句的形式

从形式上来看，等比句可分成两类。

(1) A＋**和/跟/与/同**＋B＋**一样/相同/差不多/相似/类似**。

这类等比句，在结构上都是用介词“和、跟、同、与”引介比较的对象，组成介词结构做状语。“一样”的后面还可以加上形容词或心理动词，“差不多”的后面可以加上形容词。例如：

⑩⑦ 你的答案怎么跟她的一样/相同。

⑩⑧ 弟弟写字写得和姐姐一样好。

⑩⑨ 他和我一样都喜欢听音乐。

⑪⓪ 我的想法同你的差不多/相似/类似。

⑪① 我跟你差不多高。

口语中常用“跟、和”字等比句，“与、同”字等比句常用于书面语。

（2）**A＋有＋B＋这么（那么）＋……**

这类等比句是强调以B为比较标准，A达到了B那样的标准。常用于疑问句、反问句。如：

⑪② 他汉语说得很流利，你说得也有他那么流利。

⑪③ 你小孩儿有这张桌子这么高了吗？

⑪④ 你跑得再快，还能有刘翔那么快吗？

2．等比句的否定形式

“跟、和”字等比句否定形式一般是在“一样”的前面加上否定副词“不”。如：

⑪⑤ 他的课本和我的课本**不**一样，我的是新版，他的是旧版。

⑪⑥ 这个房间跟那个房间**不**一样大。

但是“一样”的后面有心理动词时，不可以这样否定，如例⑩⑨不能说成下面的句子：

⑩⑨′ *他和我不一样喜欢听音乐。

【只能说：他喜欢的跟我不一样】

“有”字差比句的否定形式是在“有”的前面加上否定副词“没”。例如：

⑪⑦ 我考得挺好的，不过**没有**你考得那么好。

⑪⑧ 你说汉语说得**没有**他流利。

五、连谓句

连谓句是由连谓词组充当谓语或直接成句的句式。结构上，连谓句是两个或两个以上的动词连用，中间没有语音停顿，也没有连词连接；语法关系上，每个动词都与句子的主语有主谓关系。如：

⑲ 老王天天骑自行车上班。

【“骑自行车”和“上班”是“老王”连续发生的动作】

⑳ 她去超市买菜回来自己做饭吃。

【“去超市”“买菜”“回来”“做饭”“吃”是“她”先后做的行为】

（一）连谓句的语义分类

根据句中多个谓词之间的语义关系，连谓句可以分成四类：

1. 表示动作的先后关系

(121) 大伙儿||知道了［都］［很］沮丧。

【先“知道”后“沮丧”。】

(122) 她||关灯［独自］出去了！

【先“关灯”后“出去”。】

2. 表示动作和目的的关系

(123) 妈妈||上街买菜。

【“上街”是为了“买菜”。】

(124) 我们||［特地］前来［向您］道谢。

【“前来”是为了“道谢”。】

3. 表示方式和动作的关系

(125) 她||［经常］躺着看书。

【“看书”的方式是“躺着”。】

(126) 代表团一行||乘飞机去北京。

【“去北京”的方式是“乘飞机”。】

4. 表示原因和结果的关系

(127) 小明||踢球摔〈断〉了腿。

【“踢球”是“摔断腿”的原因。】

⑫⑧ 她||［不］会说外语［在国外］吃了亏。

【“不会说外语”所以“吃了亏”。】

（二）几种特殊的连谓句

1. 由趋向动词“来、去”跟其他动词（词组）构成的连谓句

（1）“来、去”放在其他动词前面，表示动作和目的的关系。

如：

⑫⑨ 他**来**帮我修电脑了。

【“来”是为“帮我修电脑”。】

⑬⓪ 我父母**去**旅游了。

【“去”是为了“旅游”。】

（2）“来、去”也可以放在其他动词（词组）的后面，这时“来、去”轻读，只是表示动作移动的方向。

如：

⑬① 他帮我修电脑**来**了。

⑬② 我父母旅游**去**了。

还可以在其他动词（词组）的前后都出现“来”和“去”。如：

⑬③ 他**来**修电脑**来**了。

【前一个“来”表示动作目的，后一个“来”表示动作方向。】

⑬④ 他**去**旅游**去**了。

【前一个“去”表示动作目的，后一个“去”表示动作方向。】

2. 由动词“有、没有”和其他动词（词组）构成的连谓句

（1）有的是表示条件和动作的关系。

如：

⑬⑤ 我们有办法解决问题。

【“解决问题”的条件之一就是“有办法”。】

⑬6 现在我们有饭吃、有车开、有钱花，还有什么不满意的？

【“吃、开（驾驶）、花（开销）”的条件就是“有饭、有车、有钱”。】

（2）有的表示原因和结果关系。

如：

⑬7 今天金玟有病不能来了。

【因为“有病”，所以“不能来”。】

⑬8 班主任有事出去了。

【因为“有事”，所以“出去了”。】

六、兼语句

兼语句是由兼语词组充当谓语或直接成句的句式。什么是“兼语”？就是两个动作事件兼有一个成员，且这个成员是前一动作事件的受事同时又是后一动作事件的施事，这个成员是“兼语”。结构上，由两个或多个动词连用，中间没有语音停顿或关联词语；语法关系上，“兼语”是第一个动词的宾语，同时又是第二个动词（词组）的主语。如：

⑬9 我请他来。

【“他”在“我请”事件中是受事，在“来”事件中是施事。】

⑭0 领导命令消防队立即赶往现场。

【“消防队”在“领导要求”事件中是受事，在“立即赶往现场”中是施事。】

（一）兼语句的语义分类

1.“使令”义兼语句

兼语句里的第一个动词多为使令性动词，能够引发后一个动词所表示的动作。常用的动词有：使、叫、让、派、请、求、托、逼、催、催促、命令、带领、培养、选举、推荐、促使、发动、组织等。

⑭1 母亲催促我赶快动身。

⑭2 我托你从北京给我捎点儿东西。

2．“爱恨”义兼语句

动词表示喜欢、厌恶、感激、怨恨、表扬、责怪等心理、感情。常用的动词有：爱、笑、恨、嫌、喜欢、感谢、佩服、赞扬、羡慕、怨恨、讨厌、埋怨、指责、批评等。

⑭③ 我有点羡慕**他**得了第一。

⑭④ 父母担心**儿子**承受不了这样的苦。

3．“称呼”义兼语句

第一个动词表示称呼义的“叫、称、喊、命名、称呼”等，后一动词往往是“为、做、是”。如：

⑭⑤ 因为小李主意多，我们都称**他**是诸葛亮。

⑭⑥ 她特别爱睡觉，大家开玩笑地叫**她**为睡美人。

（二）特殊的兼语句

1．“协同”义兼语句

全句的主语参与了兼语后面的动词所表示的动作。常用的动词有：带、领、引、陪、伴、跟随、帮、扶、送等。

⑭⑦ 他带领**队伍**走出了沙漠。

⑭⑧ 我陪同**外宾**参观了颐和园。

这种兼语句，也有人称为连谓、兼语融和句，因为从全句主语的角度，“我”参与“陪同、参观”全部的动作，但从“兼语”角度，“外宾”既是“陪同”的受事，又是“参观”的施事。

2．“领有、存在”义兼语句

这类兼语句的前一动词往往是表示领有的“有”或存在的“是、留、剩”等。

⑭⑨ 公园里有**很多人**在练歌。

⑮⓪ 老师留**班委们**开会呢。

扩展阅读内容

兼语句和主谓词组作宾语的区别

兼语句和主谓词组做宾语的句子在结构上很相似，易混淆。如：

① 我||同意他参加北京的会议了。　　　　【兼语句】

② 我||知道|他参加北京的会议了。　　【主谓词组做宾语】

实际上，两类句式有本质的区别。从语法关系来看，兼语句的第一个动词只涉及“兼语”，不包括后面动词词组的陈述内容。而主谓词组做宾语的句子，第一个动词关涉后面整个主谓词组所表达的内容。因此，二者在动词、语音停顿、插入成分的位置、提问方式以及句式变换上，都有不同的表现。

一、动词的意义

兼语句里的第一个动词多为使令性动词，而主谓词组做宾语的句子里，主要动词常常是表示言说、感知、认识等意义的动词。如：

③【兼语句】：妈妈**催**我快点儿起床。

他**劝**我向女朋友求婚。

④【主谓短语做宾语】：校长**宣布**全校教师代表大会胜利闭幕。

她**觉得**我长得比她漂亮。

他**以为**我不知道这件事情。

二、语音停顿

兼语句不能在兼语前停顿，只能在兼语后停顿。主谓词组做宾语的句子则既可以在第一个动词后停顿，也可以在主谓词组的主语后停顿。如下面例句（V表示停顿）：

⑤ 领导派我V去北京出差了。　　　　【兼语句】

*领导派我V去北京出差了。

⑥ 领导知道∨我去北京出差了。　　　　【主谓词组做宾语】

领导知道我∨去北京出差了。

三、插入成分的位置

如果在句中插入时间状语，兼语句中只能插在兼语之后；主谓词组做宾语的句子中可以插在主谓词组前面，或者是在主谓词组的主语后。如：

⑦ 我动员他报名比赛。→我动员他**明天**报名比赛。

*我动员明天他报名比赛。

⑧ 我猜他考过了。　→我猜**很早**他就考过了。

我猜他**很早**就考过了。

四、提问方式

在对动作的对象提问时，兼语句一般问的是兼语部分，主谓词组做宾语的句子问的是宾语部分，也就是整个主谓词组表达的内容。如：

⑨ 同学们选**她**成为生活委员。→同学们选**谁**成为生活委员？

⑩ 老师不知道**我请假了**。→老师不知道**什么**？

五、句式变换

兼语句常常能变换为有逻辑联系的两个分句，而主谓词组做宾语的句子不可以。例如：

⑨′ 同学们选她成为生活委员。→同学们选她，她成为生活委员。

⑩′ 老师不知道我请假了。→*老师不知道我，我请假了。

【复习与练习（二十二）】

课程延伸内容

句式变换

句式变换是指在保持句子意思不变的情况下，把一个句式中的某个成分通过移位、替换、添加、删除等方法，变换成另一个句式。句式变换可以帮助我们认识句子中各个成分之间的语义关系、同一句式里不同小类之间的区别以及不同句式之间的关系。我们在第五章第二节“述语和宾语”中讲“双宾语句”的分类时，就已经使用了句式变换的方式区分“给予”义双宾语句和“取得”义双宾语句，如：

① 我送了朋友一辆自行车。 →我送给了朋友一辆自行车。

*我从朋友那儿送了一辆自行车。

② 我买了朋友那辆旧自行车。 →*我买给了朋友那辆旧自行车。

我从朋友那儿买了那辆旧自行车。

这里我们再讲讲存在句与其他句式之间的变换及“把”字句与“被”字句的相互变换情况。

一、存在句的句式变换

前面学过，存在句包括静态存在句和动态存在句。这两类存在句都属于事物存在句，还有一类存在句是事件存在句，表示某个地方以某种方式存在某件事情。如：

③ 排练室练着舞蹈。

④ 操场上开着运动会。

静态存在句、动态存在句和事件存在句这三类存在句的结构都是“名词（表处所或方位）＋V＋着＋名词”，那么这三类应该怎么区分呢？可以通过句式变换来加以区分。

静态存在句可以和意思相近的一般主谓句进行变换。如：

静态事物存在句 ⟶ A：名词（词组）＋动词＋在＋处所

教室里坐着几个留学生。 ⟶ 几个留学生坐在教室里。

门后挂着一件红色的衣服。 ⟶ 一件红色的衣服挂在门后。

桌子上摆着一个生日蛋糕。 ⟶ 一个生日蛋糕摆在桌子上。

动态存在句也可以和意思相近的一般主谓句进行变换，但句式有所不同。如：

动态事物存在句 ⟶ B：名词（词组）＋正在＋处所＋动词＋着

广场上飞着一群鸽子。 ⟶ 一群鸽子正在广场上飞着。

操场上飘扬着各种彩旗。 ⟶ 各种彩旗正在操场上飘扬着。

草原上奔驰着无数匹骏马。 ⟶ 无数匹骏马正在草原上奔驰着。

事件存在句也可以和意思相近的一般主谓句进行变换，但句式也不相同。如：

事件存在句 ⟶ C：处所＋正在＋动词＋着

舞台上唱着歌。 ⟶ 舞台上正在唱着歌。

教室里上着课。 ⟶ 教室里正在上着课。

外面下着大雨。 ⟶ 外面正在下着大雨。

这是因为句式虽然发生变换，但是句子成分之间的语义关系是不可改变的，所以通过句式变换，可以清楚地看到：静态事物存在句的处所是“人或事物附着的地方”，动态存在句的处所是“人或事物存在并活动的地方”，事件存在句的处所则是“事件进行的地方”。这样很容易就可以把相同结构的三类存在句区分开来。

二、“把”字句与“被”字句的变换

“把”字句和“被”字句在很多方面都是相似的，如对动词类型、受动者的要求等，而且它们在语义上也既有对立又有联系，所以“把”字句和“被”字句经常可以互相变换。如：

⑤ 他把那笔钱丢了。→那笔钱被他丢了。

⑥ 风把窗户吹开了。→窗户被风吹开了。

但是，有些“把”字句不能变换成“被”字句。

（一）祈使语气的“把”字句不能变换成“被”字句

“把”字句可以用在表示命令、建议的祈使句中，而“被”字句不能用于祈使句。如：

⑦ 把课本合上，准备听写。 →*课本被合上，准备听写。

⑧ 你把头发剪剪吧，太长了。→*头发被你剪剪吧，太长了。

（二）表达如意或理想结果的“把”字句一般不能变换成“被”字句

“被”字句往往表达说话人对事件结果不如意的意思，比较少用来表达理想的致使结果，而“把”字句没有这种限制，所以表达事件结果是说话人满意的、符合预期理想或者动词本身就是褒义的“把”字句不能变换为“被”字句。

⑨ 妈妈把孩子打扮成天使似的。→*孩子被妈妈打扮成天使似的。

⑩ 老师好好把她夸奖了一番。 →*她好好被老师夸奖了一番。

（三）一些“致使”义不强的感知类动词构成的“被”字句不能变换成“把”字句

“把”字句要求动词一定是具有“处置”“影响”“致使”的语义，而“被”字句对动词的要求比“把”字句要宽一些，一些表示感觉、认识的动词也可以进入到“被”字句，这时候二者就不能互相转换了。

⑪ 这个秘密终于被知道了。 →*终于把这个秘密知道了。

⑫ 他的名字不被人们所熟悉。→*人们不把他的名字熟悉。

所以通过句式变换，既可以看到“把”字句和“被”字句在语义上的相同点，又能发现两个句式存在的差异。

第七章

复　句

第一节 联合复句

学习要点

- 了解什么是复句
- 熟悉联合复句的内部小类及其名称
- 熟悉联合复句常见的关联词语搭配情况

一、复句的概念

复句是针对单句而言的，**复句是由两个或两个以上的分句构成的，并且表示一定的逻辑语义关系的语言单位**。复句中的分句，既相对独立，又相互依存。如：

① 虽然不少人批评《英雄》内容单薄、故事老套，但是没有人会否认《英雄》是近年最成功的国产影片之一。

② 这本书写得特别好，不但受到普通读者的喜爱，而且得到文学评论家的一致好评。

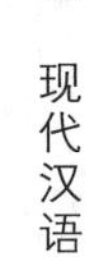

例①的复句包括两个分句，每个分句都不充当对方的句法成分，具有相对的独立性，分句之间用逗号隔开。但同时这两个分句之间又是相互依存的，它们之间存在转折的逻辑语义关系。例②的复句包括三个分句，同样每个分句彼此不充当对方的句法成分，之间也是逗号隔开。这三个分句中的逻辑语义关系比例①更为复杂，后两个分句和前一个分句之间构成解说逻辑关系，后两个分句来支持说明“这本书写得特别好”，后两个分句之间又构成递进逻辑关系，第三分句的语义比第二分句更加强一步。

在复句中，关联词语是分句之间逻辑语义关系的形式标记，例如上面例①②中“虽然……但是……”和“不但……而且……”，就是“转折”“递进”关系的代表性关联词语。关联词语往往由连词或副词充当，有些是单用的，有些是合用的。但不是所有的分句在复句中都需要关联词语，如例②中第一分句和后两个分句之间就没有使用关联词语。

复句可以按照分句间的逻辑关系分成两大类：一类是**各分句之间意义上平等，没有主次之分的复句，叫联合复句**；另一类是**各分句意义上不平等，有主次分别的复句，叫偏正复句**。本节我们先介绍联合复句，联合复句的内部小类具体见表 7-1。

表 7-1　联合复句分类表

	小类	代表性关联词语	例句
联合复句	并列复句	……，也……； 既……，又……	他去，我**也**去。 这间宾馆价格**既**便宜，**又**离景区不是很远。
	顺承复句	……，然后……； 先……，再……	他们计划 10 月 1 日在家乡合肥办婚礼，**然后** 2 日至 7 日飞往云南旅行。 你**先**回去吧，我看完你的报告**再**去找你谈。
	选择复句	（是）……，还是……； 要么……，要么……	咱们**是**10 号出发，**还是**11 号出发？ **要么**你来，**要么**我去。
	递进复句	不但（不仅）……， 而且（并且）……； ……，何况……	短短半年，她**不仅**能听懂上海话，**而且**说得也相当不错。 男人干这个活儿都觉得累，**何况**一个年轻姑娘。
	解说复句	……，换句话说……； ……，即……	她样子甜美，又懂功夫，她的加入会令观众有新鲜感，**换句话说**，就是能给好莱坞带来票房。 缅甸人常称中国人为“胞波”，**即**“兄弟”之意。

二、联合复句

（一）并列复句

各个分句之间是并列关系，分别说明和描写几件事情、几种情况，或者同一个人或事物的几个方面，这样的复句就是并列复句。

1. 并列复句的类型

（1）相关的几种情况并存，或者并行的事件同时发生。常用的关联词语有："既……也（又）……""又……又……""一边……一边……""一方面……另一方面……"等。也可以只出现一个关联词语"也、又、同时"，也可以不用关联词语。

如：

③"让开!"王飞一边说，一边将李伟推到一边。

④ 这（既）是他一个人的光荣，也是全家人的光荣。

⑤ 地球绕着太阳公转，同时绕着自己的地轴自转。

⑥ 花儿绽开了笑脸，小鸟在欢乐地歌唱。

这种类型并列复句，有些前后分句的顺序可以互换。如：

⑤′ 地球绕着自己的地轴自转，同时绕着太阳公转。

⑥′ 小鸟在欢乐地歌唱，花儿绽开了笑脸。

（2）情况相反或相对。常用的关联词语有："不是……而是……""是……而不是……"等。也可以只用一个"而是"或"而不是"。

如：

⑦ 李老师不是把知识直接灌输给学生，而是引导和指点学生通过主动思考的方式来学习。

⑧ 对于那些不是科幻迷的普通公众来说，他们更关心一些年代比较近，与现实生活比较贴边的幻想，而不是"大战外星人"之类的纯科幻故事。

2. 并列复句中关联词语的搭配情况

并列复句中关联词语如表 7-2 所示。

表 7-2　并列复句关联词语表

并存并行	单用（用于后续分句）	也、又、还、同时、同样
	合用	既……，又（也）……；又……，又……；一边……，一边……；一方面……，另一方面……；一会儿……，一会儿……；有时……，有时……
相反相对	单用（用于后续分句）	而、而是、相反
	合用	不是……而是……；是……而不是……

（二）顺承复句

各分句之间叙说连续发生或相继发生的几个动作或几种情况，这样的复句就叫作顺承复句。

1. 顺承复句的顺序

顺承复句的分句一般按照时间、空间和逻辑事理的先后顺序排列，各分句的次序不能颠倒。

（1）时间顺序。

⑨ 到了上海，我先办正事，再去找你。

⑩ 女儿喝了点儿牛奶，又看了会儿电视，才坐下来开始写作业。

（2）空间顺序。

⑪ 她把屋子里各处仔细看了一遍，才锁上门放心走了。

⑫ 过了那片树林，船便转进了内河。

（3）事理顺序。

⑬ 红彤彤的太阳从东方升起，万道霞光照射大地。

⑭ 我一收到钱，就把借据还给你。

2. 顺承复句的关联词搭配情况

顺承复句的关联词语如表 7-3 所示。

表 7-3　顺承复句关联词语表

单用（用于后续分句）	就、才、又、便、于是、后来、然后、接着
合用	刚……，就……；一……，就……；先……，再……；首先……，其次……，然后……

（三）选择复句

几个分句分别说明几种不同的情况，并表示从中有所取舍，这样的复句叫作选择复句。

1. 选择复句的关系

选择复句表示的选择关系可以分成三种情况：

（1）取舍已定关系。说话人在提出的几种情况中已经做出取舍。常用的关联词语有："宁可……也不……""与其……不如……"等。

如：

⑮ 我宁可轰轰烈烈活几年，也不愿平平淡淡过一辈子。

【选择前者】

⑯ 与其大家一起困在这里等死，不如先让几个小伙子冒险出去找条路。

【选择后者】

也可以只用"不如"。如：

⑰ 出来旅行却老想着工作，不如不出来。

（2）取舍任选关系。说话人提出几种情况或一件事情的几个方面，让别人从中选择，说话人自己没有明确的决定，并且也允许别人不从中进行选择。常用的关联词语有："或者……或者……""是……还是……""要么……要么……"。

如：

⑱ 这一段或者把它删掉，或者重新写一遍。

⑲ 你要么别去说，要么就彻底说个明白。

也可以只用"或者""还是"。如：

⑳ 先认汉字后写汉字，还是认写同时进行？

（3）取舍择一关系。说话人提出的两种情况，取舍虽然没有确定，但两种情况中必须选择一个。常用的关联词语有：“不……就……”“不是……就是……”。如：

㉑ 不在沉默中爆发，就在沉默中灭亡。

㉒ 这里的冬天，不是刮风，就是下雪。

取舍任选关系和取舍择一关系的选择复句，分句的顺序可以互换。如：

⑱′ 这一段或者重新写一遍，或者把它删掉。

⑲′ 你要么彻底说个明白，要么就别去说。

㉑′ 不在沉默中灭亡，就在沉默中爆发。

㉒′ 这里的冬天，不是下雪，就是刮风。

2. 选择复句中关联副词的搭配情况

选择复句关联词语如表 7-4 所示。

表 7-4　选择复句关联词语表

取舍已定	单用（用在后续分句）	不如
	合用	宁可/愿/肯……，也不……；与其……，不如……
取舍任选	单用（用在后续分句）	或者、还是
	合用	或者……，或者……；是……，还是……；要么……，要么……；要不……，要不……
取舍择一	合用	不……就……；不是……就是……

（四）递进复句

前面的分句提出一种情况，后续分句所表示的意思在数量、程度、范围、时间或者其他方面更推进一步，这样的复句叫作递进复句。递进复句各分句之间的顺序固定，不能随意变动。

1. 递进复句的关系

（1）正向递进关系。

或者几个分句都表示肯定意义。常用的关联词语有：“不但（不仅）……而且（并且）……”“不光……还……”等，也可以是单用关联词语“更”或“还”。如：

㉓ 我们不仅要具有分析问题的能力，而且要具有解决问题的能力。

㉔ 这五首诗不光要抄写下来，还要背下来。

㉕ 他不高兴，我还不高兴呢！

㉖ 平时八达岭高速上车辆就多，周末的时候就更堵了。

或者几个分句都表示否定意义。在形式上，在前后分句中加入否定词语“不、没、未”等。

㉗ 在这时候你不但不帮我一把，而且还不许别人帮我！

㉘ 不只他一个人没考好，全班同学也考得不太好。

（2）反向递进关系。前一分句是否定形式，后续分句是肯定形式，从相反的方面把前句的意思再推进一步，往往表示事情的发展超出了说话人原来预想的情况。常用的关联词语有：“不但不（没）……，反而（反倒）……”。

㉙ 风不但没停，反倒刮得越来越大了。

㉚ 别人都急得了不得，他不仅不着急，反而坐在一边看起闲书来。

（3）让步递进关系。前一分句用让步的方式提出一种情况，后续分句用反问或强调的方式把前句的意思再推进一步。常用的关联词语有：“尚且……，何况（还）……”“别说……，连/就是……还（也）……”等。

如：

㉛ 这么热的天气，大人尚且受不了，何况是小孩子？

㉜ 别说没有双休日，就是每天下了班也得加班，常常忙到深更半夜才能往家走。

2. 递进复句中的关联词语搭配情况

递进复句关联词语如表 7-5 所示。

表 7-5　递进复句关联词语表

正向递进	单用（用在后续分句）	还、更、甚至、而且、并且、何况、况且
	合用	不但（不仅、不光、不只）……，而且（并且、还、也……）；不但（不仅、不光、不只）……，而且（并且）还（也）……
反向递进	合用	不但（不仅、不只）没……，反而（反倒、倒）……； 不但（不仅、不只）不……，反而（反倒、倒）……

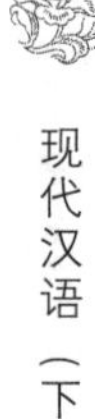

续表

让步递进	合用	尚且……，何况（况且）……；别说……，就是（连）……也（还）……，何况（况且）……

（五）解说复句

后续分句对前句的内容进行解释、说明，或者前后分句彼此之间构成总说和分说的关系，这样的复句叫作解说复句。解说复句各分句之间的顺序一般是固定的，不能随意变动。

解说复句一般分为两种关系：

1. 解释关系

一般是后续分句对前一分句的整体内容或部分内容进行解释或说明。常用的关联词语有："就是、（也）就是说、换句话说、换而言之、即"或"所谓……，就是……"等，以及表示举例说明的"比如、例如、譬如"等。如：

㉝ 所谓异体字，就是指写法不同，读音和意义完全相同，在任何情况下都可以互相替代的字。

㉞ 有一位著名的西班牙礼仪专家，她叫伊丽莎白，她讲了一句话："礼品是人际交往的通行证"，换而言之，她认为，在人和人打交道的时候，礼品是不可或缺的东西。

解释关系的解说复句也可以不用关联词语，有时用冒号隔开解释的分句。如：

㉟ 通货膨胀是一种货币现象：过量的货币追逐有限的商品。

㊱ 我的秘诀其实很简单：千万不要让脑筋懒惰，脑筋要永远不停地思考问题。

2. 总分关系

可以是先总说后分说，即前面分句先提出一件事情或一种情况，后面的分句分别述说该事件或情况的几个方面或组成部分。如：

㊲ 夜市非常热闹，有卖各种小吃的，有卖生活用品的，还有卖服装的。

㊳ 恩格斯认为人对生活的要求有三种不同层次：一是生存，二是享受，三是发展。

也可以先分说后总说，即前面分句先分别述说一件事情，或者一种情况的几个方面或组成部分，后面分句进行总括。如：

㊴ 北京有个天坛，有个地坛，还有个日坛和月坛，这都是古代对于天神崇拜形成的一个宗教仪式场所。

㊵ 一种是教条主义，一种是经验主义，两种都是主观主义。

总分关系的解说复句一般不使用关联词语。

解说复句的关联词语及符号如表 7-6 所示。

表 7-6　解说复句的关联词语及符号

关联词语	单用（用在后续分句）	就是、那就是、就是说、换句话说、换而言之、比如、例如、譬如
	合用	所谓……，就是……
符号	：	

扩展阅读内容

单句和复句的关系

一、单句和复句的区别

单句和复句的不同，可以从三个方面来看：

（一）句法结构上是否包含

例如：

① 我们在路上不时看到一个个高楼正在兴建。

② 面积合适而且朝向好的房子当然最受欢迎。

例①“一个个高楼正在兴建”是个主谓词组，单说的情况下可以单独成句，但在例①中它充当“看到”的宾语。例②“面积合适而且朝向好”形式上有连词“而且”连接，单说的情况下也可单独成句，但在例②中它作为主语中心语“房子”的定语。所以它们都不是复句。

（二）停顿是分句和分句之间的重要形式标志

单句一般没有句内停顿，像上面例①、②。单句和复句的结尾都一定要用句号、问号或感叹号，而复句的分句和分句之间可以有停顿，并只能用逗号或分号隔开。如：

③ 你多关心他，他才对你亲近。

④ 如果你有需要我帮忙的，就随时告诉我。

（三）关联词语是识别复句类型的重要标志

复句往往使用关联词语连接每个分句。关联词语的作用在于：

1. 有些复句如果没有关联词语，分句就无法联系起来，或者语义关系不明确

⑤ a. 他不去，我也不去。

b. 要是他不去，我也不去。

例⑤a 句没有关联词语，所以有多种理解，可以理解为并列关系，相当于“我和他都不去”，也可以理解为条件关系，“如果他不去，那么我也不去”。b 句有关联词语“要是”就只能理解为假设条件复句。

2. 关联词语可以把分句之间复杂的逻辑关系表达得更加清楚

关联词语虽然不是必不可少的成分，但是有了它能更加方便地看清楚复句中分句之间的逻辑语义关系，也能把复句的脉络和层次看得更加清晰。例如：

⑥ 我们（无论）认识什么事物，（都）必须全面地去看，（不但）要看到它的正面，（而且）要看到它的反面，（否则），就不能有比较完全的和正确的认识。

例⑥可以不用关联词语，话也说得通，但是有关联词语后，分句之间的关系就更为清晰了。具体来说，例⑥第一分句和第二分句之间是条件关系，第三分句和第四分句是递进关系，第三和第四分句与第二分句之间是解说关系。而第五分句和第一、二分句之间又是并列关系。例⑥是多重复句，多重复句的分析将在本章第三节的【扩展阅读内容】中详细讲解。

单句和复句的区别，以第一方面的区别最为关键。

二、单句和复句的变换

复句的构成成分是分句，分句稍加修改甚至有时直接加上标点符号，就可以变成单句，变换后句子的意思基本不变。因此，根据语言的实际需要，可以把比较复杂的单句变换成复句，可以使句子的意思更加细密，层次也更加清晰。如：

⑦ a. 教练细心观察、认真分析比赛现场发生的每一个细节。

b. 教练细心观察比赛现场发生的每一个细节，并认真做了分析。

例⑦a 句是单句，“细心观察、认真分析”是联合词组做谓语中心语，“比赛现场发生的每一个细节”做“细心观察、认真分析”的宾语。b 句则把“比赛现场发生的每一个细节”放在前面，做“细心观察”的宾语，把“认真分析”稍微做了修改，变成分句，使“认真分析”的意义得到强化，整个句子成为顺承复句。

⑧ a. 孩子一字不落地把那首长诗全都背了出来。

b. 孩子把那首长诗全都背了出来，一字不落。

例⑧a句“一字不落”是状语，全句信息强调的中心在“全都背了出来”。b句把“一字不落”改成分句，放在句尾，就使其成为信息强调的中心，整个句子变成解说复句。

【复习与练习（二十三）】

第二节 偏正复句

学习要点

- 熟悉偏正复句的内部分类及其名称
- 熟悉各类偏正复句常见的关联词语搭配情况

偏正复句由正句和偏句两部分组成。正句与偏句之间的关系是不平等的，有主有次。正句承担了复句的基本意思，是基本的、主要的；偏句修饰或限制主句，是辅助的、次要的。偏正复句的内部小类，具体见表 7-7。

表 7-7 偏正复句分类表

	小类	代表性关联词语	例句
偏正复句	转折复句	虽然……，但是……； ……，不过……	这种西瓜**虽然**个头不大，**但是**味道特别甜。 爷爷的心脏病手术非常成功，**不过**医生叮嘱他一定要注意术后休养。
	条件复句	只要……，就……； 无论……，都……	**只要**是课堂上教过的汉字，老师**就**鼓励学生们到校园内外去寻找、比较。 **无论**是男生还是女生，**无论**是初中生还是高中生，**都**把网吧作为上网地点的首选。

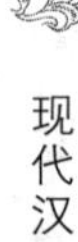

续表

	小类	代表性关联词语	例句
偏正复句	假设复句	如果……，（就）……； 即使……，也……	她的病**如果**不立刻治疗，会危及她的生命。 中国队最后一轮**即使**0比3负于日本队，**也**能凭借局数优势超过巴西队夺走冠军。
	因果复句	因为……，所以……； ……，由此可见……	**因为**下雪，**所以**高速道路临时关闭了。 这几年的春节联欢晚会上“小品”都是挑大梁的，**由此可见**“小品”这一艺术样式的受欢迎程度。
	目的复句	……，为的是……； ……，以免……	人们聚集在这里，**为的是**一睹一个极其古老的剧种——四平戏的表演。 点燃酒精灯时，要用火柴去点燃，切勿用另一燃着的灯去点燃，**以免**酒精洒在外面而起火。

一、转折复句

转折复句的偏句是提出某种事实或情况作为前提，正句转而叙说与偏句相反或相对的意思，正句是说话人所要表达的真正意图。一般是偏句在前，正句在后。

（一）转折复句的转折程度

根据转折程度的差异和使用的关联词语，转折复句分为重转、轻转和弱转三类。

1. 重转

分句之间的对立明显，转折语气浓重，往往是先让步再转折。大多成对使用关联词语，前后呼应，前一分句一般使用“虽然（虽、虽是、虽说）、尽管、固然”，后一分句使用“但是（但）、可是（可）、然而、却……”等。

① 父亲虽说没上过几年学，可是能写一笔好字。

② 尽管这套衣服不是很高档，但穿在她身上别提多好看了。

③ 枝叶茂盛的那棵固然生气勃勃，枝叶稀疏的那棵却也古意盎然。

2. 轻转

分句之间转折的意思相对轻一些，正句一般是单用一个关联词语，如“但是（但）、可是（可）、然而、却……”等。如：

④ 妈妈是错怪了你，可你也不能冲妈妈发火啊。

⑤ 动物和人类一样，都是大自然的子民。然而，人类为了自己的享受使许多动物濒临灭绝。

3. 弱转

分句之间基本没有对立的意味，转折的语气更轻。正句往往单用“（只）不过、只是、倒……”等关联词语。如：

⑥ 他给我解释过这个词的意思，只不过我没听懂，也没记住他的解释。

⑦ 我已经原谅他了，只是还没告诉他。

⑧ 我和张文顺先生合说的《论相声五十年之现状》其实不像一段相声，倒像是一个演讲。

转折复句的正句有时也可放在前面，偏句在后。这时也只单用一个关联词语。如：

⑨ 部门经理在传达企业政策和协调与员工关系中扮演着重要的桥梁角色，虽然他本身也是员工。

⑩ 每个会员国，不论国家大小都有六个固定席位，尽管有的小国只派一二个代表出席会议。

（二）转折复句中关联词语的搭配

转折复句中关联词语如表 7-8 所示。

表 7-8　转折复句关联词语表

重转	合用	虽然（虽、虽说、虽则）……，但是（但、可是、可、然而、却）……；尽管……，还是（但是、但、可是、可）……；固然……，但是（但、可是、可、然而、却）……

续表

轻转	单用	偏句在前正句在后，用在正句中：但是（但）、可是（可）、然而、却
		正句在前偏句在后，用在偏句中：虽然、虽说、尽管
弱转	单用	用在正句中：（只）不过、只是、倒

二、条件复句

条件复句中分句之间的关系是条件和结果的关系，偏句提出条件，正句说明满足这种条件后产生的结果。条件复句一般偏句在前，正句在后。

（一）条件复句的类型

1. 充足条件复句

偏句是正句的充足条件，即有了这个条件，就一定有某种结果。表示充足条件的偏句常使用的关联词语有：“只要、只需、一旦”，表示结果的正句搭配出现的经常有：“就、便、总”等。如：

⑪ 只要她闲着，就会戴着耳机哼哼唧唧地唱歌。

⑫ 一旦有足球比赛，他总是第一个坐到电视机前。

偏句也可以不出现关联词语。如：

⑬ 有爸爸在，你便什么也不用担心。

2. 必要条件复句

偏句是正句成立的必要条件，即有了某个条件，不一定有某种结果，但是缺少了这个条件，就一定不会有正句提出的结果。表示必要条件的偏句使用的关联词语有：“只有、唯有、除非”，表示结果的正句使用的关联词语有：“才、否则、不然”。一般“只有、唯有”和“才”搭配使用，“除非”和“否则、不然”搭配使用。

⑭ 唯有相互理解，才能相互合作。

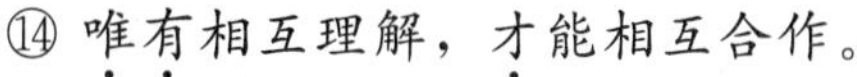

⑮ 除非你亲自去给她道歉，否则永远也别指望她能原谅你。

也可以偏句不出现关联词语，只在正句中单用“否则、要不然”。如：

⑯ 该睡觉的时候一定要睡觉，要不然损害的不仅仅是身体。

3. 任意条件句

正句表示无论在什么情况下都会产生同样的结果，不以偏句的条件变化为依据。表示任意条件的偏句使用的关联词语有“无论、不论、不管、任凭”，表示结果的正句使用的关联词语经常是“都、也、总、总是、还是”等。

⑰ 不管顾客是什么态度，他总是很热情、很真诚接待他们。

⑱ 任凭狂风暴雨，我们也不退缩。

为了某种语用的需要，有时条件复句也可以正句在前，偏句在后。这时，一般只出现偏句使用的关联词语。如：

⑲ 我父母说不去旅游，除非我陪着他们去。

⑳ 我保证准时到达，不管是刮大风还是下大雪。

（二）条件复句中关联词语的搭配情况

条件复句中关联词语见表 7-9。

表 7-9 条件复句关联词语表

充足条件	单用	偏句在前正句在后，用在正句中：就、便
		正句在前偏句在后，用在偏句中：只要
	合用	只要（只需）……，就……；一旦……就（总）……
必要条件	单用	偏句在前正句在后，用在正句中：否则、要不然
		正句在前偏句在后，用在偏句中：除非
	合用	只有（唯有）……，才……；除非……，否则（不然）……
任意条件	单用	正句在前偏句在后，用在偏句中：不管、无论、不论
	合用	无论（不论、不管）……，都（也、总、总是、还）……；任凭（任）……，也（都）……

三、假设复句

假设复句是偏句提出假设的条件或情况，正句表示假设实现后产生的结果。

(一) 假设复句的类型

1. 假设条件句

偏句和正句语义上一致，偏句提出一种假设的条件，正句表示假设条件满足后产生的结果，即假设某种情况成立，那么就产生某种结果。表示假设的偏句常用的关联词语有"如果、假如、假若、假使、倘若、要是、若是、若、万一……"等，表示结果的正句常用的关联词语有"就、那么、那、则、便……"等。如：

㉑ 假如细细地闻，你便会发觉这酒里透着一种幽幽的香气。

㉒ 要是晚上加班晚了，没有给女儿讲睡前故事，他就觉得心里特别愧疚。

在偏句后加"的话"也表示假设。如：

㉓ 下周五要是下雨的话，晚上的校庆活动就可能改期。

偏句也可以不出现关联词语，而在法律、科技等书面语言中，正句也可以不出现关联词语。如：

㉔ 不及时加固，这些工业侵蚀环境中的建筑物的结构性能会明显退化，很可能造成结构的突发性的脆性破坏。

㉕ 判处死刑缓期执行的，在死刑缓期执行期间，（如果）没有故意犯罪，二年期满以后，减为无期徒刑；（如果）确有重大立功表现，二年期满以后，减为二十五年有期徒刑。

2. 让步假设复句

偏句和正句在语意上是相悖的，偏句先提出一种假设的情况，并且承认这种假设很可能发生，正句表示原有结果仍然不变。即假设某种情况成立，但原有结果依然存在。表示假设让步的偏句常用的关联词语有"即使、即便、就是、就算、哪怕、纵然、纵使……"等，表示结果的正句则配合使用"也"。如：

㉖ 哪怕有天大的困难，也吓不倒我们。

㉗ 就算找不到正式的工作，我也可以开个小店，维修手机、家用电器等，养家糊口应该没有问题。

偏句也可以不出现关联词语，如：

㉘ 有一分成功的可能，我们也要坚持下去。

假设复句一般是偏句在前正句在后，但也有偏句在后正句在前的情况。如：

㉙ 看来今天晚上可以好好睡一觉了，如果照这样顺利进行下去的话。

㉚ 可口可乐公司不管在哪个国家设厂，都永远地留在了那里，即便是不赚钱。

（二）假设复句中关联词语的搭配情况

假设复句中关联词语如表 7-10 所示。

表 7-10　假设复句关联词语表

一般假设（情况一致）	单用	偏句在前正句在后，用在正句中：就、便、那么
		正句在前偏句在后，用在偏句中：如果……（的话）、要是……（的话）、……的话
	合用	如果（要是）……，就（那么）……；假如（假若）……，则（就、便）……
让步假设（情况相背）	单用	偏句在前正句在后，用在正句中：也
		正句在前偏句在后，用在偏句中：即使、即便、哪怕、就算
	合用	即使（即便、就算）……，也……；哪怕……，也……；再……，也……

四、因果复句

因果复句的偏句说明原因或理由，正句说明结果。一般是偏句在前，正句在后。也有正句在前，偏句在后的。

（一）因果复句的类型

1. 说明因果复句

说明因果复句是对客观存在的因果关系进行说明的复句。偏句提出一种事实情况作为依据，正句表示在这种事实下必然导致某种结果。表示原因的偏句常用的关联词语有“因为、由于”，表示结果的正句常用的关联词语是“所以、因此、因而、从而、以致、以至于”等。如：

㉛ 因为地上落满了厚厚的松针，所以走在上面就像走在松软舒适的地毯上一样。

㉜ 该国在 20 日进行独立以来的首次总统选举中，由于 4 名候选人都未能获得半数以上选票，因而总统位置暂时空缺。

说明因果复句的关联词语常常单用，可以只用表示原因的关联词语，也可以只用表示结果的关联词语。如：

㉝ 由于交通不便，居住分散等原因，全国农村学校普遍存在学校设立过多、学校规模过小等情况。

㉞ 这种变化引起了血压升高，从而增加了心脏病发作和中风的危险性。

说明因果复句一般是前因后果，但也有相反情况。如：

㉟ 他之所以能长寿是因为积极从事劳动，在生活的各个方面都有节制，不过量。

㊱ 我们主张从词出发进行初级汉语教学，是因为人的头脑中本就有词。

2. 推论因果复句

推论因果句的偏句提出一种已经发生的状况，正句推断出按照这种状况应该有如此的结果。常用的关联词语有“既然……那么（就、便、可见）……”。如：

㊲ 既然 2007 年农村全都免收学杂费了，那么城市免收学杂费也是可以实现的。

推论因果复句的关联词语也可以单用，如：

㊳ 家具上到处都是灰，可见有段日子这屋子没人住了。

㊴ 既然城市用房那么紧张，地皮短缺，为何不可以想办法把地下空间利用起来呢？

(二) 因果复句中关联词语的搭配情况

因果复句中关联词语如表 7-11 所示。

表 7-11 因果复句关联词语表

说明因果	单用	表示原因：（原因在前）因为、由于；（原因在后）是因为、是由于
		表示结果：（结果在后）所以、因此、因而、以致、以至于、从而、于是；（结果在前）之所以
	合用	因为（因）……，所以（于是、以致）……；由于……，所以（因此、因而、从而、以致）……；之所以……是因为（是由于、就在于）……
推论因果	单用	表示原因：既然
		表示结果：可见、由此可见
	合用	既然……，那么（就、便、可见）……

五、目的复句

目的复句中分句之间是行为和目的的关系，偏句提出一种动作行为，正句来说明动作行为的目的。目的复句一般是偏句在前，正句在后。

根据目的是希望得到的还是希望避免的，目的复句又可分为两类：

（一）求得目的复句，即希望实现某种目的

典型的关联词语有：“……，以便（为的是、是为了、以求、用以、借以）……”等。如：

㊵ 他订阅着几份报刊，借以了解世界大事。

㊶ 她与同事调了班，为的是下午陪丈夫去医院看病。

㊷ 每一次课后均要小结，回顾课中情况，及时发现问题，以便下一次课能更好地进行教学。

（二）求免目的复句，即行为目的是希望避免某种情况

典型的关联词语有：“……，以免（免得、省得、以防）……”等。如：

㊸ 到时候你提前给我提个醒，免得我忘了开会的时间。

㊹ 平喘药对季节性哮喘最为有效，一个疗程约两个月，应逐渐减量后再停用，以防哮喘急剧复发。

目的复句中关联词语如表 7-12 所示。

表 7-12　目的复句关联词语表

达到目的	单用（用在后续分句）	……，以便、为的是、是为了、以求、用以、借以……
避免情况	单用（用在后续分句）	……，以免（免得、省得、以防）……

扩展阅读内容

紧缩复句

紧缩复句是指形式上像一个单句，实际上表达的是复句的内容。例如：

① 有什么吃什么。

② 不看不知道。

这两个句子从语音停顿上都只有一个句末停顿，是单句的形式。但是在意思上，例①相当于“不管有什么，就吃什么”，表达的是一个任意条件复句的意思；而例②意思则相当于“如果不看，就不知道”假设复句的意思。两个句子都像是省略了关联词语的复句。所以紧缩复句的“紧”是指分句和分句之间没有语音停顿，“缩”是指缩减了某些成分。

紧缩复句常常形成一些固定组合的形式。如：

“不……不……”：不甜不要钱；不复习考不好。　【假设】

“不/没……也……”：不死也脱层皮；没钱也去。　【假设让步】

“再……也……”：再便宜也不买；再热也去。　【假设让步】

“非……不/勿……”：非请勿入；非去不可。　【条件】

“一……就……”：一点就着；一喝就醉。　【顺承/条件】

“因……而……”：因爱而恨；因一点儿小事而惴惴不安。　【因果】

“……也……”：输了也高兴；赢了也别骄傲。　【假设】

“……就……”：怕累就别来；说了就忘。　【假设/顺承】

“……又……”：唱了又唱；想买又不敢买。　【并列/转折】

此外，一些紧缩复句采取前后响应的方式，即前后出现相同的词语，如“有什么说什么”“见谁骂谁”等。

【复习与练习（二十四）】

第三节　复句运用中应避免的错误

学习要点

· 掌握复句运用时应注意的问题，避免发生相关的错误

· 能够改正复句运用过程中的错误，并能说明理由

· 了解什么是多重复句，可以初步运用划线分析法分析多重复句

在自然语言或写文章时，常常使用复句这种形式，因为人们比较少地只说一个单句。但是在复句运用过程中，不仅是外国人，而且中国人也常常会犯以下几类错误，因此要特别注意避免发生这些问题。

一、分句间不符合逻辑语义关系

构成复句的几个分句在意义上必须有联系。前两节复句可以分成多种类型，如并列、顺承、递进、选择、转折、假设、条件、因果等，就是按照复句中分句之间的逻辑语义关系区分的。所以在运用复句时，一定要注意分句之间有没有这些联系，如果没有联系，几个分句就失去了构成一个复句的基础。如：

① * 虽然我不会唱歌，但是我喜欢我的生日。

“我不会唱歌”和“我喜欢我的生日”之间没有必然的语义关系，也不会构成转折关系。如果要保留“虽然……，但是……”表示转折关系的关联词语，那么第二分句应该和唱歌有一定联系，这样例①可以改为“虽然我不会唱歌，但我喜欢听你们唱歌”。

② *他壮得简直像头牛，所以常常是事事抢在别人前头。

“他壮得简直像头牛”和“他常常是事事抢在别人前头”之间也不存在因果联系，也就不能组合在一起。要让句子说得通，就要使两个分句建立起意义联系。可以根据第一分句的意义，把例②修改为“他壮得简直像头牛，所以从来都是抢着干最重最累的活儿”。

③ *你到美国以后不要忘记打电话给我，不过给我传真也可以 。

“不要忘记打电话给我”和“给我传真也可以”两个分句之间存在语义上的联系，但是这个联系不是转折关系，是并列关系。所以应该去掉关联词语“不过”。

还有的复句是两个分句之间存在逻辑语义关系，但是意义上的先后顺序发生错误。如：

④ *可怜的小狗趴在地上，身上到处都是伤，慢慢地停止了呼吸，奄奄一息。

这四个分句之间可以构成顺承关系，但是第三、第四分句之间没有按照事情发生的先后顺序来排列，应改为“……，奄奄一息，最后慢慢地停止了呼吸”。

二、关联词语使用不当

关联词语在复句中起着重要作用，它可以使分句之间的逻辑联系清楚地显示出来，因此，在组织复句时一定要注意关联词语的运用。在运用关联词语时，要注意下面几个方面的问题。

（一）该用关联词语时，一定要用，不要遗漏必要的关联词语

否则会造成复句表意不清的错误。如：

⑤ *我没谈过恋爱，我经常犯错误。

例⑤应该添加“因为……所以……”之类的关联词语，不然很难理解“犯错误”和“没谈过恋爱”之间有什么意义上的关系。

⑥ *因为他有丰富的知识和经验，能帮助我们少走弯路，使我们的工作效率大大提高。

例⑥第一分句使用了“因为”，后面没有用“所以”，会导致句子有不同理解：一种理解是第一分句表示原因，第二分句和第三分句表示结果；另一种理解是第一分句和第二分句表示原因，第三分句表示结果。按照例⑥的句意，应该在“能帮我们少走弯路”前面加上“所以”。

有的时候还会出现应该成对出现的关联词语，但只使用了其中一部分，缺失了另一部分的现象。如：

⑦ *之所以对我来说武侠小说不是单纯的书，是我还要在大学专攻中国文学。

“之所以”往往和“是因为”配套出现，所以在第二分句“是”的后面应该补出“因为”。

（二）没有必要用关联词语时，也不要多用，特别是在口语中。否则会显得啰嗦

⑧ *虽然大半个学期过去了，但是食堂吃饭拥挤的问题仍然没有解决，因此学生意见很大，于是校长责令学校后勤部门召开专门会议，为的是讨论解决这个问题。

例⑧每个分句都使用关联词语了，但是有些关联词语是没必要的。可以去掉“虽然”“但是”“于是”“为的是”，最多只保留一个“因此”就可以了。

有的时候留学生会重复使用关联词语。如：

⑨ *我不是不想去爬山，是由于因为我这些天准备考试实在是太累了，没有多余的力气再去爬山了。

⑩ *在广州的时候我跟学校去旅行过，但是不过北京更好玩儿。

例⑨的“因为”“由于”和例⑩的“但是”“不过”是两组近义的关联词语，只使用其中一个就可以了。

（三）成对出现的关联词语要搭配正确，要避免搭配不当的错误

复句中的关联词语往往是搭配起来使用的，什么词语跟什么词语配合也比较固定，例如“不但……而且……”“只有……才……”“只要……就……”“因为……所以……”“既然……就……”等。

⑪ *因为我不喜欢他，因此不让他来我家。

⑫ *我第二次来广州不是去来看看，可是来学习汉语。

⑬ *既然你是个公务员，所以应该更懂得遵纪守法。

例⑪“因为”不和“因此”在一起搭配，或者去掉“因为”，或者把“因此”改成“所以”。例⑫“不是……而是……”是一个配套使用的表示相反对立的并列关联词语，“不是”不和“可是”搭配，应该把“可是”改成“而是”。例⑬应该把“所以”改成“就”，“既然……就……”是表示推论因果关系的成对关联词语。

（四）要选择恰当的关联词语，不要错用关联词语

一定的关联词语表达一定的逻辑意义关系，而分句之间有什么样的逻辑语义关系，就要运用具有这种语义关系的关联词语来表达。本来应该用关联词语甲，而运用了关联词语乙，造成了关联词语与所要表达的句子意思不一致，这就是错用关联词语。如：

⑭ *他们的产品虽然价格不比我们高，但是他们产品质量比我们好得多。

例⑭“虽然……但是……”是表示转折关系的关联词语，可是“价格不比我们高”和“质量比我们好得多”之间在意义上并不能构成转折的语义关系，而是递进的关系。所以应该改成“他们的产品不但价格不比我们高，而且产品质量也比我们好得多”。

⑮ *如果虽然我回国，但是我不能忘记武汉的生活和这所我曾经学习过的大学。

例⑮中“我回国”和“我不能忘记武汉的生活和这所我曾经学习过的大学”之间也不构成转折关系，根据最开头的“如果”，这句话想表达的是假设让步关系，即先提出一种假设的情况，并且承认这种假设很可能发生，但是最

后的结果仍然不变。因此可以改成“即使我回国，我也不能忘记武汉的生活和这所我曾经学习过的大学”。关联词语还可以是“就算……也”“哪怕……也”等。

⑯ * 那时我再一次跟父母说我想去中国学中文，父亲很高兴，是因为我们是中国人，所以只会说一点点汉语。

例⑯“我们是中国人”和“只会说一点点汉语”之间不应该是因果关系，反而应该是转折关系，应该改成“……，那时父亲很高兴，是因为我们是中国人，却只会说一点点汉语”。不能看“我们是中国人”用了“因为”，后面“只会说一点点汉语”就要用“所以”，“是因为”是来解释“父亲很高兴”的原因，不是“只会说一点点汉语”的原因。

（五）要注意关联词语的位置，避免出现位置错误

复句的关联词语有的是连词，有的是副词。连词可以出现在主语前，也可以出现在主语后，但是副词一般出现在主语的后面。留学生在使用关联词语时，容易发生把关联词语放在主语前面的错误。如：

⑰ * 只要复习了，就她的考试能考得好。

⑱ * 我的心里很想快去帮那个朋友解围，却我的身体一动不动。

“就”和“却”都是副词，都不能出现在句首。例⑰应该改为“……，她的考试就能考得好”。例⑱改成“……，我的身体却一动不动”。

（六）还要注意一些关联词语在格式上的要求

有些关联词语在格式上有特殊要求，例如表示无条件的“无论、不论、不管”等，要求所在分句是疑问形式，即在分句中或者出现疑问代词，或者出现选择问、反复问的形式，否则就是错句。如：

⑲ * 不管天气很冷，我们都很高兴。

【应该改成：不管天气有多冷。】

⑳ * 不论下雨，我都要去。

【应该改成“不论下不下雨”或者“不论刮风还是下雨”。】

又如，“或者……或者……”“要么……要么……”“是……还是……”都

可以出现在选择复句中。但是“或者……或者……”“要么……要么……”只出现在陈述句中，不能用于疑问句，而“是……还是……”一般用于疑问句。如：

㉑ *你要么吃饺子，要么吃馄饨？

【应该改成：你是吃饺子，还是吃馄饨？】

还如“以致”和“以至（于）”都在因果复句中表示结果，但是“以致”一般表示不好的结果，而“以至（于）”的使用范围比较广，好结果坏结果都可以。如：

㉒ *哥白尼的学说为越来越多的人所了解，并且得到越来越多的拥护者，以致罗马的教会在拟订历法改革方案时，都不得不利用哥白尼的数据。

【利用哥白尼的理论和数据不是坏的结果，所以应该改成“以至”。】

三、偷换主语

在复句中，如果几个分句主语相同，主语可以只在一个分句中出现，这是正常的现象。例如：

㉓《十七岁的单车》拍摄许可手续齐全，并不是地下电影，之所以3年来一直未公映，是因为未按审查意见作出必要修改。

㉔ 因为阅读的限制，在接触民俗和信仰这个话题前，我一直不知道大众文学的状态。

例㉓包含四个分句，主语“《十七岁的单车》”只在前一个分句出现，后面分句的主语都省略了。这叫“承前省略”。例㉔主语“我”在最后一个分句中出现，前一个分句的主语省略了。这叫“蒙后省略”。

但如果几个分句主语不同，一般来说，主语不宜随便省略，否则会犯偷换主语的错误。如：

㉕ *我很喜欢听刘老师的课，因为他的课充满了活力，而且对我们很亲切。

㉖ *刘凤英干活速度快，工作质量又好，集装箱凡是经她焊接的，从未出过废品，一再被评为先进生产者。

例㉕有三个分句，每个分句的主语都不相同，最后一个分句的主语应该是刘老师，应该补出代词“他”。例㉖有五个分句，前两个分句主语相同，都是“刘凤英”，所以第二分句主语可以省略，第三分句和第四分句的主语是“集装箱”，因此第四分句的主语也可省略。但是最后一个分句的主语又回到了“刘凤英”，由于中间的主语有变化，因此最后一个分句不能承前省略，应该补全。而且，按照分句间的语义关系，最后一个分句应该添加“所以”“因此”关联词语，即改为“……，所以她一再被评为先进生产者”。

扩展阅读内容

多重复句及其分析

一、多重复句

多重复句是具有两个或两个以上结构层次的复句。

其结构特点有两个：多重复句有三个或三个以上的分句；多重复句有两个或两个以上的层次。

例如：

　　　　　　　　假设　　　　　　　　　并列　　　　　　假设

① 如果你失去了太阳，|| 你还有星光的照耀；| 失去了金钱，|| 还会得到友情。

　　　　　　　　解说　　　　　　　　顺承

② 这座桥分上下两层，| 上层是公路桥面，||| 可容纳六辆汽车并排通

并列

行，|| 下层是铺设双轨的复线铁路。

复句有几个层次就要几重复句，有两个层次的就是二重复句，有三个层次的就是三重复句。上面的例①是二重复句，例②是三重复句。

二、多重复句划线分析法

多重复句的分析目标有两个：确定分句之间的关系，划分复句内部的层次。可以把层次分析法的原则和方法运用到多重复句的分析中，并用竖线表示出来，这就是划线分析法。

（一）分析多重复句要注意的问题

（1）弄清楚分句和复句的界限，不要把分句内部的停顿误判断成分句之间的停顿。

如：

顺承

③ a 互联网给学习者提供了主动参与操作的机会，|| b 使学习者能主动

因果

发现知识、探索知识，| c 从而掌握知识。

画线部分的句子是一个分句，并不是两个分句。所以例③只是一个双重复句。

(2) 复句里的各个分句总是按一定的逻辑联系组织起来的，因此在分析复句时，一定要充分注意并把握好分句之间的逻辑关系。

复句里往往含有像“因为”“所以”“虽然”“但是”“即使”“也”等关联词语，它们是分句间逻辑关系的一种标志，我们在分析复句时就要充分利用句中所包含的关联词语。如果句中的关联词语比较少，可以适当添加关联词语，帮助弄清楚分句之间的语义关系，但不能违背句子的原意。如：

转折　　　　　　　　　　　　目的

④ a 我两手空空，| b (但是) 既不愿让悲鸿知道，||| c 以免他焦急，

并列

|| d 又不愿开口向人求助。

关联词语“既……又……”一般表示并列关系，“以免”则经常用在目的复句中，所以看到这些关联词语能帮助我们快速判断分句间的逻辑关系。a 分句和 b 分句之间没有关联词语，但是我们可以根据上下文添加出“但是”这样的关联词，并且没有改变句子的原意，所以能帮助我们判断出这两个分句之间是转折关系。

(3) 复句里各分句在组合上是有层次的，所以我们在分析一个复句时一定要有层次观念，以便看清复句的脉络。为了看清楚分句内部的结构层次关系，可以把每个分句编上序号。

(二) 划分多重复句的步骤

(1) 定句子是基本复句还是多重复句。

例如：

并列　　　　　并列

⑤ 昨天休息，｜今天复习，｜明天正式开始考试。

虽然这个句子有三个分句，但其实只有一个层次，三个分句之间是并列关系，所以它只是一个基本复句，不是多重复句。

(2) 确定多重复句由几个分句构成，在分句之间用一根竖线划开。

(3) 根据关联词语、语序以及分句之间的语义关系，确定分句之间的关系，并且标出它的基本复句类型。

(4) 根据分句之间的语义关系确定复句内部的层次，第一层用一条竖线，第二层用两条竖线，依此类推。

就像上面例①至④。

下面我们再举一些例子：

假设　　　　　　　　　　　　　　因果

⑥ a 如果我们常心存感恩，｜｜b 人生就会过得再快乐不过了，｜c 因此请

顺承

好好经营你那值得经营的人生，｜｜d 让它充满芬芳。

转折　　　　　　　　　　　　　　因果

⑦ a 我并不信教，｜ b 但是苦于找不到意大利语的老师，｜｜｜ c 也只能从

目的　　　　　　　　顺承

当教徒入手，｜｜ d 以便接近神父，｜｜｜ e 获得学意大利语的机会。

并列

⑧ a 小孩子只有当自己的欲望得不到满足，｜｜｜b 并受到不正确的对待，

解说　　　　　　　　　　　条件　　　　　　　　转折

｜｜｜｜c 如训斥、责骂、体罚时，｜｜d 才有可能撒谎；　｜e 而这也仅仅是有撒

递进　　　　　　　　条件　　　　　　　　　　并列

谎的可能，｜｜ f 是否真的撒谎，｜｜｜ g 看周围环境的影响，｜｜｜｜ h 看大人对他的态度等。

【复习与练习（二十五）】

课程延伸内容

句　群

句群是比句子更大的概念，它是由一组前后衔接连贯的句子（包括单句和复句）组成，并有一个明晰的中心意思的语言交际单位。如：

① a 世界上万事万物都永远在那儿运动、变化、发展，语言也是这样。b 语言的变化，短时间内不容易觉察，日子长了就显出来了，如宋朝的朱熹，他曾经给《论语》做过注解，可是假如当孔子正在跟颜回、子路他们谈话的时候，朱熹闯了进去，不管孔子他们讲什么，他是一句也听不懂的。c 不光古代的话后世的人听不懂，同一种语言在不同的地方经历着不同的变化，久而久之也会这个地方的人听不懂那个地方的话，形成许许多多方言。（吕叔湘《语文常谈》）

例①是一个句群，由三个句子组成。其中 a 句是句群的中心句，表示整个句群的中心思想。b 句是通过举例来说明语言的变化是要在更长时间内才能察觉出来。c 句则通过关联词语“不光”来进一步表示，不仅语言随着时间发生变化，而且语言也随着地区发生变化。

一、句群和复句

句群和复句看起来中间都有停顿，但其实不相同。

（一）构成不同

句群不管长短，都是由两个或两个以上的句子组成；复句则是由两个或两个以上分句构成，不管分句的长短多少，复句只是一个句子。如：

② a. 风，更猛了。雪，更大了。　　　　【句群】

　b. 风更猛了，雪也更大了。　　　　【复句】

（二）书面形式不同

因为句群是由几个句子组成，所以可以有多个句末停顿，即可以有多个句末标点符号，如句号“。”、问号“?”或叹号“!”。复句只是一个句子，所以只能有一个句末标点。如：

③ a. 天空的霞光渐渐地淡下去了，深红的颜色变成绯红，绯红又变成了浅红。最后，当这一切都消失了的时候，那突然显得高而远的天空，是呈现出一片肃穆的神色。【句群】

b. 天空的霞光渐渐地淡下去了，深红的颜色变成绯红，绯红又变成了浅红，最后当这一切都消失了的时候，那突然显得高而远的天空，是呈现出一片肃穆的神色。【复句】

二、句群与段落

句群是语法概念，是指共同表示一个中心语义的一组句子。段落是从文章结构的角度讲的，它是组成文章的一部分，段落在文章中有换行的标志。

句群有时也和文章的段落重合，一个段落就是一个句群。如：

④ 说起野花，也是海岛上的特色。春天有野迎春；夏天太阳一西斜，漫山漫坡是一片黄花，散发着一股清爽的香味。黄花丛里，有时会挺起一枝火焰般的野百合花。凉风一起，蟋蟀叫了，你就该闻见野菊花那股极浓极浓的药香。到冬天，草黄了，花也完了，天上却散下花来，于是满山就铺上一层耀眼的雪花。（杨朔《海市》）

文章的这一段就是一个句群，全段都在描写海岛上野花的品种以及野花盛开的景象。第一句就是全段的中心意思，也是句群的中心句。

句群也可以和文章的段落不重合，可以是比段落长，也可以比段落短。如：

⑤ a 当那连绵的雨雪将要来临的时候，卷云在聚集着，天空渐渐出现一层薄云，仿佛蒙上了白色的绸幕。这种云叫卷层云。卷层云慢慢地向前推进，天气就将转阴。b 接着，云层越来越低，越来越厚，隔了云看太阳或月亮，就像隔了一层毛玻璃，朦胧不清。这时卷层云已经改名换

姓，该叫它高层云了。出现了高层云，往往在几个钟头内便要下雨或者下雪。c最后，云压得更低，变得更厚，太阳和月亮都躲藏了起来，天空被暗灰色的云块密密层层地布满了。这种云叫雨层云。雨层云一形成，连绵不断的雨雪也就降临了。（朱泳燚《看云识天气》）

在这个段落中，就不是一个句群，而是包括三个句群。a句群讲的是“卷层云”的情况，b句群讲的是“高层云”的情况，c句群讲的是“雨层云”的情况。三个句群按照云和雨雪的发展变化顺序进行排列。这是段落大于句群的现象。

⑥ a于是我便坐上船，一直往海天深处开去。好一片镜儿海。海水碧蓝碧蓝的，蓝得人心醉，我真想变成条鱼，钻进波浪里去。b鱼也确实惬意。瞧那海面上露出一条大鱼的脊梁，像座小山，那鱼该有十几丈长吧？c我正看得出神，眼前哧溜一声，水里飞出另一条鱼，展开翅膀，贴着水皮飞出去老远，又落下去。

我又惊又喜问道：“鱼还会飞吗？”

船上掌舵的说：“燕儿鱼呢，你看像不像燕子？烟雾天，有时会飞到船上来。”（杨朔《海市》）

第一段也是包含了三个句群，但是c句群是跨越了段落的界限，是和下面的第二段和第三段的对话组成一个句群，围绕的是“燕儿鱼会飞”的这个现象。这是有的段落小于句群的现象。

附录

复习与练习参考答案

扫一扫获取

参考文献

[1] 丁崇明. 现代汉语语法教程 [M]. 北京：北京大学出版社，2009.

[2] 黄伯荣，廖序东. 现代汉语·下 [M]. 6 版. 北京：高等教育出版社，2018.

[3] 黄伯荣，李炜. 现代汉语·下 [M]. 2 版. 北京：北京大学出版社，2016.

[4] 李德津，程美珍. 外国人实用汉语语法 [M]. 北京：北京语言大学出版社，2008.

[5] 刘月华，潘文娱，故韡. 实用现代汉语语法 [M]. 北京：商务印书馆，2001.

[6] 卢福波. 对外汉语教学实用语法 [M]. 北京：北京语言大学出版社，2011.

[7] 陆俭明. 现代汉语语法研究教程 [M]. 4 版. 北京：北京大学出版社，2013.

[8] 马真. 简明实用汉语语法 [M]. 2 版. 北京：北京大学出版社，2015.

[9] 杨德峰. 对外汉语教学核心语法 [M]. 北京：北京大学出版社，2009.

[10] 杨海明. 留学生分级汉语教材语法 [M]. 广州：暨南大学出版社，2016.

[11] 孙德金. 汉语语法教程 [M]. 北京：北京语言文化大学出版社，2002.

[12] 邵敬敏. 现代汉语通论·下 [M]. 3 版. 上海：上海教育出版社，2016.

与本书配套的二维码资源使用说明

本书部分课程及与纸质教材配套数字资源以二维码链接的形式呈现。利用手机微信扫码成功后提示微信登录，授权后进入注册页面，填写注册信息。按照提示输入手机号码，点击获取手机验证码，稍等片刻收到4位数的验证码短信，在提示位置输入验证码成功，再设置密码，选择相应专业，点击“立即注册”，注册成功。（若手机已经注册，则在“注册”页面底部选择“已有账号？立即注册”，进入“账号绑定”页面，直接输入手机号和密码登录。）接着提示输入学习码，需刮开教材封面防伪涂层，输入13位学习码（正版图书拥有的一次性使用学习码），输入正确后提示绑定成功，即可查看二维码数字资源。手机第一次登录查看资源成功以后，再次使用二维码资源时，只需在微信端扫码即可登录进入查看。